Concepts and Practices of Agency in Education

教育における
エージェンシーの
概念と実践

秋田喜代美・松田恵示 監修
滝本葉子・松尾直博 編

書肆クラルテ

はじめに

　本書が企画された背景について、ここではまず触れておきたい。本書を生み出す契機となった「きょうそうさんかくたんけんねっと（KSTN）」並びに「KSTN 研究者コンソーシアム」は、OECD 日本共同研究プロポーザルⅢ（2021 年 4 月～2024 年 3 月/東京学芸大学事務局）の取り組みとして、5 つの地域エコシステム・ユニットを構成してスタートした活動であった。その後、OECD に協力をえながらも、スタートの枠組みにとどまらず国内を中心とした独自の活動を広げ、大人と子ども、地域間、あるいは研究と実践の間を往還し情報交換や意見交換を行いながら、広く世界の教育研究を日本とつなげ、これからの社会における教育のあり方を探ってきた。

　プロジェクトとしては、OECD 日本共同研究プロポーザルⅢの終了に伴い、「きょうそうさんかくたんけんねっと（KSTN）」も規約を廃止し活動を終了するとともに、「KSTN 研究者コンソーシアム」も活動を終了した。しかしコンソーシアムでの活発な議論は、これからの国内の教育のあり方を探るときに大きな足跡を残すものであると考えられた。特に「Agency（エージェンシー）」という OECD Education 2030 プロジェクトで独自の光をあてられたキーワードをめぐっては、集まった研究者が独自に研究や議論を重ねてきた。そこで教育実践者や教育研究者、とりわけ未来を創る子どもたちに向けてその内容をとりまとめ、これからの教育のあり方をめぐる対話の一助となることを意図して編纂されたのが本書である。

　AI、IoT、ビッグデータ、デジタルファブリケーション、VR と AR、クラウドサービス、5G など、近年の高度情報社会と進むデジタル技術は、社会のあり方を抜本的に変革しつつある。また、これに伴って旧来からの秩序のシステムや価値のシステムが急速に機能不全に陥り始めており、産業構造も変化するなかで生活のあり方や身近なコミュニティのあり方も大きな転換点を迎えているように見える。VUCA の時代といわれて久しいが、人々をつなぎ個人的にも社会的にも"ウェルビーイング"の実現に資する学びやそれを支える教育は、こうした見通しにくい未来の時間軸に対して、新しい社会の創造という空間軸を交わらせていくものになるのであろう。

　これまでの教育は、主に人間の側を、形成させる志向をもつ面が強かったように

感じられる。知識や能力は、この意味で主に人間の、環境に対して働きかける力を意味していたとも考えることができる。これに対して近年の社会変容は、環境の側が革新的なテクノロジーによって拡張し、人間は環境の働きかけに応じて、あるいはそれとの相互作用のなかで新しい価値をピックアップしたり生み出したり、手を取り合いながらタフな調整者となって価値創造のプロセスを進める、強い形のない主体の育成が求められていると感じられる。

「Agency（エージェンシー）」というキーワードが、このような教育のあり方を考える際のトリガーとなって、特に社会的性格から必要以上に変化を起こしにくいと言われることも多い日本の教育が新たに動き出すことや、日本の教育が世界と日常的につながって、より広い学びの共同体の構築に向かう一助に、本書が役割を果たすことができれば執筆者一同、望外の喜びである。

本書の構成

本書は「はじめに」に書かれているように、KSTN で開催された研究会をはじめとする発表などをもとにして、執筆されたものである。それを内容のまとまりによって編者の方で並べ替えるという形にしている。

「エージェンシー」の概念は Education 2030 プロジェクトで取り上げられて、日本でも広く使用されている。また学習指導要領のなかで「主体的」「主体性」という日本語で使われている概念とも共通点をもつ。ただし当概念は学術的にも多面的な内容や含意をもち、また実践においても学校、地域、行政、社会など多様な側面からそれぞれに関わる人のエージェンシーに光をあてることが可能である。そこで本書は、エージェンシー概念の深まりと多様な実践の可能性を、この概念を軸に包括的多面的にとらえることが企図されて編まれている。

全 13 章とコラムが 4 部に分けて構成されている。読者のみなさんは、各自の興味により、どの部や章から読み始めることもできるようになっている。ただし各部ごとに読んでみて章間をつないでいくことで、エージェンシー概念への理解が深まっていくことを願っている。

まず第 I 部「エージェンシーとその概念を巡って」における第 1 章から第 5 章は、エージェンシーの概念自体をあらためてさまざまな理論との関係のなかで問うことを教育に関わる研究者が行っている。その意味では抽象的にエージェンシーとは何かが問われている。

第1章小玉論文では、学校のカリキュラムにエージェンシーの概念を導入することについて、ジュディス・バトラーやカレン・バラッド、ガート・ビースタなどの近年のポストモダンの教育哲学の視点からそれ自体が両義性をもちうる点を指摘している。

続く第2章木村・一柳論文では、急激に変動する社会において、個人・集団・社会のウェルビーイングとエージェンシーがどのように関わるのか、Agencyという言葉の原義から近年の学術的展開までを海外のレビュー論文を整理、概括、紹介し、社会科学のアプローチ、心理学のアプローチ、ライフコース研究からとらえ、さらにパウロ・フレイレから解放としての教育学でのあり方などを論じている。

第3章松尾論文では、エージェンシーの発達という問いに心理学的視点から、OECDでの考え方とともに、特性や潜在能力、状態なのか、次元としてとらえるときの発達、そして心理学的理論として、エーリッヒ・フロムやフロイト、ホワイト、ピアジェ、コールバーグという心理学者の論を取り上げエージェンシーの発達との関連を論じている。

第4章秋田論文では、エージェンシーとコ・エージェンシーの関係が、OECDで両概念が語られる背景となった報告書を取り上げ、両概念の関係がいかにして発揮可能であるのかを論じ、具体的に小学校低学年生活科事例からこの両概念の関係を論じている。

第5章松田論文では、「遊び」の観点から主体性をとらえる。ごっこ遊びやそこでのふりをするということをめぐる麻生や西村の遊び論を取り上げ、遊びと、日常/非日常のなかでの「自由」とか可逆性、エージェンシーの関連について論じ、遊びの「主体ではない主体」のあり方が、これまで日本で用いられてきた"subject"としての「主体性」概念を改めて再検討する可能性をもつことを論じている。

次の第Ⅱ部「生徒エージェンシーとカリキュラム・教育実践」では、第6章から第8章とコラムにおいて、より具体的に日本の実践のなかで主体性との関係が教科教育研究者と実践者の視点から論じられる。エージェンシーを育む教育実践のイメージをまず共有するにはこの部から読むと分かりやすい。

第6章土佐論文では、理科教育における生徒エージェンシーを育む視点から5つのポイントを構成主義的な探究的理科学習について解説し、具体的な授業事例として中学校理科での「サステナブルな海上都市と浮力」「カワセミの魚捕りと屈折」という現実社会の文脈で問題を扱うための教育のあり方などを論じている。

第7章鈴木論文では、高等学校での探究学習を、課題学習とSSHなどのいわゆるプロジェクト型探究学習、OECD東北スクールの3源流があると福島県の実践者視点から整理し、復興支援としてのOECD東北スクールとその後継のイノベーションスクールの共通性と相違、それらが福島県立ふたば未来学園の探究学習にどう継承されたかを論じている。

第8章清川論文では、「主体的な学習」に、福井県の中学・高校の理科教員として、また教育委員会に関わるなかで取り組んできた自身の実践の変化と意義、また近年の丸岡高校での実践を振り返り、生徒エージェンシーを育む教育に取り組むことが教師の成長にどのように関わるかを論じている。

そしてコラムの西村論文では、数学教育での主知性を育む取り組みが紹介される。

続く第Ⅲ部「エージェンシーと評価・測定」では、第9章と第10章において、エージェンシーをどのように具体的に評価したりとらえて解釈していくのかが論じられる。実践の検証という点や何をもってエージェンシーを分節化してとらえるのかを考えることに関心のある方向けである。

第9章中里論文では、エージェンシーが集団としてどのように影響を与えるのかというコレクティブ・インパクトの考え方と、生徒エージェンシー、教師エージェンシー、および共同エージェンシーの評価の指標や方法を論じ、生徒エージェンシーを発展させる教師の実践メニューや、個人の評価だけではなく、影響を与える環境のコンテクスト分析などを論じている。

第10章長谷川論文では、生徒エージェンシーを能力としてではなく、その能力が引き起こす現象として記録される環世界の生成・編成を「場面」としてとらえ、コンピテンシーを育む「場面」として撮影編集された授業場面のテロップ英訳経験を通して、「場面」が学習・実験・分析・説明・生活実践のような循環的リズムと型をもつことからそれを越えていく変革可能な単位でありえる点を論じている。

最後の第Ⅳ部「エージェンシーと教育行政・大学・社会」では、第11章から第13章において、学校だけではなく公教育を支える市民としての多様なアクターのエージェンシーに関わる実践が具体的に論じられる。

第11章塩津・滝本論文では、市民のエージェンシーを自治体として育成する試みとして熊本市の事例が教育行政の立場から取り上げ論じられる。具体的には教育振興基本計画とともに「町の幸福論クロスミート」などを行うKumamoto

Education Week が毎年開催されている。ある校区において、小学生と教師、保護者や行政、地域住民の共同エージェンシーがどのように影響し育成されていたかを関係者の声や調査結果から示している。

　第12章金井論文では、11章と関連して、熊本大学教職大学院が熊本市のデジタル教育改革に地域の大学がプログラム企画をはじめいかに関与しているのかが論じられている。校内のみでなく、保護者との連携により家庭教育にもデジタル化が進む姿、そのなかでくまもとデジタル作品コンテストを通して子どもの創造的な学びを促進することが論じられている。

　第13章荻上論文では、学校教育におけるエージェンシーや、リーダーシップの議論は、学校教育特有なものではなく、企業や行政、NPOなどにおいても類似性や関連性があることを4つの具体的な事例を通して紹介することから、学校教育の場でのエージェンシーへの逆照射を行って論じている。

　そしておわりに、研究会実施や編集の実務において尽力をくださった滝本・松尾両氏のまとめがなされている。

　エージェンシーという多義的な語を多面的に深め論じることを通して、日々の公教育のなかでの実践において生じる関係性や環境、学校と地域や社会のあり方を問い直し、「主体性とは何か」を各自が自分事として考え行動することを引き受けていくひとつの契機や手掛かりになれば幸いである。

監修者　秋田喜代美・松田　恵示

目　次

はじめに ………………………………… 監修者　秋田喜代美・松田　恵示　iii

第Ⅰ部　エージェンシーとその概念を巡って

第1章　エージェンシーをカリキュラム化することの意義と課題
……………………………………………… 小玉　重夫　2

はじめに　2
1. エージェンシーの背景　2
   (1) コンピテンシーの背景：学力のポスト戦後体制
   (2) コンピテンシーからエージェンシーへ
2. 主体化のパラドックスとエージェンシー　3
   (1) パークス—アイヒマンパラドックス
   (2) エージェンシーの両義性
   (3) エージェンシャル・リアリズム
   (4) 省察モデルから回折モデルへ
3. ポストヒューマニズムの方へ　8
   (1) 子ども期の脱植民地化
   (2) エージェンシー切断による子どもの出現
   (3) 中断のペダゴジーとエージェンシー切断
おわりに　12

第2章　教育におけるエージェンシーの概念
………………………………………… 木村　優・一柳　智紀　16

1. 変動する世界とエージェンシー　16
2. エージェンシーの言葉の意味　19
3. エージェンシーの学術的な議論の展開　20
4. 教育におけるエージェンシーの概念　22
5. 子どもたちのエージェンシーを育む　25

第3章　エージェンシーとその発達をどう考えるか …… 松尾　直博　28
　はじめに　28
　1.　エージェンシーは発達するのか　30
　　(1)　OECDの定義するエージェンシーとは
　　(2)　さまざまなエージェンシーの定義
　　(3)　エージェンシーと心理学
　　(4)　エージェンシーと主体性
　2.　エージェンシーの発達のとらえ方　35
　　(1)　特性、潜在能力、状態
　　(2)　エージェンシーの次元
　　(3)　エージェンシーの何が発達するのか
　3.　エージェンシーの発達に関する心理学的理論　38
　　(1)　権力、主従関係、自由とエージェンシーの発達
　　(2)　「自由からの逃走」
　　(3)　フロイトの超自我理論
　　(4)　ホワイトの自我理論
　　(5)　ピアジェの道徳性の発達理論
　　(6)　コールバーグの道徳性の発達理論
　おわりに　44

第4章　生徒エージェンシーと共同エージェンシー（co-agency）の
　　　　関係を問う ……………………………………… 秋田喜代美　48
　はじめに　48
　1.　共同エージェンシー（co-agency）概念とその概念への問い　48
　　(1)　OECD文書に見るエージェンシー
　　(2)　共同エージェンシー概念をめぐる研究背景の議論
　2.　事例から考える生徒エージェンシーと教師の共同エージェンシーの関係　55
　　(1)　「教室　むしむし　いっぱい大作戦」
　　(2)　その子らしい輝きとしてのエージェンシーとともに育つ
　　　　共同エージェンシー

第 5 章 「遊び」の観点から見た「主体ではない主体」という問題
　　　　　……………………………………………………… 松田　恵示　61
　1.「ごっこ遊び」と「主体性」という問題　61
　2. ふりをするということ　62
　3. 遊びの可逆性　65
　4. 遊び、日常/非日常、エージェンシー　68

第Ⅱ部　生徒エージェンシーとカリキュラム・教育実践

第 6 章　理科教育における生徒エージェンシー ……… 土佐　幸子　74
　はじめに　74
　1. OECD の文章に見る生徒エージェンシーと教科教育の接点　75
　2. 理科教育における生徒エージェンシーを育む視点　77
　　（1）構成主義的学習論に則った探究的指導法
　　（2）生徒エージェンシーと構成主義的な探究的理科学習の接点
　3. 理科授業における生徒エージェンシーの育成の実例①：サステナブルな海上
　　都市と浮力　81
　　（1）浮力の学習においてサステナブルな海上都市を扱ったメリット
　　（2）サステナブルな海上都市建設の文脈で浮力を学習することにおける課題点
　　（3）サステナブルな海上都市の授業から明らかになったこと
　4. 理科授業における生徒エージェンシーの育成の実例②：カワセミの魚捕りと
　　屈折　85
　　（1）屈折の学習においてカワセミの魚の捕獲を扱った授業展開
　　（2）斜めに水に入れた棒の見え方を問題として
　　　　光の屈折を学習することにおける課題点
　5. これからの教科教育に求められる視点　88

第7章　探究活動の変遷と生徒エージェンシー ……… 鈴木　貴人　90
　はじめに　90
　1．教育を通した長期復興への歩み　92
　　（1）2つのスクールの概要
　　（2）東北スクールとイノベーションスクールの共通点と相違点
　　（3）2つのスクールと学校教育の学習観の相違から生じた特色
　　（4）成　果
　2．総合的な探究の時間　101
　　（1）福島県立ふたば未来学園中学校・高等学校の概要と探究学習
　　（2）2つのスクールから継承された要素
　　（3）今後の課題
　3．おわりに　107

第8章　主体的学習による授業で育まれるエージェンシーを振り返る
　……………………………………………… 清川　亨　108
　はじめに　108
　1．主体的学習との出会いと実践　108
　2．『主体的学習入門』から　111
　3．主体的学習の授業実践　114
　　（1）4校目の高校での筆者の変化
　　（2）最近の実践事例
　4．主体的学習の授業実践を振り返る　120
　　（1）生徒エージェンシー
　　（2）エージェンシーにかかる視点
　　（3）教師としての成長
　　（4）今後に向けて

　コラム　目指す社会を思い描き、生徒エージェンシーを育む数学教育の未来像
　……………………………………………… 西村　圭一　126

第Ⅲ部　エージェンシーと評価・測定

第9章　生徒と教師エージェンシーに着目して
　　　　　――評価におけるコンテクスト分析―― ……………　中里　　忍　132
　はじめに　132
　1. エージェンシーのインパクト評価とは　133
　2. 生徒エージェンシーの評価　134
　　(1) 生徒エージェンシーの評価指標
　　(2) エージェンシー評価の課題
　　(3) 評価方法
　　(4) 評価結果のトラッキングと対処法の提案
　3. 教師エージェンシーの評価　139
　　(1) 教師エージェンシーの評価指標
　　(2) デジタル技術と教師の効力感
　　(3) 生徒エージェンシーを発展させる教師の実践メニューと影響を与える要因
　4. 共同エージェンシーの評価　144
　　(1) 共同エージェンシー評価のポイント
　　(2) エージェンシーに影響を与える環境分析（コンテクスト分析）
　おわりに　146

第10章　生徒エージェンシーと場面 ……………………　長谷川友香　150
　はじめに　150
　1. エージェンシー概念と2つの権力構造　152
　2.「場面」が問題となった場面　154
　3. 言語過程説における場面　155
　4. 生徒エージェンシーと公共圏　157
　5. 型の守破離　160
　おわりに　161

第Ⅳ部　エージェンシーと教育行政・大学・社会

第 11 章　エージェンシーの育成を目指す熊本市の取り組み
　　　　　──「町の幸福論クロスミート」実践を事例として──
　　　　　……………………………………… 塩津　昭弘・滝本　葉子　166
　はじめに　166
　1. 熊本市の理念と取り組み　167
　　（1）熊本市教育振興基本計画と Kumamoto Education Week
　　（2）「町の幸福論クロスミート」の概要
　2.「町の幸福論」の実践を支えた大人たちのエージェンシー　170
　　（1）A 校の実践と教師エージェンシー
　　（2）A 校校区の行政の関わり
　　（3）A 校校区の地域（コミュニティ）の関わり
　　（4）A 校の校長のエージェンシー
　3.「町の幸福論」で発現した生徒エージェンシー　179
　　（1）結果 1：社会参画する態度や地域社会の課題解決を探究する
　　（2）結果 2：自分と異なる考えについて考えることに価値を見出す
　　（3）結果 3：目的意識・レジリエンスや自己効力感の獲得には到らず
　おわりに──エージェンシー育成を目指す教育行政への示唆──　182

第 12 章　自治体のデジタル教育改革を支える教職大学院の役割
　　　　　──Kumamoto EduAction の取り組みを通して──　… 金井　義明　186
　1. 熊本市の教育理念の実現に向けた「Kumamoto EduAction」　186
　2. 熊本市の教育理念の実現に向けた教職大学院の連携　187
　3. Kumamoto EduAction における、熊本大学教職大学院が企画したプログラム
　　　　　　　　　　　　　　　　　　　　　　　　　　　　　　188
　　（1）1 人 1 台タブレット環境における保護者の役割について考える
　　（2）「家庭学習」を通して「これからの学び」について保護者と一緒に考える
　　（3）くまもとデジタル作品コンテストを通した子どもの創造的な学び促進：
　　　　くまもとデジタル作品コンテストの概要
　4. さらなる Kumamoto Education の深まりに向けて　199

第13章　エージェンシーの育ちを支える社会の役割
　　　　──企業や地域における取り組み事例── ……… 荻上健太郎　201
　はじめに　201
　1. 事例1：企業とエージェンシー（and Beyond Company～立場や組織の垣根を超えてつながり、イノベーションを起こすバーチャルカンパニー～）　203
　2. 事例2：副業とエージェンシー（シェアワーク研究所～副業もライスワークからライフワーク、そしてチームワークへ～）　206
　3. 事例3：NPOとエージェンシー（ETIC.～エージェンシーを育むリーダーシップと組織変革の挑戦～）　208
　4. 事例4：自治体とエージェンシー（地方自治体の取り組みから～「すぎなみ大人塾はじめの一歩コース」の挑戦～）　211
　おわりに　214

おわりに ………………………………… 編者　滝本　葉子・松尾　直博　217

執筆者紹介 ……………………………………………………………………　219

索　引 …………………………………………………………………………　223

第Ⅰ部
エージェンシーとその概念を巡って

第1章
エージェンシーをカリキュラム化することの意義と課題

小玉　重夫

はじめに

　本章では、学校のカリキュラムにエージェンシーの概念が登場する背景を検討するとともに（1）、その理論的射程を主体化のパラドックスをめぐり批判的考察を行ったバトラーらのポスト構造主義的理論から、バラッドらのエージェンシャル・リアリズムへの展開のなかに探る（2）。以上をふまえて、そのポストヒューマニズム的な到達点を子ども期の脱植民地化やエージェンシー切断という視点から確認するとともに、実践的な含意を、中断のペダゴジーと関わらせて明らかにしていきたい（3）。

1. エージェンシーの背景

（1）コンピテンシーの背景：学力のポスト戦後体制

　まず導入として、エージェンシーが議論の対象となる背景について見ていきたい。

　戦後の日本の学校教育において、学力はシグナルとしての意味をもっていた。例えば数学で90点を取れば、90点でどのような資質が身についたかを問うことなく、それ自体がその生徒の能力のシグナルとして評価されてきた。そうした学力評価のあり方を、学力が戦後の入学選抜システムにおけるシグナルとして機能してきたという意味で、「学力の戦後体制」と呼びたい（小玉, 2013）。これに対して、「学力のポスト戦後体制」に突入した今日は、学習成果が単なるシグナルではなくてそれ自体実質的な意義（レリバンス）をもつものとして期待されるようになる社会であり、数学で90点を取ったならば、そのことでどういう資質や能力が身についたのかに

ついての説明責任を教師や学校、場合によっては生徒自身が負うようになる。

このような背景のもと、OECDのコンピテンシー概念を導入して、内容（コンテンツ）重視型から、コンピテンシー（資質・能力）重視型へのカリキュラムの構造転換が、日本でも議論されるようになり、学習指導要領改訂の方向にも影響をおよぼすこととなった（文部科学省, 2012）。

（2）コンピテンシーからエージェンシーへ

これに対してOECDは、コンピテンシーに次ぐ新しい教育改革の方向性をEducation 2030プロジェクトという形で示している。2019年に発表されたコンセプト・ノートでは、生徒エージェンシーについて以下のように述べている。

> 生徒エージェンシーとは、変革を起こすために目標を設定し、振り返りながら責任ある行動をとる能力として定義づけられます。つまり働きかけられるというよりも自らが働きかけることであり、型にはめ込まれるというよりも自ら型を作ることであり、また他人の判断や選択に左右されるというよりも責任を持った判断や選択を行うことを指しています（OECD, 2019, p. 4=2020, p. 3）。

このように、OECDのEducation 2030プロジェクトでは、社会の激変期にあって、生徒自らが社会の変革を促していく主体になっていくことに焦点化して、エージェンシーを「解放と変革の力」としてとらえる（木村・一柳, 2022）。それまでのコンピテンシーに焦点化した議論においては必ずしも前面には出ていなかった社会への適応ではなく社会の変革を促していく主体形成としてのエージェンシーへの着目は、そうした変革主体の育成に学校教育が、より進んで関わっていくべきであるという方向性を示したものとして注目される。

2. 主体化のパラドックスとエージェンシー

（1）パークス―アイヒマンパラドックス

ただしここで問題が生じる。エージェンシーを上記のようなものとしてとらえたとして、果たして学校教育においてエージェンシーを育成することができるのだろうかという問題である（田島, 2023）。この問題を考える手がかりとして、ガート・ビースタが指摘するパークス―アイヒマンパラドックスの問題を取り上げたい

(Biesta, 2022)。

　ビースタによれば、「効果的な授業によって学習がうまくいくという視点からすれば、アイヒマンは教育の成功によってもたらされた人物であり、パークスはそれがうまくいかなかったことによってもたらされた人物であるということになるが、人間の主体性という観点からすれば、これとは反対の見方になる、ここにパラドックス（逆説）がある」という。ここで、パークスとアイヒマンを分かつものが何なのかが問題となる。

　ビースタ自身は教育を主体化（subjectification）としてとらえ直すことを通じて、このパラドックスを超えようとする。しかしそれ自体が、きわめてパラドキシカルな問題設定であるように思われる。というのも、主体性の主体に該当する英語はsubjectだが、subjectには服従、従属という意味もあるからである。つまり人間は主体化することで社会の権威や権力に服従、従属するというパラドックスがあり、パークスのような人間が育成されるためには、主体としてのsubjectが服従としてのsubjectに絶えず転化するという、この絶えざる円環構造を反転、あるいは切断するような、そういう政治教育が要請される。そして、この主体化が服従化へと至る筋道を反転させるようなものこそが、OECDなどのいう社会を変革するエージェンシーと関わっているのではないかと考え、その点を議論してみたい。

（2）エージェンシーの両義性

　subjectとしての主体とエージェンシーとの関係を徹底的に突き詰めようとしたのがジュディス・バトラーである。バトラーによれば、主体化と服従化の間を揺れ動くsubjectとしての主体の閉じた円環を打破し、「主体化＝服従化を超出する」（小林, 2023, p. 58；2024）のがエージェンシーである。しかしエージェンシーは主体化＝服従化を前提とし、そこから出てくるものであるがゆえに、二面性に直面するという。

　　致命的あるいは象徴的な支配の諸形式は、私たちの行為が常に既にあらかじめ「飼い慣らされて」いる、という仕方で捉えられる。あるいは、一連の一般化され、時間を超越した考察は、未来に向かうすべての運動の持つアポリア的な構造を対象とする。私が示唆しておきたいのは、いかなる歴史的、あるいは論理的帰結も、従属化とのこうした根源的な共犯関係には必ずしも従わないし、ある可能性が不確かな仕方で生じる、ということだ。エージェンシーが従

属化に包含されることは、主体の核における決定的な自己矛盾の表れではないし、従って、その有害な、あるいは役立たずな性格のさらなる説明ではない。しかし、それはまた、主体のエージェンシーは常にただ権力に対抗する、という主体に関する純粋無垢な観念―古典的な自由主義的―人間主義的定式化に由来する―を復活させるものでもない。第一の見方は、政治的な意味で聖人をよそおった運命論の諸形式の特徴である。第二の見方は、政治的楽観主義のナイーブな諸形式の特徴である。私は、これら二つの選択肢のどちらも回避したいと考えている（Butler, 1997, p. 17=2012, pp. 26-27）。

このようにバトラーは、私たちの主体性は常にすでに既存の支配的秩序のなかで「飼い慣らされている」という。そうした主体＝服従の往還を超え出るものとしてエージェンシーが存在するが、エージェンシーはそれ自体、従属化に絡めとられ、飼い慣らされる可能性を否定できない。エージェンシーは「従属化に包含されること」と、「権力に対抗する」こととの両面の間で、常に揺れ動いている。前者を強調するだけだと、「政治的な意味で聖人をよそおった運命論」に陥るし、後者の強調は「政治的楽観主義」になるとされ、重要なのは「これら二つの選択肢のどちらも回避」し、エージェンシーの二面性を見すえることだと、バトラーはいう。その観点からすれば、OECDのエージェンシーは、政治的楽観主義であるという批判を免れ得ないといえるかもしれない（田島, 2023）。

以上をふまえてバトラーは、従属する過去と変革する未来の間の交差点に「反覆される両義性」を核心とするエージェンシーを位置づけ、そこに、飼い慣らされない主体性を構想し、次のように述べる。

　　超出することは自由になることではないし、主体はまさしく自らを拘束するものを超出するのである。この意味において、主体は自らを構成している両義性を抑制することはできない。《既にそこにある》と《これからやって来る》の間のこの揺れは、困難で、動的で、将来の望みに満ちた、主体を横断したすべての道程を結び合わせる交差点であり、エージェンシーの核心にある反覆される（reiterated）両義性である（Butler, 1997, pp. 17-18=2012, p. 27）。

《既にそこにある》ものと《これからやって来る》ものの間にあって、バトラーは、主体＝服従の閉じた円環を超出する、反覆するエージェンシーを構想しようとする

わけである。その際に、超出の条件となるのが、主体化＝服従化の閉じた円環の外部に想定される構成的外部ということになる。この構成的外部の論点を徹底させようとするのが、ポストヒューマニズムの理論家であるカレン・バラッドである（後藤, 2023；2024）。

(3) エージェンシャル・リアリズム

バラッドの主著である『宇宙の途上で出会う』で提案されるのが、エージェンシャル・リアリズムという考え方である。バトラーを引き継いで端的に語っている部分を参照してみたい。

> バトラーは、構成的外部の存在が彼女の理論が社会構築主義と袂を分かつ徴しであると強調している。言説には確かに外部が存在するが、絶対的な外部ではない。（それによってバトラーは、社会構築主義対本質主義の疲弊した論争を回避しているのである。）構成的外部は、バトラーがエージェンシーの概念を定式化する際に重要な役割を果たしている。しかし、こうした重要な精緻化にもかかわらず、バトラーが言説と物質をより近接させることに成功したとは到底いえない。…(中略)…私の提案は問題＝物質のダイナミズム、因果性の性質、エージェンシーの空間についての新しい説明、パフォーマティヴィティの概念のポストヒューマニズム的精緻化を含んでいる。私のポストヒューマニズム的説明は、人間と非人間を分割する境界を安定させたり揺さぶったりする実践を検証し、人間と非人間という差異化のカテゴリーの所与性に疑問を投げかけている。さらに、エージェンシャル・リアリズムは、単に文化的諸力と自然的諸力を統一する理論を提供するのではなく、それらが差異化されていく実践そのものを問うものである（Barad, 2007, pp. 64-66＝2023, pp. 90-93）。

つまりここでバラッドは、バトラーが主体化＝服従化の閉じた円環を超出する条件として設定した構成的外部を外部としてではなく、内部と外部を分かつ境界それ自体の所与性に疑問を投げかける。言い換えれば、構成的外部の脱構成をはかろうとしている。その際にバラッドが導入するのが、量子力学から導入される回折という方法である。

(4) 省察モデルから回折モデルへ

　バラッドが回折を導入するのは、内省や省察に対する代案であり、「Reflection（省察、内省）による成長」の教育から「Diffraction（回折）による変化」の教育へとしてとらえることができるのではないかと思われる。バラッドは、回折について以下のように述べる。

> 　ダナ・ハラウェイが示唆するように、回折（diffraction）は反射（reflection）にたいして有用な対照物として機能し得る。どちらも光学現象であるが、反射のメタファーは鏡映と同一性のメタファーを反映するのにたいし、回折は差異のパターンによって特徴づけられる。…（中略）…ハラウェイの主張は、再帰性（reflexivity）の方法論は反射の幾何光学を反映したものであり、近年、自己の位置を確定する批判的方法として強調されているが、依然として同一性の幾何学にとらわれているというものである。これにたいして、回折は、私たちの知識生産の実践が生みだす差異と、その差異が世界に及ぼす影響に照準を当てている（Barad, 2007, pp. 71-72=2023, p. 100）。

　バラッドが批判する省察による同一性の幾何学と、回折による差異の実践を、間にバトラーの反覆するエージェンシーをおいて、簡単に図示化してみる。

```
　　主体　　　　　　　　　　　主体　　　　　　　　　　　　　主体
↺ 省察→成長　　　　↺ 反覆するエージェンシー←構成的外部　　⇊⇊ 回折→変化
　同一性　　　　　　　　　　同一性の攪乱　　　　　　　　　　差異
```

　一番左が、絶えざる省察によって同一性、主体性を獲得し、成長していくという古典的教養モデルである。反覆的エージェンシーによってこの同一性を攪乱しそこから超出しようとするのが真ん中のバトラーのモデルである。このバトラーのエージェンシー論を徹底させて、内部と外部、自然と文化、人間と非人間の境界線それ自体を脱構成し、省察による成長ではなく、回折による変化と多様な差異を思考するのが、一番右のエージェンシャル・リアリズムのモデルとなる。このエージェンシャル・リアリズムをベースにおくとすると、これまでのカリキュラムの考え方にも根本的な変革が生まれ、回折的なエージェンシーは省察的な評価の対象とはならないということになるだろう。この点は本章の最後に触れたい。

3. ポストヒューマニズムの方へ

(1) 子ども期の脱植民地化

このバラッドのエージェンシャル・リアリズムの議論を教育学に導入したカリン・ムリスは、「ポストヒューマンな子ども：人間概念のとらえ直しを通じ、子ども期を脱植民地化する」という、きわめて興味深いマニフェストを発表している。そこでムリスは、子どものエージェンシーの発現を阻害しているのは、「白人、中産階級、男性、ヘテロセクシュアル、健常者」といったマジョリティの表象である大人によって、子どもが植民地化されてきたことによるという。発展途上国の多くは、長い間植民地主義（コロニアリズム）の支配を受けるなかで、支配者の言語や文化によって自らの存在を命名され、自分たち自身の言葉を持つことを困難にしてきた。それと同じように、子どもは大人の規範によって植民地化されることで自身の声を奪われてきたとされる。

ムリスは、（近代的な）子ども期を脱植民地化し、子ども自身のエージェンシーを発現させるような実践の条件を、「ポストヒューマンな子ども」として概念化し、上述のとおり、そのマニフェストを作成した。そこでムリスは、「ポストヒューマンな子どもは、その内部作用（intra-actions）に先立って別個の実体として存在するのではない。主体とエージェンシーを構成する物質と言説との間の内部作用を通じて出現するのである」と述べる（Murris, 2018, p. 5）。つまりここでムリスはエージェンシャル・リアリズムの観点をふまえて、個々人が独立した主体としてまず存在するのではなく、内部作用を通じてエージェンシーと主体が構成されるととらえる。そうした内部作用は、エージェンシーの出現を可能とするものであり、子ども・若者自身の声を可視化させるエージェンシー発現の条件として、位置づけることが可能である。以下、ムリスが依拠するバラッドの議論に即して、さらに見ていきたい。

(2) エージェンシー切断による子どもの出現

ここでムリスが子ども期の脱植民地化の方向性を「ポストヒューマンな子どもは、その内部作用に先立って別個の実体として存在するのではない。主体とエージェンシーを構成する物質と言説との間の内部作用を通じて出現するのである」と述べていることの理論的な背景を、バラッドに即してさらに掘り下げることにす

る。すなわちそこでの、「主体とエージェンシーを構成する物質と言説との間の内部作用を通じて出現する」とはどういうことなのか、という点についてである。バラッドはこれを「エージェンシー切断（agential cut）」という概念を用いて、以下のように述べる。

> 存在論的基本単位は、固有の境界や性質をもつ独立した物体ではなく、現象である。私のエージェンシャル・リアリズムの精緻化においては、現象は単に観測するものと観測されるものの認識論的な分離不可能性や測定結果を示すものではない。むしろ、現象は内部作用しあう「諸々のエージェンシー」の存在論的分離不可能性/もつれである。つまり、現象とは、存在論的に原初的な関係、先立つ関係項を持たない関係である。独立した実体や関係項があらかじめ存在することを前提とする通常の「相互作用（interaction）」とは対照的に、内部作用（intra-action）という概念は深い概念上の転換を表している。特定のエージェンシー的内部作用を通してはじめて、現象の構成要素の境界と性質が確定し、特定の概念（つまり、世界の特定の物質的編成）が意味を持つようになるのである。内部作用には、「主体（subject）」と「対象（object）」の間にエージェンシー切断（agential cut）をもたらす、より大きな物質的設定（すなわち、一連の物質的実践）が含まれる。（「主体」と「対象」の区別を自明のものとみなす、より馴染み深いデカルト切断（Cartesian cut）とは対照的である。）つまり、エージェンシー切断は、存在論的（および意味論的）な本来的非決定性を現象内部で解決するのである。言いかえれば、関係項は関係に先立って存在するのではなく、特定の内部作用を通して現象―内―関係項が出現するのである（Barad, 2007, pp. 139-140=2023, pp. 171-172）。

ここでのバラッドの説明をふまえれば、前述のムリスが「ポストヒューマンな子どもは、その内部作用に先立って別個の実体として存在するのではない」と述べたことの理論的含意は、「関係項は関係に先立って存在するのではなく、特定の内部作用を通して現象―内―関係項が出現するのである」ということとして理解することが可能である。そして、この内部作用を通して現象―内―関係項を出現させるものこそ、エージェンシー切断なのである。

そして、このエージェンシー切断を可能にするのが装置である。エージェンシーの可能性を開き、関係が排除的なものになるか、非排除的で複数的なものに開かれ

るか、の帰趨を左右する。装置について、バラッドは以下のように述べる。

> 装置は問題＝物質になることの可能性と不可能性の物質的条件であり、何が問題＝物質となり、何が問題＝物質になることから排除されるかを決定するものである。装置は、エージェンシー切断を実行し、現象内部の「実体」の確定的な境界と性質を生み出す。ここで「現象」とは、エージェンシー的に内部作用する構成要素同士の存在論的分離不可能性を指す。つまり、エージェンシー切断とは、存在論的であると同時に意味論的なものである。特定のエージェンシー的内部作用によってのみ、現象の「各構成要素」の境界と性質が確定し、特定の編成が意味を持つようになる（Barad, 2007, p. 148=2023, p. 181）。

エージェンシャル・リアリズムにおいて、大人と子ども、教師と生徒、子ども同士といった関係は、予め決められたものとしては存在していない。むしろそれは、分離不可能な現象として存在している。それが関係項として出現するのは「エージェンシー的内部作用」と「エージェンシー切断」によってであり、それによって、「現象の『各構成要素』の境界と性質が確定し、特定の編成が意味を持つようになる」と、バラッドはとらえる。

（3）中断のペダゴジーとエージェンシー切断

このようなエージェンシー切断による関係項の出現というとらえ方は、ガート・ビースタが以下に述べるような中断のペダゴジーと、重なり合う視点を含んでいる。

> 私は、人間の実質や本質を探し求めるよりも、唯一的な個人としての人間は、いかなる場所で現れ出来するのかと問うべきである、と提案してきた。客観的空間にかんする私の議論は、現れ出来する空間が主体をある固定された位置に、地図上の一点に追いやることしかできないような場合には、何者も――どのような一者（one）も――現れ出来しないことを示してきた。離接的空間（disjunctive space）という概念が示しているように、唯一的で特異的な存在者たちの現れ出来することは、空間によって支配されうる何かではなく、むしろ必然的にそのプログラムを「中断させる（interrupt）」何かである。この中断は、妨害と、つまり空間の純粋さを脅かす何かと見なされるべきではなく、むしろ

ある種の現れ出来することの徴しとして受け取られるべきである（Biesta, 2006, p. 53=2021, p. 52）。

ビースタの哲学的立場は前述したとおり、主体性のパラドックスを主体性で乗り越えようという特徴を有するものであり、主体を超出するものとしてのエージェンシーに着目するバトラーやバラッドらの立場と必ずしも同じではない。しかしながら、「人間の実質や本質を探し求めるよりも、唯一的な個人としての人間は、いかなる場所で現れ出来するのかと問うべきである」という立場は、「関係項は関係に先立って存在するのではなく、特定の内部作用を通して現象―内―関係項が出現する」というバラッドの視点と明らかに通じ合うものを含んでいる。ビースタにおいて唯一的な個人としての人間は「中断」によって出現し、バラッドにおいて、主体や対象といった「関係項」は「エージェンシー切断」によって出現するのである。このような中断のペダゴジーやエージェンシー切断による人間の出現、という視点は、教育実践やカリキュラムの見方を根本から刷新する可能性を有している。

例えば、千葉大学教育学部附属小学校教諭の中谷佳子は、2018年7月の広島県熊野町での豪雨を扱った授業で、土石流で犠牲となった12名を哀悼する碑を扱った。当初、碑に書かれてある「二度と犠牲者を出さない、という誓い」を取り上げる予定であった。しかし児童たちから、「なぜ、12名の方が亡くなったのに、碑には5名の名前しか書いてないのだろう」という指摘があり、そこから、教師による当初の計画は変更を余儀なくされ、被災地域の人に「心を砕き」考える授業を展開していったという（小磯・佐藤・中谷, 2023, p. 49）。授業者である中谷は、ビースタの中断のペダゴジーをふまえて、「『主体』が、個人が所有するような概念なのではなく、他者との関係性の中で立ち現れてくる『出来事』であるのだとすれば、45分の授業のなかに、『中断』が起こる、または起こす必要もあるのだろう」といい、上記の児童たちからの問いかけを、「『中断』が起こったと感じている授業場面」であったという（中谷, 2024）。つまり中谷のここでの授業場面においては、教える存在である中谷と学ぶ存在である児童が予め存在していたわけではなく、児童たちからの問いかけによって中断が、あるいはエージェンシー切断が起こり、それによってはじめて、児童は学ぶ存在、あるいは探究者として、教師は教師として、出現したということができるだろう。

おわりに

エージェンシーをカリキュラム化するということは、エージェンシャル・リアリズムをふまえれば、それ自体、エージェンシー切断を実行し関係項を出現させるための装置であるということになるだろう。それは、エージェンシー的分離不可能な現象を切断によって分離可能な関係項の出現へと作動させることであり、教師自身が現象に先立って存在する主体としては存在していないことが重要である。つまり、エージェンシー切断において、教師には、それを観測し評価する主体としての特権は付与されていないということである。この点についてバラッドは以下のように述べている。

> きわめて重要なことは、内部作用がエージェンシー的分離可能性（現象内部の外部性が現れる条件）を作動させるということだ。エージェンシー的分離可能性という概念が根本的に重要なのは、観測者と観察対象の間の外的関係という古典的な存在論的条件がなくても、客観性を可能にするための、それに代わる存在論的条件を提供するからである。さらに、エージェンシー切断は、「測定される対象（原因）」が「測定するエージェンシー（結果）」にしるしをつけることで、現象の構成要素間の因果構造を制定（enact）する。まさにこの意味で、測定は、測定されるものについてのある特定の事実を表現していると言えるのだ。つまり、測定は因果的な内部作用であり、「あれこれと動かしてみること」ではないのだ。したがって、この内部作用という概念は、伝統的な因果性の概念を再構築するものである。このエージェンシャル・リアリズムの存在論のさらなる精緻化として、私は、現象は人間主体によって設計された実験室実践の単なる結果ではなく、むしろ、複数の物質―言説的実践や身体生産の装置の複雑なエージェンシー的内部作用を通して生みだされる物質化の差異化パターン（回折パターン）であり、装置は単なる観測の道具ではなく、問題＝物質となる境界線を引く実践、すなわち世界の特定の物質的（再）構成であると主張する（Barad, 2007, p. 140=2023, p. 172）。

この「装置は単なる観測の道具ではなく、問題＝物質となる境界線を引く実践、すなわち世界の特定の物質的（再）構成である」という指摘は、カリキュラムにお

ける評価の問題を考えるうえでもきわめて重要である。教師自身が、エージェンシーに先立って存在する主体ではなく、エージェンシー切断によって事後的に現れ出るものであり、そこでのカリキュラムの評価は、「単なる観測の道具ではなく、問題＝物質となる境界線を引く実践、すなわち世界の特定の物質的（再）構成」なのであり、エージェンシー切断から中立的な評価はあり得ない。エージェンシーの評価に際しては、「人間主体によって設計された実験室実践の単なる結果」として見るのではなく、「複数の物質―言説的実践や身体生産の装置の複雑なエージェンシー的内部作用を通して生みだされる物質化の差異化パターン（回折パターン）」としてとらえ直していくことが要請されているのである。

　以上をふまえるならば、エージェンシャル・リアリズムの観点からすれば、エージェンシーの評価は回折的なものであって省察的なものではない。そして、評価や観測の実践はそれ自体が、問題＝物質となる境界線を引く実践であり、世界の特定の物質的(再)構成に関与する実践になるのである。したがって、私たちはエージェンシーの評価がそれ自体、政治的な意味をもつことに自覚的であるべきであり、そこには可能性とともに、相応の困難と危険性が存在することを、ふまえなければならない。

付　記

　本章は、小玉（2023, 2024）のうちカリキュラムに関係する部分をもとに、加筆修正を行ったものである。これらと本章を含めてまとめた、アナーキズムに関係する著作を現在準備中であるので、詳細はそちらも参照してもらえれば幸いである。なお、英文の引用に際しては翻訳を参照したが、一部変更した部分もある。

［引用・参考文献］

・木村　優・一柳智紀（2022）「解放と変革の力としてのエージェンシーを再考する」『教師教育研究』15 巻、福井大学大学院教育学研究科教職開発専攻（教職大学院）「教師教育研究」編集委員会編、pp. 411-418
・小磯友佑・佐藤達也・中谷佳子（2023）『令和 4 年度文部科学省委託事業「実社会との接点を重視した課題解決型学習プログラムに係る実践研究」報告書』千葉大学教育学部附属小学校社会科部
・小玉重夫（2013）『学力幻想』筑摩書房
・小玉重夫（2023）「コメント：アナーキズム的転回へ向けて―飼い慣らされない主体性のために」小玉重夫編『科研基盤（C）20K02452 報告書　18 歳成人時代の主

第Ⅰ部　エージェンシーとその概念を巡って

権者教育を考える―サブジェクトとエージェンシーのあいだで―』東京大学大学院教育学研究科小玉研究室所収、pp. 35-43
・小玉重夫（2024）「教育のアナーキズム的転回へ向けて」（講演録）『研究室紀要』50 号、東京大学大学院教育学研究科基礎教育学コース、pp. 21-28
・小林夏美（2023）『「語る子ども」としてのヤングアダルト―現代日本児童文学におけるヤングアダルト文学のもつ可能性』風間書房
・小林夏美（2024）「近年の作品における子ども―大人の関係とエージェンシーへの視野―台頭期のヤングアダルト文学作品との比較を通じて―」（口頭発表）日本教育学会第 83 回大会ラウンドテーブル 7（オンライン、2024 年 8 月 29 日）
・後藤美乃理（2023）「子どものための哲学における参加する主体―クリティカルなポストヒューマニズムに着目して―」（口頭発表）教育哲学会第 66 回大会 2023 年 10 月 7 日、九州大学
・後藤美乃理（2024）「指定討論：近年の小説に見られる子どものエージェンシーの両義性―『透きとおった糸をのばして』（2000 年）から『成瀬は天下を取りにいく』（2023 年）まで―」（口頭発表）日本教育学会第 83 回大会ラウンドテーブル 7（オンライン、2024 年 8 月 29 日）
・田島史織（2023）「主体と「エージェンシー」再考―観客論の視点から―」小玉重夫編『科研基盤（C）20K02452 報告書　18 歳成人時代の主権者教育を考える―サブジェクトとエージェンシーのあいだで―』東京大学大学院教育学研究科小玉研究室所収、pp. 17-34
・中谷佳子（2024）「『主体』とは何か？―ブラックボックスを覗く鍵―」第 42 回価値判断力・意思決定力を育成する社会授業研究会、2024 年 8 月 4 日、口頭発表配付資料
・文部科学省（2012）中央教育審議会「新たな未来を築くための大学教育の質的転換に向けて～生涯学び続け、主体的に考える力を育成する大学へ」（https://www.mext.go.jp/b_menu/shingi/chukyo/chukyo0/toushin/1325047.htm）
・Barad, K.（2007）. *Meeting the Universe Halfway*: Quantum Physics And the Entanglement of Matter And Meaning, Duke University Press.（＝水田博子・南菜緒子・南　晃（訳）（2023）『宇宙の途上で出会う―量子物理学からみる物質と意味のもつれ』人文書院）
・Biesta, G.（2006）. *Beyond Learning*: Democratic Education for a Human Future, Paradigm.（＝田中智志・小玉重夫（監訳）（2021）『学習を超えて―人間的未来へのデモクラティックな教育』東京大学出版会）
・Biesta, G.（2022）. *World-Centered Education*, Routledge.
・Butler, J.（1997）. *The Psychic Life of Power*, Stanford University Press.（＝佐藤嘉幸・清水知子（訳）（2012）『権力の心的な生―主体化＝服従化に関する諸理論』月曜社）
・Murris, K.（2018）. "A MANIFESTO Posthuman child: de/colonising childhood through

reconfiguring the human", https://www.youtube.com/watch?v=ikN-LGhBawQ
・OECD.（2019）. OECD Future of Education and Skills 2030 Concept Note: Student Agency for 2030, p. 4.（＝秋田喜代美ほか（訳）（2020）「2030年に向けた生徒エージェンシー（仮訳）」 https://www.oecd.org/content/dam/oecd/en/about/projects/edu/education-2040/concept-notes/OECD_STUDENT_AGENCY_FOR_2030_Concept_note_Japanese.pdf）

第Ⅰ部　エージェンシーとその概念を巡って

第2章

教育におけるエージェンシーの概念

木村　優・一柳　智紀

1. 変動する世界とエージェンシー

　新しいミレニアム（千年紀）を迎えてはや25年、21世紀はすでに四半世紀まで到達した。この25年間、私たちは実にスピーディーな社会変化を体験してきた。地球規模のグローバリゼーションが20世紀に比べて飛躍的に進展したことで、国際的な人・物の移動が爆発的に増加した。その結果、世界中の人々や文化が私たちの身近な生活に結びつくようになった。AI（人工知能）やロボティクスをはじめとした新しいテクノロジーの進化はすさまじく、私たちの暮らしは日ごと便利になっている。多様な人々の関わりと協力が新しい価値と技術の創造を社会にもたらし、その新しい価値と技術の創造がよりよい未来に向けた希望を私たちにもたらしてくれた。

　しかし、新しいミレニアムは私たちに未来への希望の光をもたらした一方で、実に多くの不安の影も落としてきた。2001年9月11日、狂信的なテロリストが民間航空機をハイジャックし、無実の人々を道連れにしてニューヨーク・マンハッタンの象徴、ワールドトレードセンターツインタワーに突っ込んだ。新しいミレニアムは2つのグローバリゼーション、「マックワールド」と「ジハード」の対立による悲劇で幕を開けた（Barber, 1995）。その後、アメリカを中心とした対テロ戦争が長引くなか、2008年9月15日、投資銀行リーマン・ブラザーズの破綻が地球規模の金融危機を引き起こした。経済のグローバリゼーションの負の側面が顔を出し、世界中で多数の失業者を街にあふれさせることになった。

　2011年3月11日、東日本を襲った巨大地震は大津波を引き起こし、1万6千以上の人々の尊い命を奪った。巨大地震と大津波はそれだけにとどまらず、テクノロジーの最高峰である原子力発電所を襲い、メルトダウンを引き起こすに至った。こ

のメルトダウンの影響は深刻で、原発立地地域からの避難者は最大で47万人にのぼり、今も多数の人々が地元に戻れないでいる[1]。21世紀初頭のこの未曾有の大災害が、私たちの「想定」と「安全神話」をいとも簡単に打ち砕いたのだった。

2019年末、中国武漢市で原因不明の肺炎が流行り始めた。この原因不明の肺炎は短期間で中国全土へと広がり、2020年1月12日、WHOにより「新型コロナウイルス SARS-CoV-2」と特定された。新型コロナウイルスはその後、グローバリゼーションの波に乗って瞬く間に地球全体へと蔓延した。第一次世界大戦期に流行した通称「スペイン風邪」以来、およそ100年ぶりのパンデミックを引き起こしたこの新型コロナウイルスは、現在まで世界中で688万人にものぼる命を奪っている[2]。その一方で、新型コロナウイルスのソーシャル・ディスタンス対策によるオンライン会議やバーチャルリアリティの推進、ロボティクスの有効活用、働き方改革としてのワーケーションの推奨、Uberに代表されるギグ・エコノミー[3]の発展など、21世紀のパンデミックはDX（Digital Transformation）の波にも乗って私たちの生活様式も一変させることになった。

パンデミックがようやく沈静化の兆しを見せた2022年2月24日、西側諸国の軍事的圧力に業を煮やした大国ロシアがウクライナに侵攻した。共通の起源をもつこの2つの民族国家の争いは、長く続いた冷戦が閉じ込めて凍結させたかに見えた火種に薪を焚べて再燃させ、世界中の国や地域を巻き込みながらその暗いトンネルの出口をいまだ見出せずにいる。2023年10月7日には、「硬い大きな壁」に「ぶつかって割れる卵」の怒りが頂点に達し[4]、パレスチナ自治区ガザ地区から特殊部隊

---

1) 復興庁東日本大震災　震災10年ポータルサイト「数字で見る復興」。
https://www.reconstruction.go.jp/10year/data.html（2024年3月12日）
2) Johns Hopkins University, Coronavirus Resource Center, COVID-19 Dashboardより。
https://www.bbc.com/news/world-middle-east-68430925（2024年3月12日）
3) 労働者がインターネットを通じて単発や短期の仕事を請け負う働き方によって回る経済。労働者にとっては多様な働き方が保障され、企業側にとっても正規雇用にまつわるコスト削減につながる。「ギグ」は、アーティストやミュージシャンが単発や即興で行うライブ活動の「ギグ」から。一見、労働者＝ギグワーカー側と企業側の双方にメリットのある経済の仕組みだが、ギグワーカーが単発や短期の仕事を日常の生業にするケースが多発し、雇用条件の脆弱性から新たな貧困・格差が生み出される問題が露見している。詳しくは、落合（2019）を参照。
4) 村上春樹新聞「村上春樹のエルサレム賞受賞スピーチ『壁と卵―Of Walls and Eggs』」より。https://murakami-haruki-times.com/jerusalemprize/（2024年3月12日）

が壁の内側に侵入して奇襲攻撃を行った。イスラエルはこの奇襲に対する大規模反撃を行い、2024年3月1日までにガザ地区では3万人を超える人々が命を落としている[5]。その大半は女性と子どもたちである。20世紀後半から人類が抑え込んできた感染病と戦争（Harari, 2017）、この2つの厄災が私たちに牙を剥いたのだった。

　感染病と戦争だけではない。地球温暖化に端を発する気候変動の影響は深刻で、北極の氷河融解が引き起こす海面上昇、夏場の超高温、熱波を原因とした野火による森林大火災、大雨による河川の大氾濫、こうした自然災害が頻繁に私たちの暮らしと命を危険にさらしている。資源の枯渇問題はいまだその解決策を見出せず、核のゴミは今もその終着駅を探し求めている。ボトムビリオンと呼ばれる超貧困層は今も飢えに苦しみ、差別と格差が憎悪の温床となり、密売、虐待、ネグレクトは後を絶たず、インターネットを悪用した特殊詐欺が世界中で私たちの財と命を脅かしている。そして、民主主義はこの10年で重大な危機にさらされ続けている。長く続く圧政、度重なる不公正、これらは人々の市民参画意識を減退させながら次第に自由を奪っている。私たちが直面するこうした問題は、20世紀よりもより複雑で多様化している。

　21世紀を生きる私たちには、こうした変動する世界（Volatility）、いつも確証が得られない不確実な世界（Uncertainty）、あらゆる物事が絡み合う複雑な世界（Complexity）、そして責任や正義の所在が曖昧な世界（Ambiguity）、このVUCAワールドを生き抜きながら、個人・社会・地球・宇宙それぞれをよりよい方向へと変革するウェルビーイングの実現という重大な使命が課せられている。この使命をまっとうするためには、私たちはVUCAワールドに立ち向かえる高次の能力を育み合い、発揮し合うことが必要となる。近年、そうした力の1つとして、人間が具える高次の能力である「エージェンシー（Agency）」への注目が高まっている。私たち一人ひとりが互いのエージェンシーを発揮し合い、その化学反応を起こすことで、世界中に蔓延する対立やジレンマや分断を調和して克服し、テクノロジーをうまく扱いながらイノベーションを起こし続け、未知のウイルスや不測の事態に対しても柔軟かつ協働して、責任をもって対峙していくのである。

---

[5] BBC NEWS JAPAN, February 29, 2024. "More than 30,000 killed in Gaza, Hamas-run health ministry says" より。https://www.bbc.com/news/world-middle-east-68430925 （2024年3月12日）

2. エージェンシーの言葉の意味

　それでは、エージェンシーとはいったいどのような力なのだろうか。そして、教育においてエージェンシーの育ちと発揮をどのように考えればいいのだろうか。ここではまず、エージェンシーの一般的な言葉の意味から確認していこう。

　英語の Agency は Act（行動）の派生語で、その行動に伴う「作用」「働き」「力」を意味する言葉である。また、Agency は「代理行為」も意味し、それが組織的な行為であればそのまま Agency（エージェンシー）を用いる。一方、個人や特定集団の行為に焦点化すると Agent（エージェント）が用いられることが多い。

　前者の「エージェンシー」と聴くと、私たち日本人にとってはそれほどなじみ深い言葉ではないかもしれない。しかし、実は身近なところでエージェンシーという英単語が用いられている。政府機関・局である。例えば、国土交通省の外局である観光庁は「Japan Tourism Agency」、文部科学省の外局である文化庁は「Agency for Cultural Affairs」と英語表記されている。よくよく考えてみると、観光庁や文化庁は私たち国民一人ひとりを代理する組織として、国の観光や文化の発展・浸透に関わるさまざまな業務を担ってくれている。だからこそ、「代理行為」を意味するエージェンシーを機関名に用いるのである。

　一方、後者の「エージェント」は、まさにエージェンシーを発揮する個人ないし職業集団を指す言葉として用いられる。例えば、私たちの就業や転職を支援する人材・転職エージェントは、私たちの代理となって求める職業を探してくれる。映画『MIB: Men In Black』（配給：ソニー・ピクチャーズ・リリーシング）のエージェントK（役：トミー・リー・ジョーンズ）とエージェントJ（役：ウィル・スミス）は、私たちの代理となって地球侵略を目論むエイリアンたちと闘ってくれている。人材・転職エージェントと同じように、彼らの闘いは私たちのまさに「代理行為」としての行動として目に焼きつくだろう。こうした所々の場面で、私たちのために責任をもってエージェンシーを発揮してくれているエージェントの姿がよく見てとれる。

　以上、一般的な言葉の意味を土台とすると、エージェンシーとは「責任をもって主体的に行動する力」と端的にとらえることができ、こうした主体的な行動を喚起するために人間が具える高次の能力の1つと考えることができる。それでは、この高次の能力であるエージェンシーを人間がいかに育てることができるのだろうか。また、エージェンシーが人間自身の成長だけでなく、関わっていく社会や自然の構

造の変革にいかなる価値をもつのだろうか。こうした問いを探究する学術的なエージェンシー議論が多様な学問分野で展開していった。

例えば、社会学では、エージェンシーは「個人が自由に意思決定し主体的に行為する能力」とされ、「主体的行為」と訳される（大澤ら, 2012）。特に社会学では、エージェンシーは個人の行動とそれを制約する社会の構造、この両者の対置関係でとらえられ議論されている。心理学では、エージェンシーは「自らの意志によって行為するという主体性、ないしは行為することのできる能力」とされ、社会学と似て「行為主体性」と訳される（能智ら, 2018）。特に心理学では、人間の意図的な「行為」である「学習」は言語・シンボル・道具に担われていて、これらは社会、文化、歴史の影響を受けて成熟していくと考える（Vygotsky, 1997）。このことから、人間の行為を駆動する力であるエージェンシーが学習と成長を推進する重要な力として心理学で認知されている。

近年、OECD の教育スキル局はこうした学術的議論を土台として、キー・コンピテンシーの再定義とカリキュラム分析を行うプロジェクト、Future of Education and Skills 2030 において、人々が社会に積極的に関わり、他者や環境をよりよい方向へと前進させるためのキー・コンピテンシーとしてエージェンシーを措定した。そして、エージェンシーを学習者の学びと育ちの方向性を指し示すラーニング・コンパス（学びの羅針盤）2030 の中心概念に位置づけるに至った（OECD, 2018）。ただし、Education 2030 プロジェクトのポジション・ペーパー（OECD, 2018）や「ラーニング・コンパス」コンセプトノート（OECD, 2019=2020）では、エージェンシー概念の学術的な議論の展開については明確に示されていない。そこで以下、エージェンシーの学術的な概念整理を確認しておこう。

3. エージェンシーの学術的な議論の展開

エージェンシーはまず、社会的な価値の実現のなかで、個人のよりよさ＝ウェルビーイングをいかに保障し、生涯にわたって個人のウェルビーイングをいかに向上させていくのか、そして個人のウェルビーイングが集団としてのウェルビーイングへ拡張していくことでいかに社会変革が起こっていくのか、こうした個人・集団・社会のウェルビーイングと連関する事象の問いとして立ち現れていく。エージェンシー研究を整理した論文（Eteläpelto, et al., 2013）を手掛かりに、エージェンシーの学術的な議論の展開を見てみよう。

第 2 章　教育におけるエージェンシーの概念

　第一に、社会科学のアプローチでは特に、人間の活動がどれほど社会構造の影響を被るのかが論点になる。そのため、エージェンシーは社会構造によって形成され制約されるものとしてとらえられている。例えば、社会階級、人種、ジェンダー、職業状況など、社会構造が生み出すさまざまな要因の影響を受けて私たちは生活を送っている。私たち一人ひとりが、こうした社会構造をどれだけ意図的によりよく変革していけるのか、この人間の意識的行為がエージェンシーと見なされる（Giddens, 1984）。また、人間は社会だけでなく自然とも関わりをもっている。つまり、人間は社会と自然、この両者との関わりのなかで力を発揮してよりよい社会と世界を実現するために活動している。そして、この力を発揮する活動を通して、人間は自分自身が何者であるか、すなわちアイデンティティをカタチづくり、そこでまた力を発揮していく。こうした活動の展開から、エージェンシーは私たち一人ひとりのアイデンティティ形成に深く関与する（Archer, 2000）。

　それでは、人間のエージェンシーはどのように現れてくるのだろうか。1つのとらえとしては、エージェンシーはよりよい社会と世界を実現するための人間の活動を通じて発揮されることを前提とすれば、その活動を表現するコトバ（言語と言説）のレベルで現れる、という考え方がある（St. Pierre, 2000）。一方、エージェンシーは社会構造、文化、経済、個人のアイデンティティ、これらの関係をつないで人々が互いに発揮し合うことを前提とすれば、エージェンシーは人々の生きた経験のなかで発現する、という考え方がある（McNay, 2004）。このあたりの議論はかなり小難しいが、両者の考え方の共通項を見出すならば、エージェンシーは人々の行動様式から見出すことができ、また、人々が互いに関わり合うなかでの言葉の実践、すなわち対話を通じて立ち現れてくると言える。

　第二に、心理学のアプローチでは、人間がエージェンシーを発揮する際にどのような現象が心理内で起こっているのかの検討が行われている。Bandura（2006）によると、人間がエージェンシーを発揮すると、そこでは目的意識と成長に向けた戦略といった意図が明確になるという。また、人間は自らの行動によって引き起こされる未来の予測を行い、そこから行動の動機づけを高めるという時間の視野を広げていく。そして、人間は自らの行動を進んで調整し、自分自身の行動の意味や効力についてじっくり考える（省察する）ことになるという。また、心理学の流れを汲む社会文化的アプローチでは、活動システムのジレンマや問題の解消といった変革に向けた人間の働きにエージェンシーの重要性を見出している（山住, 2017）。

　第三に、人間の人生・ライフサイクルを研究対象とするライフコース研究では、

21

特定の社会状況で人々が自らの人生をデザインする方法の1つにエージェンシーを見出している。例えば、Schoon & Lyons-Amos（2017）は、イギリスの13歳・14歳の若者たち15,770人を対象にした学業成績を追跡した2004年調査から、その後19歳・20歳となった若者たち9,558人を抽出し、若者たちのエージェンシーの認識と発達のプロセスを検討した。その結果、若者たちはさまざまな進路を通りながら進学や就職を決めて自分自身の人生をデザインしており、そのライフコースのなかでのさまざまな出会いを通してエージェンシーを発揮しながら状況に適応し、目標を設定して自己効力感を高め、例えば進学先では学生生活に主体的に参画していた。このように、エージェンシーはライフコースにおける多様な人々との関わり、相互作用を媒介した社会的なエコシステム（生態系）を通して育まれると示唆されている。こうしたライフコース研究の知見から、エージェンシーは「時間性」をもった概念であること、過去・現在・未来と人々との相互作用に焦点をあててとらえる必要があることが明らかになっている。すなわち、人間のエージェンシーは決して個人にとって不変な能力ではなく、他者との相互作用とライフコース上の経験によって可変する能力である。

4. 教育におけるエージェンシーの概念

　以上のエージェンシーに関わる学術的な議論を簡潔に整理してみると、エージェンシーの通底にはいつも人と社会・世界との関係があり、そして個人だけでなく社会と世界の変革に向けた可能性と希望がその概念のなかに含まれていることがうかがえる。

　そして、社会構造の変革を教育学の視座から追究したのがパウロ・フレイレ（Paulo Freire）である。彼は主著『被抑圧者の教育学』（1970=2011）において、抑圧という状況が、「抑圧される者」も「抑圧する者」も双方が人間性を失っていく「非人間化」を押し進めてしまう由々しき事態を打破する活動として人間の「批判的意識」「意識化」を提起した。この「批判的意識」「意識化」は、フレイレが南米で進めたリテラシー（識字）教育の文脈をふまえながら、子どもたち（学習者）に一方的に知識を注入する「銀行型教育」の批判を通して理論展開し、対話による言葉の実践と世界の「引き受け」によって世界を変革していく人間の力、すなわちエージェンシーへと結びついていった。

　フレイレが「意識化」という点を強調するのは、変革に向けて理論的に思考する

ことだけでもなく、ただ行動するだけでもないことである。この思考と行動は、フレイレの言葉に変換すれば「省察」と「活動」である。そして、人間が「省察」と「活動」を融合した「実践」を行うことこそ、世界を変え、抑圧からの解放に向かう一歩になるという。しかし、抑圧状況は人間のエージェンシーそのものを従属させようとするものである。コトバは対話を通して人間のエージェンシーを活性化させる。しかし、一方的なコトバの発信は人々を受動的な立場に追い込んで、「沈黙の文化」へと従属させていく。フレイレによるコトバとエージェンシーの関係は、まさにこの「『沈黙の文化』のなかに埋没している人間が、その現実を意識化し、声なき声を共同のものとしていく解放と変革の契機」（黒谷，2001，p. 252）でとらえられている。

　こうしたフレイレの探究をふまえたヘンリー・ジルー（Henry Giroux）は、フレイレの「意識化」を促すことを主眼とした「エージェンシーに向けた物語り（narrative for agency）」の重要性を提起した。そして、学校教育における子どもたちの経験を物語る「声」へとエージェンシーの議論を展開していく（Giroux, 1988）。ジルーによると「エージェンシーに向けた物語りであるリテラシーは、支配的な社会関係を生み出し正当化する言説から歴史・経験・ビジョンを取り戻す試みと同じである」（Giroux, 1988, p. 65）という。すなわち、エージェンシーに向けた物語りは、抑圧者－被抑圧者、あるいは支配－被支配の関係をコトバの力によって生み出してしまう社会構造のなかで、権力ではなく「対話」という道具でもって人間を解放し、世界の変革へと誘う力をもった批判的意識を引き出す契機となる。

　フレイレにとって、学校のなかで子どもたちのエージェンシーを育む実践は「銀行型教育」の対置として示される「問題解決型教育」であった。問題解決型教育では、子どもたちと教師たちが対話を通して社会の矛盾やジレンマといった現実の問題に取り組み、その問題を乗り越えるための解決に向けたチャレンジが行われる。ジルーにとっては、子どもたちのエージェンシーは何よりも子どもたち自身の経験と「声」によって育まれる（植松，2021）。この「声」にはもちろん、沈黙の文化に埋め込まれた声なき声も含まれる。対話とその重要な構成要素である「声」は、エージェンシーに向けた物語りの構成要素であり、また、「世界を変革し人間化するための省察と行動」（フレイレ，2011，p. 121）である私たちの実践を引き出してくれる。すなわち、「声」を出し、「声」を聴くことで、私たちは初めて人間のエージェンシーをとらえることが可能になり、そして、解放と変革を起こすエージェンシー（Emancipative and transformative agency）の発現を見ることになる。

第Ⅰ部　エージェンシーとその概念を巡って

　以上、フレイレのリテラシー論とジルーの批判的教育学におけるエージェンシー議論の展開から、エージェンシーに埋め込まれた「解放」と「変革」の側面を確認することができた。その上で、ラーニング・コンパス（OECD, 2019=2020）における「生徒エージェンシー」の言説を見てみよう。そこで生徒エージェンシーは以下のように説明されている。

➤ 自分の人生および周りの世界に対して良い方向に影響を与える能力や意志を持つこと。
➤ 働きかけられるというよりも自らが働きかけること。
➤ 型に嵌め込まれるというよりも自ら型を作ること。
➤ 他人の判断や選択に左右されるというよりも責任をもった判断や選択を行うこと。

　このように、ラーニング・コンパスでは生徒エージェンシーの説明を動的な発現の例示によって展開する。そして、生徒エージェンシーは以下7つの主要な構成要素（コンピテンシー）が複合するとされる（OECD, 2018, p. 35）。

1. 成長マインドセット
2. 希望
3. アイデンティティ
4. 目的意識
5. 動機づけ
6. 自己効力感
7. 所属感

　すなわち、子どもたちが個人から家庭や仲間、グループやコミュニティ、地域、社会、世界へと同心円に広がる社会的なエコシステムのなかで、自らに結びつく社会的状況に参画して、それぞれの状況をよりよく改善する（ウェルビーイングを実現する）という目的を見据えて、成長マインドセットをもって自分自身を刷新し続け、多様な人々や環境をよりよい方向へと進め、力づけ、励ます、こうした責任を負って行動する力が生徒エージェンシーといえよう。

5. 子どもたちのエージェンシーを育む

　それでは、学校という文脈のなかで生活する子どもたちのエージェンシー（ラーニング・コンパスにおける「生徒エージェンシー」）はいかに育むことができるのだろうか。これまでの議論をふまえると、子どもたちのエージェンシーを育むには、フレイレが示した対話とジルーが示した声への着目が鍵になるだろう。すなわち、子どもたちの「声」がよく発せられ、よく聴こえ、よく交響していく対話の場を学校教育のなかに生み出すことで、子どもたちのエージェンシーを不断に育むことができると考えられる。

　教育活動を通して、教師をはじめとした大人たちは子どもたちのエージェンシーに向けた物語りに耳を澄まし、子どもたちの声のなかにいっぱい詰まった一人ひとりの想いを理解していこう。もしも子どもたちが沈黙しているのならば、その沈黙の奥にある子どもたちの声なき声に想いを寄せ、その声なき声の意味を推測して解釈していこう。また、子どもたちの声を引き出すために、子どもたちにとっての心理的で知的な安全性を保障し、その上で声を発することに向けて子どもたちの背中を押したり、子どもたちの手を引いたりしよう。子どもたちの想いに思慮深く、寛容で、温かな実践が、多様な声で織りなされ彩られる子どもたちのエージェンシーに向けた物語りを学校のなかに紡いでくれる。この多彩な物語りが交響するところで、子どもたちは自らのコトバで自らの経験の価値を意識化し、そして、その経験から得られた数々の学びや気づき、身につけ伸ばした数多の力を認識し、自分自身と世界をよりよく変革するための希望と展望を未来へと編み込んでいくのである（三河内ら，2021）。

　このように考えると、子どもたちと教師たちの関係性を丁寧に考える必要がある。学校のなかで、子どもたちと教師たちが対等な関係であることが、互いがエージェンシーを育み、発揮するために必須となる対話の条件である。子どもたちと教師たちが互いにエージェンシーを育み合い、発揮し合えるための対話のパートナーになること、これが教育におけるエージェンシーの本質のようである。

　希望と不安が入り乱れる21世紀のVUCAワールドをよりよく変革し、いまだ問題含みの社会構造の課題を乗り越えていくには、まさに私たち一人ひとりが抱き、共有することのできる解放と変革の力であるエージェンシーにかかっているといえる。解放と変革を起こす力であるエージェンシーは、人々の声を紡いで交響してい

第Ⅰ部　エージェンシーとその概念を巡って

く対話の場においてこそ育まれ発現し、そこではじめて私たち一人ひとりがウェルビーイングの実現に向けてエージェンシーを発揮することが可能になる。

付　記

本章は、木村・一柳（2022）をベースにしながら、変化し続ける社会情勢を読者と共有した上で、教育におけるエージェンシー概念の布置の再定位を行ったものである。

［引用・参考文献］

- 植松千喜（2021）「授業実践における『生徒の声』の可能性と課題─ヘンリー・ジルーと多文化教育を手掛かりに」『東京大学大学院教育学研究科紀要』第 61 巻、pp. 365-373
- 落合陽一（2019）『2030 年の世界地図帳─あたらしい経済と SDGs、未来への展望』SB Creative
- 大澤真幸・吉見俊哉・鷲田清一・見田宗介（2012）『現代社会学辞典』弘文堂
- 木村　優・一柳智紀（2022）「解放と変革の力としてのエージェンシーを再考する」『教師教育研究』15、pp. 411-418
- 黒谷和志（2001）「教育実践における批判的リテラシーの形成─パウロ・フレイレの再評価をめぐって」『広島大学大学院教育学研究科紀要』第 50 号、pp. 249-256
- 能智正博・香川秀太・川島大輔・サトウタツヤ・柴山真琴・鈴木聡志・藤江康彦（2018）『質的心理学辞典』新曜社
- 三河内彰子・一柳智紀・木村　優・長谷川友香・秋田喜代美（2021）「探究的な学びを通した生徒 Agency の変容過程の検討─中高生の『語り』にもとづく発話分析とエピソード分析」『東京大学大学院教育学研究科紀要』第 60 巻、pp. 663-681
- 山住勝広（2017）『拡張する学校─協働学習の活動理論』東京大学出版会
- Archer, M.（2000）. *Being human: The problem of agency*, Cambridge: Cambridge University Press.
- Bandura, A.（2006）. Toward a psychology of human agency, *Perspectives on Psychological Science*, 1(2), 164-180.
- Barber, B. R.（1995）. *Jihad vs. McWorld*, New York, Times Books.（バーバー，B. R. 鈴木主税（訳）（1997）『ジハード対マックワールド─市民社会の夢は終わったのか』三田出版会）
- Eteläpelto, A., Vähäsantanen, K., Hökkä, P., & Paloniemi, S.（2013）. What is Agency?: Conceptualizing professional agency at work, *Educational Research Review*, 10, 45-65.
- Freire, P.（1970）. *Pedagogia do Oprimido*. Tres Cantos: Siglo Xxi Ediciones.（＝フレイ

レ、三砂ちづる（訳）（2011）『被抑圧者の教育学』亜紀書房）
- Giddens, A.（1984）. *The constitution of society*, Berkeley: University of California Press.
- Giroux, H. A.（1988）. Literacy and the pedagogy of voice and political empowerment, *Educational Theory*, 38(1), 61-75.
- Harari, Y. N.（2017）. *Homo Deus: A brief history of tomorrow*, Vintage.（＝ハラリ，Y. N. 柴田裕之（訳）（2018）『ホモ・デウス（上）―テクノロジーとサピエンスの未来』河出書房新社）
- McNay, L.（2004）. Agency and experience: Gender as a lived relation, *The Sociological Review*, 52(2), 173-190.
- OECD.（2018）. The future of education and skills: Education 2030 Position Paper, http://www.oecd.org/education/2030/OECD%20Education%202030%20Position%20Paper.pdf（2024年3月12日），（＝秋田喜代美ほか（訳）（2018）「OECD Education 2030 プロジェクトについて」https://www.oecd.org/content/dam/oecd/ja/publications/reports/2018/06/the-future-of-education-and-skills_5424dd26/1f4fe31d-ja.pdf）．
- OECD.（2019）. Learning Compass Concept Notes, https://www.oecd.org/education/2030-project/contact/（2024年3月12日），（＝秋田喜代美ほか（訳）（2020）「OECD ラーニング・コンパス（学びの羅針盤）2030（仮訳）」https://www.oecd.org/content/dam/oecd/en/about/projects/edu/education-2040/concept-notes/OECD_LEARNING_COMPASS_2030_Concept_note_Japanese.pdf）．
- Schoon, I. & Lyons-Amos, M.（2017）. A socio-ecological model of agency: The role of structure and agency in shaping education and employment transitions in England, *Longitudinal and Life Course Studies*, 8(1), 35-36.
- St. Pierre, E. A.（2000）. Poststructural feminism in education: An overview, *Qualitative Study in Education*, 13(5), 477-515.
- Vygotsky, L. S.（1997）. The history of the development of higher mental functions, in R. W. Rieber（Ed.）, *The collected works of L. S. Vygotsky*（Vol. 4）. New York: Plenum,（＝ヴィゴツキー、柴田義松（訳）（2021）『文化的―歴史的精神発達の理論』学文社）
- Vygotsky, L. S.（1978）. Mind in society: The development of the higher psychological processes, Cambridge, MA: The Harvard University Press.

第3章

エージェンシーとその発達をどう考えるか

松尾　直博

はじめに

　近年、教育において「主体性」や「エージェンシー」という概念が注目されるようになっている。主体性については、近年になって初めて注目されているわけではなく、例えば臨時教育審議会答申及び1987年の教育課程審議会答申で示され、平成元（1989）年改訂の学習指導要領で採用された学力観（いわゆる「新学力観」）のなかでも、自ら学び考える力など、主体性に関する力が注目されていた。また、1996年の中央教育審議会による答申において「生きる力」が提唱され、主体的に課題を発見し、行動し、よりよく問題を解決できる資質や能力が注目され、この答申を受けて改訂された平成10（1998）年から平成11（1999）年の学習指導要領改訂では「総合的な学習の時間」が導入され、各教科の枠にとどまらない横断的・総合的な学習のなかで、主体的に判断し問題を解決する資質や能力の向上が目指された。
　しかし、学力低下論（いわゆる「PISAショック」を含む）、「ゆとり教育」批判などを経て、2003年中央教育審議会答申では「生きる力」を知の側面からとらえた「確かな学力」の育成に係る具体的な方策が提言された。「確かな学力」とは、「知識や技能はもちろんのこと、これに加えて、学ぶ意欲や自分で課題を見付け、自ら学び、主体的に判断し、行動し、よりよく問題解決する資質や能力等まで含めたもの」と説明されており、一見すると引き続き主体性を重視するものとも受け取れる。だが、この答申を受けて平成20（2008）年から平成21（2009）年に改訂された学習指導要領、並びにその実施においては、いくつかの教科の標準授業時数の増加、総合的な学習の時間の時数の減少、「学力向上アクションプラン」の実施などの方策がとられた。平成28（2016）年答申では、平成10・11年の学習指導要領改訂後の状況を振り返り、「平成10年の改訂を受けた指導については、子供の自主性を尊重す

る余り、教員が指導を躊躇する状況があったのではないか」「こうした危機感を受けて、学校においては、知識の量を確保していくための様々な工夫も展開された」と表現されており、児童生徒の主体性を重視する考え方は若干後退したように感じられた。

　ところが、近年になりまた主体性が注目されるようになってきている。その背景としては、平成 28 年答申とその後に改訂された学習指導要領において「主体的な学び」が重視されていること、OECD より新しく提唱された「ラーニング・コンパス」(OECD, 2019a=2020) において「エージェンシー」の概念が重視されていることが影響を与えていると考えられる。また、「確かな学力」の育成に舵を切り、学力向上を掲げて知識の量を確保する試みを行ったのにも関わらず、世界の学力観とのギャップが生じ、PISA2015、PISA2018 で特に読解力に懸念が見られたことも少なからず影響を与えているであろう。平成 28 年答申には、以下のような記述がある（下線は筆者が付けたもの）。

　　解き方があらかじめ定まった問題を効率的に解いたり、定められた手続を効率的にこなしたりすることにとどまらず、直面する様々な変化を柔軟に受け止め、感性を豊かに働かせながら、どのような未来を創っていくのか、どのように社会や人生をよりよいものにしていくのかを考え、主体的に学び続けて自ら能力を引き出し、自分なりに試行錯誤したり、多様な他者と協働したりして、新たな価値を生み出していくために必要な力を身に付け、子供たち一人一人が、予測できない変化に受け身で対処するのではなく、主体的に向き合って関わり合い、その過程を通して、自らの可能性を発揮し、よりよい社会と幸福な人生の創り手となっていけるようにすることが重要である。

このように、「主体的」という表現が繰り返し使われており、主体性の概念が重視されていることが分かる。主体的に学び、さらには主体的に生きる人間の育成は、これからの教育のきわめて重要なテーマとなることが予想される。本章では、エージェンシーと主体性の概念を発達という側面からとらえ、これからの教育に寄与できるような視座を与えることを目的としている。

第Ⅰ部　エージェンシーとその概念を巡って

1．エージェンシーは発達するのか

(1) OECDの定義するエージェンシーとは

　OECDの「Education 2030 プロジェクト」が作成したコンセプト・ノートの1つである"Student Agency for 2030"の仮訳である「2030年に向けた生徒エージェンシー」(OECD, 2019b=2020)において、生徒エージェンシーは「変革を起こすために目標を設定し、振り返りながら責任ある行動をとる能力」と定義されており (p. 3)、この定義では、生徒エージェンシーは「能力」(原文ではcapacity)とされている。

　一方で同じコンセプト・ノートの別の部分では、以下のようにも述べられている。

　　ラーニング・コンパスの文脈における生徒エージェンシーとは、生徒が社会に参画し、人々、事象、および状況をより良い方向へ進めようとする上で持つ責任を担うという感覚を示しています。エージェンシーは方向付けとなる目的を設定し、目標を達成するために必要な行動を見いだす能力を必要とします (OECD, 2018)。働きかけられるというよりも自らが働きかけることであり、型にはめ込まれるというよりも自ら型を作ることであり、また他人の判断や選択に左右されるというよりも責任を持った判断や選択を行うことを指しています (p. 4)。

　ここでは、(生徒)エージェンシーは「責任を担うという感覚」(原文はa sense of responsibility)を示すとされている。

　コンセプト・ノートでは、さらに以下のような記述もある。

　　生徒エージェンシーは人格特性ではありません。伸ばすことも学ぶこともできるものです。「生徒エージェンシー」は「生徒の自治Autonomy」、「生徒の声Voice」、または「生徒の選択Choice」の同義語として間違って用いられることも多いですが、これらの概念以上の意味をもっています。自律的に行動するということは社会から孤立して、あるいは私利私欲を満たすために単独行動することとは異なります。同様に生徒エージェンシーとは、生徒が何でも好きなことを発言できるということでも、また好きなものであればどの教科を選択してもよいということでもありません (p. 4)。

ここでポイントとなるのは、生徒エージェンシーが人格特性（あるいは個人特性。原文はa personality trait）ではないと述べられている点である。加えて、OECDのエージェンシーの定義では、この後述べる他の定義と比較すると、「責任」を重視していることも留意すべき点である。自律的に行動するとは、「社会から孤立して、あるいは私利私欲を満たすために単独」で発揮するのではないと述べられており、これが「責任」と関係してくるように解釈できる。つまり、エージェンシーは公のために、共同して発揮するものとOECDは定義していると解釈できる。これは、OECD（2019a=2020）の「学びの羅針盤」において、エージェンシーを発揮して生徒が目指すものとして個人のウェルビーイングと集団・社会のウェルビーイングの両方が示されていることとも関係が深い。

なお、日本語の「責任」には、任務、義務、非難されるべき責めを負うというニュアンスがある。しかし、英語のresponsibilityの場合、第三者に依存せず独立して行為したり、判断したりする機会や能力という意味もあり、エージェンシーの定義で使われる場合はこちらのニュアンスが強いと思われる（日本語にした場合は「主体性」の意味が近い場合もある；松尾ら，2020）。

(2) さまざまなエージェンシーの定義

Vaughn（2021）は、一般的な広義のエージェンシーの定義として、「自分自身の目標を定め、それに沿って行為する力と述べている」（p.16）。Wan & Gut（2011）は、エージェンシーを「慣習にとらわれない考えをし、大衆に疑いを持ち、新しいシナリオを想像し、目を見張るような働きを生み出す力」ととらえている（p.10）。また、Basuら（2009）は、「自分自身や自分の人生の状況を創造し、影響を与え、変革を起こすような方法により、世界に意味を与えること」をエージェンシーととらえている（p.345）。これらの定義などを見ると、革新、変革、創造の側面と、自律や自己決定の側面が強調されているように感じる。

Fournillier（2012）は、エージェンシーを「自分が大切と思った目標や価値を達成するために必要と思うことを何でも行うとする自由」と定義している（p.74）。ここでは、「自由」がエージェンシーの定義に使われていることが興味深い。Martin et al.（2003）も、エージェンシーの一般的な定義として、「自分自身の生活・人生に影響を与えるような選択を行い、その選択に従って行為する個人の自由」（p.1）と定義のなかに自由という言葉を用いている。過去、権力、大衆に迎合しない自由が、変革を生み、ウェルビーイングにつながるからこそエージェンシーは重視され

つつあるとも言える。一方で、教育現場では児童生徒に自由を与えると、授業規律が乱れる、学力が低下するという懸念もしばしば聞かれ、この懸念が主体性重視の教育にブレーキをかけることも少なくない。このようなことから、「自由」という考え方がエージェンシーをとらえる1つの鍵になるであろう。

(3) エージェンシーと心理学

APA Dictionary of Psychology（以下、APA 辞典）[1] によると、エージェンシーは「通常は目標のために活動的である状態、または効果を生み出す力や影響力を行使する能力を持つ状態。」と定義されている。心理学的にはエージェンシーは「状態」ととらえられており、特性ととらえられていないことは興味深いことである。目標達成のために活動的になっており、対象や環境に影響力を与えられる力を発揮できる状態ととらえられていることが分かる。

エージェンシーそのものを扱った心理学的研究は多くないが、関連する研究としては自己決定、自律性についての研究は比較的多くある。APA 辞典によると、自己決定は「他者や外部からの要求による干渉や不当な影響を受けずに、行動に取り組む過程や結果。自己決定とは特に、意思決定、問題解決、自己管理、自己指導、自己擁護など、自分の状況を改善する行動を指す。」と定義されている。自律性は、「1. 個人、集団、または社会における自立と自己決定の状態。…(中略)… 2. 自己決定理論では、より具体的には、行動するように圧力を感じるのではなく、選択によって行動する経験。このような自律性は、幸福を予測する基本的な心理的欲求と考えられている。」と定義されている。

エージェンシーと自己決定、自律性との関係は、どのような定義を採用するかによって異なり、厳密に述べることは難しい。しかしながら、他者によって何かを強いられるのではなく、自分で決定し、自分で選択するという点では共通していると言えよう。エージェンシーを安易に自己決定、自律性などの心理学的な概念にあてはめようとすると、要素還元主義的な問題が起こると思われる（Martin et al., 2003）。しかしながら、教育におけるエージェンシーやその発達を理解しようとする際に、自己決定や自律性という視点からとらえることで、エージェンシーを多角的にとらえやすくなる可能性もある。

---

1) 本章で示す APA（アメリカ心理学会）辞典からの語は、Web 上の APA Dictionary of Psychology を使って検索した結果を筆者が日本語訳したものである。

（4）エージェンシーと主体性

「2030年に向けた生徒エージェンシー」（OECD, 2019b=2020）では、以下のような説明がある。

> OECD（2018）のポジション・ペーパーによると「エージェンシーは、社会参画を通じて人々や物事、環境がより良いものとなるように影響を与えるという責任感を持っていることを含意する」とあります。これは新学習指導要領で示されている主体性に近い概念ですが、より広い概念と考えられます（p. 3）。

このように、エージェンシーは学習指導要領における主体性よりも広い概念、逆に言えば主体性はエージェンシーよりも狭い概念とされている。

文部科学省（2019）は英語版のパンフレット「Overview of the Ministry of Education, Culture, Sports, Science and Technology」を公開している。現行の学習指導要領についても触れており、そこでは、「主体的・対話的で深い学び」の訳として、「proactive, interactive and authentic learning」があてられている（p. 8）。proactive には「主体的」という意味もあるが、どちらかというと積極的、前向きという意味で使われることが多いと思われる。

また、平成29・30（2017・2018）年告示の「学習指導要領解説　総則編」では、さまざまなところで「主体的な学び」について述べられている。例えば、主体的・対話的で深い学びの実現に向けての授業改善として、以下のことが述べられている（下線は筆者が付けたもの）。

> ①　学ぶことに興味や関心を持ち、自己のキャリア形成の方向性と関連付けながら、<u>見通しをもって粘り強く取り組み、自己の学習活動を振り返って次につなげる</u>「主体的な学び」が実現できているかという視点。

また、主体的・対話的で深い学びは、必ずしも1単位時間の授業の中で全てが実現されるものではなく、単元や題材など内容や時間のまとまりを見通して、例えば、<u>主体的に学習に取り組めるよう学習の見通しを立てたり学習したことを振り返ったりして自身の学びや変容を自覚できる場面</u>をどこに設定するか、対話によって自分の考えなどを広げたり深めたりする場面をどこに設定するか、学びの深まりをつくりだすために、児童が考える場面と教師が教える場面

をどのように組み立てるか、といった観点で授業改善を進めることが重要となる。すなわち、主体的・対話的で深い学びの実現に向けた授業改善を考えることは単元や題材など内容や時間のまとまりをどのように構成するかというデザインを考えることに他ならない（p. 77）。

さらに、「児童生徒の学習評価の在り方について（報告）」（文部科学省，2019）においては、主体的に学習に取り組む態度の評価について、以下のような考え方が示されている。

○　以上を踏まえると、「主体的に学習に取り組む態度」の評価に際しては、単に継続的な行動や積極的な発言等を行うなど、性格や行動面の傾向を評価するということではなく、各教科等の「主体的に学習に取り組む態度」に係る評価の観点の趣旨に照らして、<u>知識及び技能を獲得したり、思考力、判断力、表現力等を身に付けたりするために、自らの学習状況を把握し、学習の進め方について試行錯誤するなど自らの学習を調整しながら、学ぼうとしているかどうかという意思的な側面を評価する</u>ことが重要である。

○　本観点に基づく評価としては、「主体的に学習に取り組む態度」に係る各教科等の評価の観点の趣旨に照らし、
①　知識及び技能を獲得したり、思考力、判断力、表現力等を身に付けたりすることに向けた<u>粘り強い取組を行おうとする側面</u>と、
②　①の粘り強い取組を行う中で、<u>自らの学習を調整しようとする側面</u>、という二つの側面を評価することが求められる。

これは、「主体的に学習に取り組む態度」の観点については、<u>ただ単に学習に対する粘り強さや積極性といった児童生徒の取組のみを承認・肯定するだけではなく、学習改善に向かって自らの学習を調整しようとしているかどうかを含めて評価することが必要である</u>との趣旨を踏まえたものである（p. 10）。

このような表現を考えると、「主体的に学習に取り組む態度」とは、「粘り強い取組を行おうとする側面」と「自らの学習を調整しようとする側面」をもっぱら示していると考えられ、これは後に述べる精神分析の「超自我」の機能を重視している

ように思われる。エージェンシーで強調されている、革新、変革、創造、自由、自己決定という側面はほとんど述べられていない。

2. エージェンシーの発達のとらえ方

(1) 特性、潜在能力、状態

　APA 辞典によると、発達とは「人間やその他の生物の生涯の間に起こる、構造、機能、行動パターンの一連の漸進的な変化」と定義されている。エージェンシーが発達すると考えると、年齢に伴ってエージェンシーが徐々に構造、機能、行動パターンが変化すると仮定することになる。果たしてエージェンシーは発達するのだろうか。また、発達するとしたら何が、あるいは、どの側面が発達するのであろうか。

　Vaughn（2021）は、「エージェンシーの発達は、すべての生徒にとって非常に重要な目標であるとしばしば記されている」(p. 13) と述べており、エージェンシーは発達するものであり、その発達を促すような試みが可能であると考えられている。エージェンシーが発達されると考えるか否かに関して、エージェンシーのどの定義を採用するかにも左右されるであろう。OECD は、エージェンシーを「能力（capacity）」あるいは「責任の感覚（a sense of responsibility）」ととらえており、「人格特性（個人特性：personal trait）」ではないとしている。APA 辞典によると、capacity は「1. 個人が情報や知識を受け取ったり保持したり、あるいは精神的または肉体的な作業において機能する最大限の能力。2. 知的または創造的な発達または達成のための個人の潜在能力。3. 生得的な潜在能力で、発達した潜在能力（能力 ability を参照）と対比される。」と定義している。特性（trait）は「様々な状況にわたって個人の行動を記述または決定する永続的なパーソナリティの特徴」と定義される。つまり、エージェンシーは永続的なパーソナリティというよりは潜在能力であり、最大限の力が発揮されるかは文脈や環境によるが、ある程度はその個人に備わっているものでもあると解釈できるかもしれない。それに対して、すでに述べたように APA 辞典の定義では、エージェンシーは「状態」とされている。つまり、エージェンシーはある時点での状態であり、別のときはさらに活性化されていることもあれば、さらに不活性な場合もあるということである。

　このようなことを統合して考えると、エージェンシーは潜在能力であり、その力がどの程度発揮されるか、あるいは発揮される状態になるには文脈や環境の影響を受ける。しかしながら、適した文脈においてどの程度エージェンシーが発揮される

かについては、その人の潜在能力にも依存し、そこにはある程度個人に備わった傾性の影響もあるであろう。その個人差には、生物学的な特徴や過去の体験などの影響が関与しているであろう。

（2）エージェンシーの次元

Vaughn（2021）はエージェンシーには多様な構成要素があるととらえており、次の3つの次元でとらえることが適切ではないかと提言している。

第一の次元は、「傾性的次元（dispositional）」であり、その生徒がどの程度起業家的、希望的、生成的、創造的、自己指導的、自己決定的であるかといった生徒個人の傾性に焦点をあてた次元である。生徒の自分自身に関する知識（自己概念）、過去の自身の成果の理解、将来の目標についての考え方なども含まれる。生徒が自分の目標やアイディアに関連するビジョンをもっているかという「目的性」や、生徒がどのように自分の考えや意図を追究する意志をもっているかという「意図性」が代表的な構成要素である。「傾性」はその人を特徴づける行動的、認知的、感情的な傾向であり（APA辞典より）、特性ほど固定的で、状況を超えて現れるものではないかもしれないが、ある程度個人に備わっている傾向と言えよう。

第二の次元は「動機づけ的次元（motivational）」であり、計画を立て、自分の感情や行動を制御し、自分のスキルを省察し、自己効力を感じ、自分のしていることを価値づけるなどの、望んだ行為を完了するまで持続できるかについての知覚や信念が含まれる。生徒が自分のしていることの価値づけ方である「価値の知覚[2]」、障害や障壁に直面しても、粘り強く取り組む力である「粘り強さ」が代表的な構成要素である。

第三の次元は「位置的次元（positional）」であり、生徒が所属するグループ、コミュニティ、組織においてどのような参加、交渉、相互作用を行っているかなどの、複雑な学習環境における生徒の位置づけ（ポジション）に関することが含まれる。生徒がどのような社会的環境、文化的環境、歴史的環境で生活し、学び、位置づけられているかなどが含まれる。社会的な要請や変数が競合するような複雑な環境のなかで、生徒がどのように生活し、学んでいるかという「相互作用」、生徒が複雑な社会共同体のなかで、自分の信念や願望について交渉したり、バランスを取ったり、

---

[2] 原文はperceptionであるが、Vaughn（2021）の説明から「価値の知覚」と筆者が意訳している。

実践のなかで自分のアイデンティティを実現する方法である「交渉」が代表的な構成要素である。

（3）エージェンシーの何が発達するのか

　Vaughn（2021）は、学校や教師は生徒エージェンシーをどこかの次元の視点からだけでとらえることは適切ではなく、多次元的にとらえることが重要だと考えている。3つの次元がどのように連動し、生徒エージェンシーが発揮されているかに注意を向け、省察することにより、生徒が率先して自らの学習の担い手となるような空間を創り出すことが可能になると考えられている。

　例えば、多くの学びや活動において、その目的を見出したり、意図をもって取り組んだりすることができる傾性を有している生徒はいる。その個人差には、生物学的な特徴や過去の体験などの影響が関与しているであろう。したがってエージェンシーの傾性的次元は年齢が上がるにつれて高度に発達し、個人差があるともとらえられる。

　しかし、さまざまな場面で目的を見出したり、意図をもって取り組んだりすることが多い生徒であっても、常に、いかなる学びや活動においてもエージェンシーが発揮できるとは限らない。そのことを行う価値が知覚できなければ、あるいはそのことに伴う困難や障壁を乗り越えられるという自信がなければ動機づけは低下してしまう。メタ認知的な能力、また自己調整学習における効果的な方略使用などは、年齢が上がるにつれて発達する側面もあるだろう。しかしながら、動機づけはある時点での状態であり、状況依存性が高いものでもある。位置的次元の影響を強く受け、ある場面ではエージェンシーを発揮する生徒であっても、別の場面では非常に受動的な状態になることもしばしば観察される。

　また、生徒の自律性を支持する教師、家庭、級友などとの相互作用が活発であり、生徒の行いたいことを承諾し、期待、応援してくれる学校や地域との交渉の余地があるなど、位置的（ポジション的）に有利な環境・関係性・リソースがあれば、生徒エージェンシーは発揮されやすくなる。一方で、生徒の自律性を支持しない、あるいは妨害をする教師、家庭、級友などとの相互作用があったり、生徒の行いたいことに理解がなく、生徒への期待や応援もなく、制限が多く交渉の余地もなかったりする学校や地域であれば、生徒エージェンシーは発揮されにくい。エージェンシーの位置的次元が発達するとは、生徒個人の傾性が発達するというより、生徒を取り巻く状況、環境、文脈、エコシステムが発達すると言えるのかもしれない。

Burman（2023）は、「教師は子どもに、使う教材の選択肢を与えると同じようにはエージェンシーを与えることはできない。しかし我々は、子どもが学びの中でエージェンシーを感じる、あるいは感じないような状況を生み出すことはできる」(p. 2)と述べている。

　乳幼児期から成人期にかけて年齢が上がれば、右肩上がりに発達する（より高次になる）とは単純に言えないことも多次元的なエージェンシーの特徴かもしれない。例えば、一般的に幼稚園の年長の子どもと高校3年生とどちらのエージェンシーが発達していると言えるだろうか。教育現場からは、思春期に入るとどんどんエージェンシーが発揮されなくなり、消極的で、受け身になるという声が聞かれることもある。自分でやりたいことを見つけ、積極的に挑戦し、楽しんで自由遊びをしている幼稚園の子どもと、大学入試のための受験勉強で苦しみながらひたすら暗記をしている高校生とを比較すると、幼稚園の子どものエージェンシーが高いようにも思われる。しかし、大人の指示がないなかでも学校行事を運営したり、地域創成の活動に携わったりしている高校生の姿を見ると、幼児よりはるかにエージェンシーが高いと評価できるかもしれない。エージェンシーの潜在能力としての傾性的次元については年齢が上がるにつれて発達していたとしても、位置的な次元が生徒にとって不十分であったり、妨害的であったりすれば生徒と環境とのミスマッチが起き、動機づけ的次元にも問題が生じ、幼いときよりも発揮できないこともある。エージェンシーの発達、あるいはエージェンシーの発達を促すということを考える際には、エージェンシーの多次元的な特質を理解しておくことが必要であると思われる。

3. エージェンシーの発達に関する心理学的理論

(1) 権力、主従関係、自由とエージェンシーの発達

　エージェンシーの発揮や発達において、Vaughn（2021）の言う位置的次元が重要であるならば、権力（権威）、主従関係、自由とエージェンシーの発達との関係について検討する必要がある。特に教育におけるエージェンシーを考える上で、子どもと大人の関係（教師と児童生徒、親と子どもなど）がエージェンシーの発揮と発達にどのように影響を与えているかを検討することは必須とも言える。また、教育における「自由」の考え方も、エージェンシー概念とは関係が深い。権力（権威）、主従関係、自由などとエージェンシーとの関係については、哲学や社会学の分野で

主に研究が行われているが、心理学においても研究や理論化が行われてきている。ここでは、いくつかの代表的な理論や研究を紹介し、エージェンシーの発達について検討を深めたい。

(2)「自由からの逃走」

フロムは著書『自由からの逃走』(1941) において、「～からの自由」である「消極的自由（negative freedom）」と「～への自由」である「積極的自由（positive freedom）」を区別し、人々の主体性やウェルビーイングに関係するような概念について論考している。

中世的・封建的体制の崩壊、資本主義の広まりにより、人々は主従関係や束縛から解放され、ある種の自由を手に入れた。これが「消極的自由」とされ、「～からの自由」とされる。しかし、人々は自由を得たと同時に、それまでの社会的秩序から解放されることにより、与えられた役割を失い、孤独や無力、不安を感じることになった。その結果、そうした自由を放棄し、そうした自由から逃走し、自動人形となり、自己を喪失し、安定を与え疑いから救ってくれるような新たな権威（ナチズムなど）に従属する者も多い。新たな権威への従属は、明確な外的権威への従属という形で現れるだけでなく、外部の社会的要求が内在化され、人間のなかに引き入れられた「奴隷的監督者」である「良心」や義務感によって支配されている場合もある。こうした人々は、一見、孤独や無力がなくなったように思われるが、それを感じられなくなっているだけであり、自己を喪失し、偽りの自己で生きていることから、劣等感、弱小感に蝕まれている。自由から逃走する社会は、全体主義への傾倒と個人の幸福の低下の危険性を高める。

それに対して「積極的自由」は、伝統的な束縛から解放されることだけではなく、個人の潜在性を最大限に発揮し、真の自己を実現し、能動的に、活動的に、自発的に生きるというより高い価値へ向かう自由である。積極的な自由が実現されれば、人々は自由でありながら孤独ではなく、批判的にありながら懐疑的でなく、独立しながらも世界とつながることができると考えられている。積極的な自由は、知的（理性的）、感情的、感覚的な側面を含む、全統一的なパーソナリティの自発的な行為によって促されるとされる。自発性を実現している存在の例として、芸術家などとともに小さな子どもたちが挙げられていることが興味深い。

権威による支配や主従関係から解放される「消極的自由」は重要ではあるが、そこから「積極的自由」が実現されないと、自由から逃走することになり、新たな権

威に従属する結果になってしまう。『自由からの逃走』はエージェンシーやウェルビーイングについて直接書かれているわけではない。しかし、「ラーニング・コンパス」(OECD, 2019a=2020) で示されているように、ウェルビーイングに向かう力であるエージェンシーは、「〜への自由」である積極的自由の概念との類似性もある。日本の教師−児童生徒関係は、縦関係の要素が強い場合もあり、消極的自由も達成されない場面も少なくない。また、近年主体性を育む教育において「教えない授業」や校則見直しの活動も注目されている。これらの試みは十分意義あるものであるが、ただ教えないことを強調したり、ブラック校則からの解放だけを目指したりするのであれば、消極的自由にとどまっているようにも思われる。なんのために教えないのか、なんのための校則見直しなのかなどを考える必要がある。真の自己を実現し、能動的に、活動的に、自発的に生きるためのエージェンシーが発揮できる教育を行うことが重要であるように思われる。その意味でも、積極的自由を達成するためのコンピテンシーなどの獲得の重要さを認識する必要があるだろう。

(3) フロイトの超自我理論

　フロイトによって創始されたとされる精神分析には、人格を自我・エス・超自我に分けて考える構造論的観点がある。フロイトは、人格の中枢として「自我」を、無意識的な本能的衝動に関するものを「エス」と概念づけた。そして、検閲、自己非難、自己観察、良心と理想形成機能を有する「超自我」を概念づけている。自我・エス・超自我の関係、それらの発生についてはさまざまな考え方があるが、フロイト(2007)では、「自我がエスから発生する」という表現や「自我はエスの一部であって変容したもの」(p.253)という表現もあり、フロイトはエスから自我が生まれたととらえていると思われる。

　エスは本能的衝動の基本であり、価値判断、道徳を知らず、もっぱら快楽原則に従う。自我の発生は、エスが外界の直接的影響を通して変容したものが自我とされることから、外界(親などを含む)からの現実原則の要請に応え、調整する役割が自我の大きな役割の1つである。

　超自我は、自我の一区分が分化したものであり、本能的要求に対しては禁止と脅し、自我に対しては道徳的罪悪感を生じさせるとされている(濱川ら, 1978)。超自我は主に子どもと親(保護者・養育者)との関係で形成することが想定されており、愛と許容、罰や威嚇によって親が子どもを支配することが影響している。禁止される、断念させられるなどの親による子どもの外的抑制はやがて内面化され超自我と

なり、親が直接抑制しなくとも、子どもの心のなかで超自我が「良心」のような形で自我を監視し、制御、威嚇するようになる。強すぎる超自我の働きは、メランコリーなどのさまざまな精神的な不調と関連していることも指摘されている。

フロイトの考えていた自我は、エス、超自我、現実（外界）から脅威を感じ、働きかけてくる種々の圧力を何とか調和させようとする存在ととらえられている。自我の機能について、まずは現実機能、適応機能、防衛機能、統合機能などの機能が想定され、エス、超自我、現実（外界）からの力を調和させつつ、一人格として統合させようと悪戦苦闘する自我の機能が中心に考えられた。しかし、フロイトの晩年やハルトマンら自我心理学派は、自我には葛藤に巻き込まれずに自律的に機能し、人格の核となる領域があると考えるようになった。新しい知識や技能を身につけていく能力、思考力、判断力、表現力、創造性などは自我の自律的機能によって実現すると考えられた（濱川ら，1978）。

生まれたばかりの子どもはエスがむき出しの状態であり、しかも人間は長期にわたって大人に依存しないと生き延びられないことが、エージェンシーに関する人間の心的発達や環境を複雑にしたと言える。生まれたばかりの子どもは本能のままであることを許されるが、やがてしつけが始まり、禁じられたり、断念させられたり、我慢させられることが多くなる。排せつや食事も行っていい場所やタイミングが制限させられ、攻撃衝動や性衝動は禁止という形で強い制限を受ける。親のしつけという外的な抑制は、やがて子どもの心に内在化した超自我となり、「良心」や道徳という形で親から叱られなくても自分で自分を監視し、制御し、威嚇するようになる。こうした超自我の機能により、人は衝動を制御し、社会性や道徳性を身につけ、社会生活を行うことが可能になるのであるが、超自我が強すぎると人は欲望を感じなくなり、創造性が枯渇し、自分を卑下し過ぎたり、メランコリーをはじめとするさまざまな精神的不調を来したりすると考えられる。フロイトの晩年や自我心理学派が自我の自律的機能を見出したことは、一筋の光明であり、それがホワイトの研究や主体性やエージェンシーの概念につながっているとも思われる。

(4) ホワイトの自我理論

ホワイトは、自律的自我の概念を最終段階に進めたとされており、自我は独自のエネルギーをもっているという考え方を示した（Frank, 1994）。ホワイト（1985）は観察を通じて、さまざまな動物が食べ物などの報酬がなくても、新規性や探索の経験という理由だけで迷路や複雑な学習をしたり、操作的活動をして何かに効果を与

えようとしたりすることを見出した。また人間の幼い子どもも報酬がなくても、探索したり、遊んだり、環境に働きかけることを発見した。さらに、子どもができる喜びを優先させて、手で食べるよりもスプーンで食べることに挑戦する様子にも注目した。ホワイトは、このように人間には環境を統御したいという動機づけが存在し、それを「エフェクタンス動機づけ」と名づけた。

　何かが上手にできるようになること、新しいことをやってみること、環境に効果的な影響を与えることに向かうエフェクタンス動機づけは、子どもを含む人間にとって重要な動機づけである。エスの本能的衝動によるものではなく、超自我の命令や制御によるものでもなく、自我の自律的機能から駆り立てられるものであると考えられている。エフェクタンス動機づけによる行為は、親や教師から褒められるから行っているのではない。親や教師からの褒めは、自分がうまくできているという確認の意味はあるが、褒められているからやっているのではないととらえられる。エフェクタンス動機づけによる行為を親などから介入されると、子どもには強い欲求不満が起こるとされている。例えば、先ほどのスプーンで食べたがる子どもを例にすると、親がスプーンですくって食べさせると、激しく拒否をすることがある。楽に食べられたことよりも、自分で食べられなかったこと、スプーンを上手に使えるようになりたいことを妨げられたことによって、欲求不満が起こったからである。

　自律的自我から起こるエフェクタンス動機づけによる行為は、探索や遊び、操作的活動などで発揮されるとホワイトは考えている。こうした活動を促す、あるいは許容する環境や機会を与えたりする教育を行うことにより、自律的自我は強められると考えられる。そのことは、エージェンシーが発揮される教育を考える上でも示唆的であると思われる。

(5) ピアジェの道徳性の発達理論

　ピアジェ (1957) は、マーブルゲームで遊ぶ子どもの観察とインタビューにより、規則の意識が発達に伴いどのように変化していくかを詳細に考察している。ピアジェは、社会的関係への一方的尊敬、権威、特権の要素を含む「拘束」と、平等な二者間の交流である「協同」の2つに区分できると考えている (Piaget, 1932, p. 53)。幼児期から児童期の初期の子どもは、外部から課せられた規則と慣例に支配されており、年長者（大人、年長の子どもなど）が示す規則は神聖なもので変更できないと考える（「拘束」の社会的関係）。児童期中期になると「協同」の関係が増えてくるが、

まだ「拘束」の関係も残っている。10歳頃から「協同」の段階に移行し、自律が他律に代わってくると考えられている。仲間との「協同」の関係のなかで、賛成を得て、新しい決定を相互に尊重するのであれば、規則は変更できると考えるようになる。ピアジェ（1957）はこのような10歳前後の変化を、「かくして民主政治が神政や長老政治にとって代わる」(p. 70)、「早期長老政治にとって代わるこの民主政治において、立法者且つ統治者となりつつ、法則の存在理由を認識するようになる」(p. 80) という表現を用いている。

ピアジェは、知性や道徳性の発達のためには「協同」の関係が重要であるとし、服従を強いるような大人からの支配は有益でないと考えており、「大人は協力者であって、支配者であってはならない」(p. 571) と述べている。また、「協同」は自己中心性と大人の権威への無批判の信仰の両者を抑制するとも考えている（Piaget, 1932, p. 410）。構造が比較的簡単で、子どもにとっての重要なことであれば、10歳前後から自律性を発揮し、規則を生み出すことや規則を変更することが可能になると考えていることがピアジェの理論の特徴であり、エージェンシーの発揮とそれを可能にする教育環境についても示唆的であると言えよう。

(6) コールバーグの道徳性の発達理論

コールバーグは多くの国や地域で子どもや成人を対象とした実証的な研究を行い、3水準6段階の道徳性発達段階を定義した（コールバーグ，1985）。

表 3-1　コールバーグの道徳性発達段階

I	慣習的水準以前	
	第 1 段階	罰と服従への志向
	第 2 段階	道具主義的な相対主義志向
II	慣習的水準	
	第 3 段階	対人的同調、あるいは「よいこ」志向
	第 4 段階	「法と秩序」志向
III	慣習的水準以降、自律的、原理化された水準	
	第 5 段階	社会契約的な法律志向
	第 6 段階	普遍的な倫理的原理の志向

コールバーグ（1985）は、人間の道徳性の発達は第4段階までで満足すべきだと考えている道徳哲学者や社会科学者もいるが、実際にはそれを超えた第5段階、第6段階に達している人々が実在していると考え、そうした段階を定義した。第4段階は「権威や固定された規則、そして社会秩序の維持を指針とする。正しい行為とは、義務を果たすこと、権威への尊敬を示すこと、すでにある社会秩序をそれ自体維持することである」とされている (p.23)。そして、第4段階の明らかな限界として、「(a) 秩序（たとえば国や州）の外にある人とか、自分たちの秩序の規則を認識していない人々に対して明確な義務を規定しないこと、(b) 社会変革、そして新しい規範や法の創造への理性的な指標を提供しないこと」だと述べている (p.74)。そして、「第五段階における核となる発達は、法や規則の制定への「理性的」方法を自分のものにすることであり、この立法者としての視点は、法を維持するものとしての視点とは明確に区別される」と述べている (p.74)。また、「第六段階の判断をする人は、「それは道徳的に正しいか」と問い、それは罰（第一段階）、個人的利益（第二段階）、権威への同調（第三・第四段階）とは異なった道徳的に正しい何かを意味している」と述べている (p.96)。

コールバーグ（1987）は、道徳性の発達を促す要因として、家族での討論への参加、仲間集団への参加、そして法や政治、仕事も含めた二次的制度への参加が重要であると述べている。権威に同調するだけではなく、対等な立場での対話・討論、家族や仲間集団以外の二次的制度への参加などが重要であると思われる。特にVUCA時代においてはエージェンシーを発揮して、立法者、ルールメイキングの視点を身につけていくことが強く求められていると言えよう。

おわりに

エージェンシーは、個人特性（人格特性）のような永続的な特徴ではなく、その生徒の有する傾性、あるいは潜在性の側面があるととらえた方がよいように思われる。そのような傾性は、認知能力や非認知能力、体験の影響を受け発達する。エージェンシーには、動機づけの次元もあり、一人の児童生徒のなかでも状態的に動機づけが高まったり、低下したりするなど場面によっての差も大きいであろう。また、エージェンシーには位置的次元もあり、その児童生徒の他者との関係、集団における位置などによって、エージェンシーが発揮される場合とされない場合が考えられる。大人、あるいは仲間との位置が、権威に従わなければならなかったりする

場面ではエージェンシーは発揮されづらく、対等な関係で双方向のやり取り、協同が生まれる場面ではエージェンシーは発揮されやすくなるであろう。

　特に子どもが幼い場合は、教育において大人が教える側、子どもが教わる側という関係性にならざるを得ないことも多い。そのような時期でも、遊びや探索（探求・探検なども含む）、操作的活動（アナログ・デジタルの両方の操作を含む）を十分にする時間や機会が保たれれば、エフェクタンス動機づけが達成され、自律的自我が活性化され、エージェンシーの傾性の発達によい影響があると思われる。権威に支配され、依存する関係性しか経験できないと、エージェンシーの傾性の発達に悪影響があり、イノベーションが生まれにくく、精神的健康においてもよくない影響が生じると思われる。

　子どもの発達に合わせて、エージェンシーの位置的次元を適切なものにしていく必要がある。子ども同士の協同で学びを進める機会を増やし、大人は子どもを拘束するのではなく、子どもの協力者となって学びのファシリテーター、コーチの役割を取ることも重要になるであろう。子どもの拘束を解き、教えることをやめ、ただ自由を与えただけでは、エージェンシーの発達を促す上では十分でない。エージェンシーを発揮し、個人と社会のウェルビーイングに向かうには、「ラーニング・コンパス」（OECD, 2019a=2020）で示されているようなコンピテンシーを獲得する必要があり、そうした試みを行う教師の役割は重要である。エージェンシーの位置的次元の発達とは、子どもの発達に合わせた学びの環境や文脈、エコシステムが発達することと言えるかもしれない。位置的次元の発達によって、エージェンシーの動機づけの次元の発達を促すこともできるであろう。

　以上は、エージェンシー（生徒エージェンシー）やそれに関連する概念や定義の整理から、そして主に心理学の理論の検討から考えられるエージェンシーの発達に関するいわば仮説のようなものである。こうした考え方を参考に実証的研究や実践、並びに理論的検討が積み重ねられ、児童生徒のエージェンシーが発揮され、ウェルビーイングに向かうことを促すような教育が今後展開されていくことを期待している。

[引用・参考文献]
・コールバーグ，L.（著）、永野重史（監訳）（1987）『道徳性の形成―認知発達的アプローチ』新曜社
・コールバーグ，L.（1985）「第1章『である』から『べきである』へ」永野重史（編

- 集)『道徳性の発達と教育―コールバーグ理論の展開』新曜社、pp. 1-123
- 松尾直博・翁川千里・押尾惠吾・柄本健太郎・永田繁雄・林 尚示・元 笑予・布施 梓（2020）「日本の学校教育におけるエージェンシー概念について―道徳教育・特別活動を中心に―」『東京学芸大学紀要総合教育科学系』71、pp. 111-125
- 文部科学省（2019）中央教育審議会初等中等教育分科会教育課程部会「児童生徒の学習評価の在り方について（報告）」https://www.mext.go.jp/component/b_menu/shingi/toushin/__icsFiles/afieldfile/2019/04/17/1415602_1_1_1.pdf（2024年1月31日）
- ピアジェ，J.（著）、大伴 茂（翻訳）（1957）『臨床児童心理学〈第3〉児童道徳判断の発達』同文書院
- 濱川祥枝・生松敬三・馬場謙一・飯田 真（編）（1978）『フロイト精神分析物語』有斐閣
- フロム，E. S.（著）、日高六郎（翻訳）（1952）『自由からの逃走』（新版）東京創元社
- フロイト，S.（著）、本間直樹・吉田耕太郎・家高 洋・太寿堂 真・三谷研爾・道籏泰三（翻訳）（2007）『フロイト全集 第18巻 1922-24年』岩倉書店
- ホワイト，R. W.（著）、中園正身（翻訳）（1985）『自我のエネルギー―精神分析とコンピテンス』新曜社
- Basu, S. J., Barton, A. C., Clairmont, N., & Locke, D.（2009）. *Developing a framework for critical science agency through case study in a conceptual physics context.* Cultural Studies of Science Education, 4, 345-371.
- Burman, L.（2023）. *A Culture of Agency*: Fostering Engagement, Empowerment, Identity, and Belonging in the Early Years. Redleaf Press
- Fournillier, J. B.（2012）. *Agency and Empowerment.* In Banks, J.A.（Ed.）Encyclopedia of Diversity in Education Volume 1. SAGE Publications, Inc. 74-75.
- Martin, J., Sugarman, J., & Thompson, J.（2003）. *Psychology and the Question of Agency*（Suny Series, Alternatives in Psychology）. State University of New York
- Ministry of Education, Culture, Sports, Science and Technology（2019）. Overview of the Ministry of Education, Culture, Sports, Science and Technology. https://www.mext.go.jp/en/about/pablication/__icsFiles/afieldfile/2019/03/13/1374478_001.pdf（2024年1月31日）
- OECD.（2018）. The future of education and skills: Education 2030 Position Paper, http://www.oecd.org/education/2030/OECD%20Education%202030%20Position%20Paper.pdf,（＝秋田喜代美ほか（訳）（2018）「OECD Education 2030プロジェクトについて」https://www.oecd.org/content/dam/oecd/ja/publications/reports/2018/06/the-future-of-education-and-skills_5424dd26/1f4fe31d-ja.pdf）（2025年1月31日）

- OECD.(2019b). OECD Future of Education and Skills 2030 Concept Note: Student Agency for 2030,（＝秋田喜代美ほか（訳）(2020)「2030年に向けた生徒エージェンシー（仮訳）」 https://www.oecd.org/content/dam/oecd/en/about/projects/edu/education-2040/concept-notes/OECD_STUDENT_AGENCY_FOR_2030_Concept_note_Japanese.pdf）(2025年1月31日）
- OECD.(2019a). Learning Compass Concept Notes, https://www.oecd.org/education/2030-project/contact/,（＝秋田喜代美ほか（訳）(2020)「OECDラーニング・コンパス（学びの羅針盤）2030（仮訳）」 https://www.oecd.org/content/dam/oecd/en/about/projects/edu/education-2040/concept-notes/OECD_LEARNING_COMPASS_2030_Concept_note_Japanese.pdf）(2025年1月31日）
- Piaget, J.(1932). *The Moral Judgment of The Child.* Routledge & Kegan Paul
- Summers, F.(1994). *Object Relations Theories and Psychopathology*: A Comprehensive Text. the analytic press
- Vaughn, M.(2021). *Student Agency in the Classroom: Honoring Student Voice in the Curriculum.* Teacher College Press
- Wan, G., & Dianne M. Gut, D. M.(Eds.)(2011) *Bringing Schools into the 21st Century*（Explorations of Educational Purpose 13）. Springer

第4章
生徒エージェンシーと共同エージェンシー（co-agency）の関係を問う

秋田喜代美

はじめに

　本章では、生徒エージェンシー（student agency）概念とともに提示された共同エージェンシー（co-agency）の考え方に焦点をあてる。まず、agency と co-agency 間の関係はどのようにとらえ記されているかを OECD の報告文書およびその概念提示の研究背景となる報告書の該当部分から考える。そしてその上で、筆者が出会ったある実践事例をもとに、児童生徒と教師間のエージェンシーと共同エージェンシーの関係を考えてみたい。

1. 共同エージェンシー（co-agency）概念とその概念への問い

（1）OECD 文書に見るエージェンシー

　「エージェンシー」の語は、2020年頃から、日本の教育界で広く使われるようになってきている。それは Education 2030 プロジェクトにおいて、「ラーニング・コンパス（学びの羅針盤）2030」と密接に関係する考え方であり、これからのコンピテンシー形成への鍵として、「エージェンシー」の概念を提唱しているからである。OECD（2019b）のポジションペーパーでは「エージェンシーは、社会参画を通じて人々や物事、環境がより良いものとなるように影響を与えるという責任感を持っていることを含意する」と述べられている。「責任感を持つ」という含意は、学習指導要領のなかで示す「主体的」よりもより広い概念である。また生徒エージェンシーは、「2030年に向けた生徒エージェンシー」の文書のなかでは、「エージェンシーとは、自分の人生および周りの世界に対して良い方向に影響を与える能力や意

第4章　生徒エージェンシーと共同エージェンシー（co-agency）の関係を問う

志を持つことを示す。エージェンシーを最大限に発揮するために生徒は基礎的なスキルを身につける必要がある。そして生徒エージェンシーの概念は文化に応じて多様であり、また生涯にわたって発達していく」と述べられている。そしてこのエージェンシー概念は、不確実で曖昧なこれからの VUCA 社会に向けて「ラーニング・コンパス」という比喩とともに使われている。ラーニング・コンパスは、「生徒が教師の決まりきった指導や指示をそのまま受け入れるのではなく、未知なる環境の中を自力で歩みを進め、意味のある、また責任意識を伴う方法で、進むべき方向を見出す必要性を強調する目的で、この羅針盤の比喩を採用した」と述べられている。そして、エージェンシーの育成は学習の目標であり、また学習のプロセスでもあり、生徒エージェンシーは多様な場面で発揮され得るものであり、エージェンシーの感覚を身につけることは、逆境を乗り越える際に極めて重要であること、そして文化によって「エージェンシー」の解釈は異なることが述べられている。

　これらの考え方を受けて、エージェンシー概念は、現行学習指導要領における「主体的・対話的で深い学び」における「主体的学び」のとらえ方に影響を与え、広く国内でも使用されるようになったことは言うまでもない。

　ただし学習指導要領では「主体的」の語は「主体的な自己」と「主体的な学び」という表現が使われ、「主体的に取り組む」「主体的に挑戦する」「主体的に判断する」といった表現で使用されている。しかし、「主体的」がいかなる状態であるのかは詳しく説明されているわけではない。主体的な自己に関しては、総則改正の要点「ア　教育課程編成の一般方針」のなかで、道徳では、「道徳教育の目標について、『自己の生き方を考え、主体的な判断の下に行動し、自立した人間として他者と共によりよく生きるための基盤となる道徳性を養うこと』と簡潔に示している。また、道徳教育を進めるにあたっての配慮事項として、道徳教育の目標を達成するための諸条件を示しながら『主体性のある日本人の育成に資することとなるよう特に留意しなければならない』こととした」（p. 10）と記されている。そして「主体的な学び」について学習指導要領解説総則で「主体的・対話的で深い学びの実現に向けた授業改善」の部分に「学ぶことに興味や関心を持ち、自己のキャリア形成の方向性と関連付けながら、見通しをもって粘り強く取り組み、自己の学習活動を振り返って次につなげる『主体的な学び』が実現できているかという視点」（p. 77）という表現が出されている。

　つまり、「主体的」や「主体性」という表現は、個人内在的なプロセスや自己のあり方として述べられている。そして周りとの関係には言及されていないわけでは

ないが、必ずしも明確に論じられているわけではない。

　一方、OECDの報告書では、「生徒エージェンシー」とともに提示される概念が、「共同エージェンシー」である。つまり「エージェンシー」は「共同エージェンシー」との関係のなかでもまた論じられている。共同エージェンシーは、「生徒が、共有された目標に向かって邁進できるように支援する、保護者との、教師との、コミュニティとの、そして生徒同士との、双方向的な互いに支え合う関係」(OECD, 2019b=2020, p. 3)と定義される。「人は社会的な文脈の中でエージェンシーを学び、育み、そして発揮するのです。そのため生徒が仲間や教師、家族、そしてコミュニティに囲まれ、それらの人たちがウェルビーイングに向けて生徒と相互作用して生徒を導いていく」(OECD, 2019a=2020, p. 6)とも述べられている。つまり一人の生徒から見ると、当該生徒はエージェンシーを発揮するよう導かれ支えられるとともに、また仲間である他生徒のエージェンシーに向けて支え相互のやりとりを行う共同エージェンシーの関係性のなかで論じとらえられている。ただし、この支え合い相互にやりとりをするとは、具体的にどのようなことや関係を指すかは、当該文書では実践の詳細が語られているわけではない。

　この共同エージェンシーの関係を、Education 2030プロジェクトでは、発達心理学者のロジャー・ハートの社会参画のはしごモデルを改良して、太陽モデルとして改良し示している。重要な点は、共同エージェンシーの最初の3段階(「操り」、「お飾り」、および「形式主義・見せかけだけの平等」)でも、生徒自身は意思決定に貢献できると考えているが決定の機会を与えてもらえていないという関係を示すために、はしごのモデルから太陽のモデルへ、沈黙と参加が隣合わせの図に変形されていることである(図4-1)。みんなで一緒に輝くと明るくなるという相互照射関係を示している。

　そしてその生徒(子ども)と大人の間の関係を共同エージェンシーの8段階として次の表4-1のように示している。

　では、このような高いレベルの共同エージェンシーが学校において教師と生徒の間の関係においてどのように行われているだろうか。私たちは日々の学校での教育や生活のなかでは関係性の網の目のなかで学び育つ。その意味で、この共同エージェンシーの関係はどのように実現できているのだろうか。

　生徒との関係における教師の共同エージェンシーについては、生徒エージェンシーを育む教育システムにおいて学習とは指導と評価だけではなく、共同構築に関係している。共同エージェンシーは、教師と生徒が教授と学習の共同構成者になる

第 4 章　生徒エージェンシーと共同エージェンシー（co-agency）の関係を問う

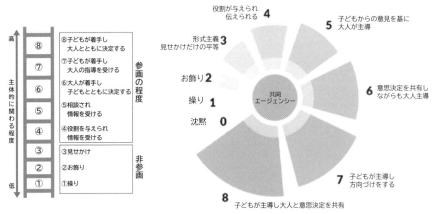

図 4-1　「社会参画のはしご」（左）と共同エージェンシーの太陽モデル「光はみんなで一緒に輝いたとき一番明るくなる」

出典：OECD（2019b=2020）をもとに作成

表 4-1　共同エージェンシーの 8 段階

0	沈黙	子どもが貢献できると子どもも大人も信じておらず、大人がすべての活動を主導し、すべての意思決定を行うのに対して子どもは沈黙を保つ。
1	操り	主張を正当化するために大人が子どもを利用し、まるで子どもが主導しているかのように見せる。
2	お飾り	主張を助ける、あるいは勢いづけるために大人が子どもを利用する。
3	形式主義・見せかけだけの平等	大人は子どもに選択肢を与えているように見せるが、その内容あるいは参加の仕方に子どもが選択する余地は少ない、あるいは皆無である。
4	子どもに特定の役割が与えられ、伝えられるだけ	子どもには特定の役割が与えられ、子どもが参加する方法や理由は伝えられているが、子どもはプロジェクトの主導や意思決定、プロジェクトにおける自分たちの役割に関する判断には関わらない。
5	子どもからの意見を基に大人が導く	子どもはプロジェクトの設計に関して意見を求められ、その結果について報告を受けるが、大人がプロジェクトを主導し、意思決定を行う。
6	意思決定を大人・子どもで共有しながら、大人が導く	大人が進め、主導するプロジェクトの意思決定の過程に、子どもも参画する。
7	子どもが主導し、方向性を定める	子どもが大人の支援を受けてプロジェクトを主導し、方向性を定める。子どもは意見を求められたり、子どもが意思決定しやすいように指針やアドバイスを与えたりするが、最終的にすべての意思決定は子どもが行う。
8	子どもが主導し、大人とともに意思決定を共有する	子どもがプロジェクトを主導し、意思決定は子どもと大人の協働で行われる。プロジェクトの進行や運営は子どもと大人の対等な立場で共有される。

出典：OECD（2019b=2020）をもとに作成

ことである。共同エージェンシーの概念は、「生徒（子ども）、教師、親、コミュニティが共に働き、共有された目標に向かって生徒が進んでいく手助けをすることやそれを理解していること」である。この協働構築や共同構成のために、教師は何ができているのかを、生徒エージェンシーの発揮が難しい状況にあると見える子どもたちについても考える必要があるのではないだろうか。

(2) 共同エージェンシー概念をめぐる研究背景の議論

　Education 2030 プロジェクトでは、同文書作成の過程の会議途上において、鍵となる概念に関して、各々の概念の領域の専門研究者による国際的な研究動向の概括がなされた。その研究背景報告書が Education 2030 プロジェクト会議では提示された。ここではそのなかでも共同エージェンシーに関わる部分を執筆したフィンランド・ヘルシンキ大学の Katariina Salmela-Aro（2017）の文書内容を検討してみたい。

　彼女は、バルテスの生涯発達心理学の考え方やブロンフェンブレンナーの生態学的発達論を引用し、共同エージェンシーの概念の根底には、人は生涯にわたり特定の教育段階とそれに関わる教育の環境移行（transition）、すなわち入学や進学、進級などの際に、さまざまな要求や課題、機会に出会い、生徒の動機づけに移行が影響を与えるとしている。生徒のエージェンシーは、生態学的な環境や社会歴史的文脈のなかに埋め込まれたものでもある。社会文化的な文脈における教育目標が生徒を動機づけるという社会レベルでの動機づけと、そこで生徒各自がどのようにその危機や課題に対応するかという個人レベルでの動機づけの両方に、エージェンシーと共同エージェンシーは関与している。

　生徒は、仲間や教師、親と協力しながら、自分の成長を調整（regulate）し、責任を負うことで「エージェンシー」を発達させていく。しかしそのときに生徒は、緊張や失敗に対処するために、自らのこれまでの経験や出来事に基づいてこの動機づけを自己調整していく。しかしそこへの失敗や葛藤が個人レベルで生じれば、意欲の欠如や無関心な意思決定や抑うつ状態が生まれる。また学級や学校といった集団レベルでは、受動的で無関心な市民が生まれることになる。エージェンシーと共同エージェンシー間の関係にはこの2つの水準の動機づけプロセスが関わるとする。

　そこで大事なことは、各々の生徒にとって最適な学習の瞬間とは、生徒が興味やスキルだけでなく、最適な課題を感じる瞬間である（Schneider et al., 2016）。生徒の教育に対する期待や願望は、実際の教育の選択と達成を予測する。したがって、教師の役割として、生徒のエージェシーを価値づけるような学習環境をデザインする

第 4 章　生徒エージェンシーと共同エージェンシー（co-agency）の関係を問う

重要な役割を担うことを指摘している。OECD の生徒エージェンシーの概念枠組みレポートのなかでは以下のように教師の役割は述べられている。

「生徒のエージェンシーを育むために、教師は学習者の個性を認めるだけでなく、仲間や家族、地域社会など、学習者に影響を与えるより広範な人間関係も認めなければならない。伝統的な教育モデルでは、教師は指導と評価を通じて知識を提供することが期待されている。生徒のエージェンシーを育むシステムでは、学習は指導と評価だけでなく、このようなシステムでは、教師と生徒は、教育と学習のプロセスにおける共同構築者となる。生徒が教育に対する目的意識を持ち、教師が効果的な共同指導者になるためには、『目的意識を持って構成的に行動し、自己の専門的成長を方向づけ、生徒の学習に貢献する能力』が求められる（Calvert, 2016）。これを達成するために、教師は、初任者教育や専門能力開発を通じて、生徒のエージェンシーを支援する学習環境をデザインするための支援が必要である」とする。

またこの研究背景レポートでは、教師に関して、教師や仲間が生徒に影響を与えるという一方向ではなく、双方向の関係性の重要性が以下のように論じられている。

「保護者や仲間、教師、そして広い範囲のコミュニティは生徒が持つエージェンシーの感覚に影響を与え、また生徒も保護者や仲間、教師が持つエージェンシーの感覚に影響を与え、生徒の成長やウェルビーイングによい影響を与える好循環をつくります」（Salmela-Aro, 2009[20]）。

つまり、教師をはじめとする人が生徒のエージェンシーに影響を与えるだけではなく、教師や仲間も互いに調整し合いながら発達していくのが共同エージェンシーの考え方であるといえる。

しかし残念ながら、日本におけるエージェンシーの議論では、大人側が影響を受ける存在として語られる共同エージェンシーの議論は少ない。

そして生徒自身が自らの未来、将来について、目標構築と再構築を行う点で、生徒のエージェンシーにとって共同エージェンシーは重要であるとする。共通の目標をもって取り組むという点だけではなく、時に目標の再構築も行われるのである。生徒のエージェンシーを重んじることは生徒の目標に合わせることだけではなく、よりよい方向へと共に探究をする再構成の関係が背景には考えられている。

特に社会経済的地位が低く支援の絆が弱い生徒にとってはこの共同エージェンシーが生徒の動機づけや、学業達成、ウェルビーイングなどに相互に寄与しているとされている（Kiuru et al., 2015）。社会経済的に困難な生徒に対し、その生徒にとっ

て最適なレベルの興味やスキル、課題を感じる瞬間をどのようにデザインし、関与するかが、教師の共同エージェンシーとして求められているのである。

　しかしそこでの難しさは、生徒にもエージェンシーがあり、自分自身の成長の重要な主体でもある点である。特に生徒の個人的な特徴（student characteristics）が、教師のさまざまな情動反応を喚起する。共同エージェンシーを支援するためには、生徒の特性が授業において重要な役割を果たすことも実証的にメタ分析などで明らかにされている（Nurmi, 2012）。教室で問題行動を起こしやすい生徒ほど、教師は生徒と生徒の関係において、対立や依存が多く生まれることになり、生徒と教師や仲間間の間での親密性が低くなる。共同エージェンシーはこのように生徒側のエージェンシーが、その個々の生徒の特徴によって、授業においてどのような行動として現れるかによって異なってくる。生徒の特徴や学業成績によって、教師と生徒の関係は、変化し、それによってどのような支援や指導法が生まれてくるかが異なってくることは報告されてきている。それによって、生徒の意欲、そしてその生徒だけではなくその生徒のいる学級集団の感情や雰囲気も変わってくる。つまり、特定の生徒の学業成績がある種の指導を活性化させるという考え方は、生徒が教師の指導実践に与える情動喚起による影響を示しており（Nurmi et al., 2013）、教師と生徒の協働のプロセス（Salmela-Aro, 2017）が共同エージェンシーのあり方を変えていくと述べている。

　それゆえに、教師は、教室運営や教科に関する一般的な教育学的知識、学級経営や教科に関する一般的な教育学的知識をもつだけでなく、特定の生徒に関する知識を得ることで、生徒にあった形で計画し、適切な指導内容や環境をデザインすることによって、ある特徴をもった生徒がよりよい方向にエージェンシーを発揮し、それが教師の情動反応をも活性化させることが指摘されている。教師が満足感などの肯定的な感情を抱く主な要因は、生徒の学習成果や進歩である。生徒のエージェンシーと教師のエージェンシーの共同エージェンシーがなぜ求められるのか、なぜ共同エージェンシーが重要な概念なのかということがこのように論じられている。

　そして重要なことは、教師や教育システムが、今日存在する社会的不平等や恵まれない生徒の環境的搾取を再生産してはならないという点の指摘である。これまでの公教育制度のように、恵まれない人々や不利な立場にある人々の学びからの離反を犠牲にして、卓越性と革新性を達成することだけに焦点をあててはならないという点もこの報告書では述べられている。共同エージェンシーは、教科書や教育システムの問い直しを指摘する概念でもある。教科書は、生徒が教室で与えられる問

第 4 章　生徒エージェンシーと共同エージェンシー（co-agency）の関係を問う

に対するすべての解決策を提案することはできるが、生徒たちは、教師や教科書が答えをもっていないような現実の問題に直面する可能性が高いからである。困難な生徒たちは、教師や教科書には答えが載っていないような現実の問題に直面する可能性が高い。したがって、教育制度は、すべての生徒に質の高い学習の機会を提供する必要がある。そしてそのなかで、生徒が自ら問題を発見し、その問題に対する複数の対応策を作成し、特定の文脈に適合すると思われる対応策を選択することを学ぶ、質の高い学習機会を提供しなければならない。またどの解決策が最も成功する可能性があるかを評価するための分析ツールの開発も必要になってくる。

だからこそ、個人と集団の幸福を達成するためのエージェンシーと共同エージェンシーが問われている。そしてさらに OECD の生徒エージェンシーでは、「エージェンシー」、「共同エージェンシー」に加え、「集団エージェンシーの概念」が提示される。

「集団エージェンシー（collective agency）とは、個々のエージェント（agent）が同じ共同体、運動、またはグローバル社会のために行動を取ることを意味する。集団エージェンシーは共同エージェンシーと比べて規模が大きく、共通の責任、所属感、アイデンティティー、目的や成果を含む。政府への不信感、移民の増加、気候変動などの複雑な課題は、集団での対応を要する。これらの課題は社会全体で取り組まなければならない。集団エージェンシーは、個々人の違いや緊張をひとまず横に置き、共通の目標へ向かうために足並みを揃えることを必要とする（Leadbeater, 2017）。またそうすることで更に結束して一体化した社会を築くことができる」（OECD, 2019b=2020, p. 8）。

エージェンシーの概念は、文化において多様である。しかし、日本において、エージェンシー概念は「主体性」として独り歩きをしている。「共同エージェンシー」や「集団エージェンシー」とともに「エージェンシー」を考えることがこれからの質の高い公正な教育とその担い手の育成には求められるのではないだろうか。

2. 事例から考える生徒エージェンシーと教師の共同エージェンシーの関係

研究背景レポートで述べたように、生徒エージェンシーは生徒の個人的特徴によって時にはうまく教室で生かされず教師も生徒も困っている状況が生じる。その

第 I 部　エージェンシーとその概念を巡って

ようなことが共同エージェンシーの形成、発展によっていかに変容しうるのかを、筆者の出会った事例から紹介し具体的に考えてみたい。

(1)「教室 むしむし いっぱい大作戦」

　教職経験3年目のY先生は小学校1年生の学級担任である。入学当初S君は、教室でじっと座っていることがむずかしかった。彼は虫が大好きで「一日中虫取りに行けないなら学校なんて来ない！！！」と言い、休み時間には虫かごに虫をいっぱい集めてくるが授業になると床に横たわってしまう日々であった。しかし彼は虫と一緒だと目を輝かせて活動をする。ここからY先生は生活科において、虫を中心に学習を行うことにした。学校探検でS君が虫かごを見つけたことから1年2組の虫タイムが始まった。

　虫探しから始めた生活科。虫を怖がる子がクラスの3分の1であった。Y先生はもともと虫が好きだったわけではなく、むしろ苦手であった。またクラスには他にも虫が嫌いな子どももいるので訊いてみたところ、その子もいいということで一緒に虫探しをしたりという活動が始まった。朝の時間や生活科の時間などにひたすら虫と関わることにした。すると最初は苦手と言っていた子も、4月の終わりには虫に夢中になっていく。教師は子どもたちと虫との関わりが一目でわかるように教室に大きく掲示をしたりと教室環境を変えていく。

　日頃授業に入れず突っ伏してしまうS君だが、このようななかで「コオロギの隠れ家を作ると……瓶の上に土をかぶせて、暗いところを作ったら、コオロギ入ってくれるかな？」などの疑問をもち、自ら目を輝かせてコオロギの家を作り観察をする。またカブトムシを見つけると、「樹液を取ったら、カブトムシは食べてくれるかな？」などと言いながら早速準備に取り掛かりそれを見た友だちも一緒になってカブトムシに目を向ける。ダンゴムシの迷路を作っても「ダンゴムシは目が見えているのかな」と言いダンゴムシ迷路の実験をすることで、「頭からひげがのびている」という子が出てきて触覚に気づいたりと彼が虫を探究しているときにはその動きに周りの子どもも興味をもって関わるようになってくる。

　教師は子どもたちが活動しやすいようにと、教室環境を変えていく。虫の気持ちに寄り添えるようにと、虫の視点からの提示をしたりする。そうした日々のなかで気づけばクラスの子どもたちみんなが虫に夢中になっていく。図工の工作でも「自然界よりも虫かごをパラダイスに」とタイトルをつけそれぞれが自分のオリジナルの虫かご作りに取り組んだ。そうしたなかでS君は一人で虫を乗せる虫用ジップ

第 4 章　生徒エージェンシーと共同エージェンシー（co-agency）の関係を問う

ラインを作るのに夢中になる。虫を紙の箱に入れて高いところからロープウェイのようにすべらせようとするが、それでは中にいる虫には景色が見えないのではないかと透明容器にしたり、どうやったらすべりやすいかを考え始める。すると、子どもたちが順にもっともっとロープの傾きを変えたらなどいろいろなアイディアを出し、クラスみんなでのジップラインに広がったりする。「速すぎて虫さんの顔が見えない」「見たいんなら葉っぱとかにのっけってみればいいんじゃない」「ゆっくり動かせばいいんじゃない」「でもジップラインって自動で動くから、手を離した瞬間にすぐ動くようにしたいな」「じゃ、ここでひもでひけばいいんじゃないの」「自動だからなにもしないで動かしたい」「少しだけひもをなだらかにしたらいいんじゃないの」。そしてうまくいった後、S 君はみんなに向かって突然声を上げる「みんな、手伝ってくれてありがとうございます」。

みんなで意見を出し合いながら S 君が納得するまで試行錯誤を続けていった。

また別の日には S 君が大事に育てていたカエルを外へ逃がしている。「かわいそうだから。餌なくて、広くても、（虫かごは）中が狭いし」「そうしたら餌もなくて死んじゃうから」「ここでも家でもいいから住んでてね」。大好きだからこそ、カエルが 1 番幸せに過ごせる自然界に逃がすことを彼は考えた。

そうしてこのクラスは学級全体が S 君の虫好きの特性を生かして虫で合科単元を行い、さまざまな探究を行っていく。虫が冬眠しているときは自分たちの考えた「虫体操」を虫になりきり行う。また S 君は休み時間にも図鑑を見てカタカナでカマキリと書こうとしている姿がある。4 月の初めには寝そべっていた S 君が、今ではクラスの人気者となって輝いている。そして Y 先生は、S 君だけではなく「一人ひとりの子どもの輝き」を考えるようになっていく。

（2）その子らしい輝きとしてのエージェンシーとともに育つ共同エージェンシー

小学校 1 年で園から学校文化へと環境移行してきたところで現在多くの子どもたちが不登校になっている。2020 年度と 2024 年度を比べると、不登校の増加率は、小 1：96.4％、小 2：88.3％、小 3：72.2％、小 4：65.4％、小 5：63.0％、小 6：54.8％（文部科学省, 2017）と低学年ほどその割合は高くなっている。これは、主体的な遊びの文化から、伝統的な学校文化への制度的移行のなかでエージェンシーを発揮できない子どもが増えていること、また S 君のような個人的特性をもった子どもの増加も影響しているだろう。

しかしだからこそ、その子がはじき出されるのではなく、その子どもの興味関心や夢中になることを教師がくみ取り、それによって教師側が新たに合科目的なカリキュラムをデザインするカリキュラムマネジメントを行い、教室の学びの環境をその子どもたちにあうようにデザインする。それにクラスの子どもたちも巻き込まれて、誰もが虫に夢中になって探究する共同エージェンシーが作られていった。児童に影響を受けながら、教師もまたそこで子どもたちの関係性のなかに共同エージェンシーが生まれていくのを見守り、子どもの声を聴き、その変化を見とっている。

実際には、Y先生は1年生の担任は初めてではないが、4月初めには本当に苦労したそうである。これだけ大変なクラスは初めてのなかで、Y先生が「教室 むしむし いっぱい大作戦」を行っていくことに同僚の教師もまたあたたかく話を聴き、応援をしてくれたとのことである。そうしたY先生の柔軟性や学校の同僚の柔軟な受け入れる関係があって、S君とエージェンシーは周りの友人やY先生との共同エージェンシーのなかで成長を遂げていく。

自分のこだわりで特定の虫を独占する気持ちから、虫の命や心情、視点を推測できる子どもへとその射程も変化している。

本事例を研究会仲間の小中学校の教師たちと語り合った。この事例はエージェンシーというときに、教師があらかじめ計画した思い通りのなかで、教師の手中で子どもが積極的に動くというエージェンシーではない。この事例を語った一人の校長経験者が、「無我無心で学びに夢中になっている子どもは、その子らしく輝いている。その子ならではの輝く瞬間を互いに喜びあったり共にそこに向かおうとしていくからこそそこにみんなが巻き込まれるのだろう。それは教師側が自分の教材内容や指導法の価値観の枠、授業時間の枠、評価の枠といった枠を超えて子どもに添って、教師もまた学び手として無我夢中になって子どもたちのことを考えた時にうまれるのではないだろうか」と語られた。これは、木村・一柳（2022）が指摘する「解放としてのエージェンシー」につながるのではないだろうか。

図4-1として太陽モデルを示したが、それを自分の学校での子どもの声から描こうとしたのが図4-2である。三重県松阪市東部中学校区の幼小中の先生方が一緒に、「こんな子どもの言葉でこの段階は表現できるのかなあ」と子どもの声を聴き作られた東部中学校区共同エージェンシーの太陽モデルである。

生徒のエージェンシーとしての輝きは、最初の共同エージェンシーの太陽モデルに書かれていたように、「光はみんなで一緒に輝いたとき一番明るくなる」のである。それがエージェンシーと共同エージェンシーの関係を生む。まだまだエージェ

第4章　生徒エージェンシーと共同エージェンシー（co-agency）の関係を問う

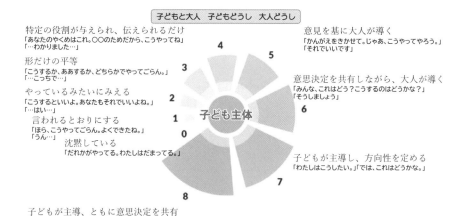

図4-2　東部中学校区「子ども主体」の8段階　対話モデル「光はみんなで一緒に輝いたとき一番明るくなる」

出典：OECD（2019b=2020）をもとに作成

ンシー、共同エージェンシーと集団エージェンシーの関係は日本の教育実践の文化のなかで解明されてはいない。しかしこれらの概念への理解を深めることによって、新たな教師の役割や学校の制度的な役割として、社会的公正と包摂性のなかで、人生の未来の物語としてのエージェンシーを育む学びのあり方を検討していくことが必要なのではないだろうか。

［引用・参考文献］

- 木村　優・一柳智紀（2022）「解放と変革の力としてのエージェンシーを再考する」『教師教育研究』15巻、福井大学大学院教育学研究科教職開発専攻（教職大学院）「教師教育研究」編集委員会編、pp. 411-418
- 文部科学省（2017）小学校学習指導要領（平成29年告示）解説。平成29年7月
- Calvert, L.（2016）. Moving from compliance to agency: What teachers need to make professional learning work, Learning Forward and NCTAF, https://learningforward.org/wp-content/uploads/2017/08/moving-from-compliance-toagency.pdf.
- Noona Kiuru, Ming-Te Wang, Katariina Salmela-Aro, Lasse Kannas, Timo Ahonen Riikka Hirvonen.（2020）Associations between Adolescents' Interpersonal Relationships, School Well-being, and Academic Achievement during Educational Transitions. J Youth Adolesc 49（5）: 1057-1072. doi: 10.1007/s10964-019-01184-y. Epub 2019 Dec 31.

- Leadbeater, C.（2017）."Student Agency" section of Education 2030 - Conceptual learning framework: Background papers, OECD, http://www.oecd.org/education/2030project/contact/Conceptual_learning_framework_Conceptual_papers.pdf.
- Nurmi, J-E.（2012）. Students characteristics and teacher-child relationship in instruction: A meta-analysis. Educational Research Review, 7, 177-197.
- OECD.（2019a）. Learning Compass Concept Notes, https://www.oecd.org/education/2030-project/contact/（＝秋田喜代美ほか（訳）（2020）「OECDラーニング・コンパス（学びの羅針盤）2030（仮訳）」https://www.oecd.org/content/dam/oecd/en/about/projects/edu/education-2040/concept-notes/OECD_LEARNING_COMPASS_2030_Concept_note_Japanese.pdf）
- OECD.（2019b）. OECD Future of Education and Skills 2030 Concept Note: Student Agency for 2030, p. 4.（＝秋田喜代美ほか（訳）（2020）「2030年に向けた生徒エージェンシー（仮訳）」https://www.oecd.org/content/dam/oecd/en/about/projects/edu/education-2040/concept-notes/OECD_STUDENT_AGENCY_FOR_2030_Concept_note_Japanese.pdf）
- Salmela-Aro, Katariina（2017）. Co-agency in the context of life span model of motivation. In OECD 2017 Education 2030 - Conceptual learning framework: Background papers. The Future of Education and Skills: Education 2030. 6th Informal Working Group（IWG）meeting 23-25 October 2017 Paris, France. P EDU/EDPC（2017）25. ANN3. 17-31.
- Schneider et al.（2016）. Investigating optimal learning moments in US and Finnish science classes. Journal of Research in Science Teaching, 53（3）, 400-421.

第 5 章

「遊び」の観点から見た「主体ではない主体」という問題

松田　恵示

1.「ごっこ遊び」と「主体性」という問題

　幼児教育、体育教育、芸術教育にとどまらず、近年の教育動向においては、「遊び」の観点が少なからず大きな示唆を与える場面が多い。そこで本稿では、「遊び」の観点から「主体性」に関連する問題を考察することで、「エージェンシー」「コンピテンシー」といったキーワードが大きく取り上げられる、近年の教育政策の動向に若干の課題を発見してみたい。もとより、OECDや文部科学省といった教育政策内部の議論を精査するということではなく、ここでの考察が、教育における「主体性」概念をより活発な議論へと誘う、1つの実践的な「手がかり」を広く得ることがねらいである。

　遊びにおいては、例えば「泥で作った団子」をあたかも「おやつ」に見立てて遊ぶように、「本当だけれども本当ではない」といったパラドキシカルな態度がよく見られる。スポーツにおいて真剣に勝負を競っていても、それは「本当だけれども本当ではない」態度のなかで行われなければ、例えば、人を絞めて気絶させることも可能な「柔道」という競技はそもそも成立しない。「本気だけれども本気ではない」から、果たし合いは「柔道」という遊びとしてのスポーツの範疇に広くはとどまっている。しかし通常の私たちの意識のもち方から素朴に考えると、この両義的な態度は、単に「ふざけている」ないしは「真面目に行っている」のどちらとも判断できず、その場の意味や秩序が揺らぎ困惑する事態でもありえる。けれども遊びにおいては、この態度はむしろ通底して見られるいわば遊びの「極意」である。そしてそれは、時に「良い遊び手」になるための学習の対象とさえなるものである。

　ここでよく知られるように、教育や学習のなかでの「遊び」は、子どもの成長において、自立や自律、自発性や自主性、共同・協働性、創造・想像力などを育てる

重要な役割を担うものとして位置づけられてきた。だとすれば、「遊び」のもつこのパラドキシカルな態度と、一方では他者に依存しないという意味で使われることが多く、また一貫した態度を与件とし遊びのなかで成長すると期待される「主体性」というものは、果たしてどのような関係になっているのであろうか。ここで考察してみたいのは、このような問題についてである。

ところで「ごっこ遊び」は、時代や地域に関わらず、広く子どもたちに遊ばれる活動である。社会学者のロジェ・カイヨワであれば、「ミミクリー（擬態）」の遊びとして位置づける「ふりをして遊ぶ」行為である。「人形遊び」などに見られるこのような遊びには、内容は異なっていても共通していることが1つある。それは遊び手たちの「演じる」という態度である。カイヨワはこの点を遊びの原動力の1つとして取り出し、これに「ミミクリー（mimicry）」という名称を与えた。「模擬」とか「真似」という意味の言葉である。カイヨワはこの「演じる」という遊びについて、次のように強調している「他者になる、あるいは他者であるかに思わせる、これが楽しみなのだ」（カイヨワ，1958=［1971］1990, p.57）。

ただ、この遊びを理解しようとするときに、遊びを考察するこれまでの教育学、心理学、哲学などではよく取り上げられてきた、1つの問題が存在している。それは、「演じる」ことが日常生活においては「人を騙す」ことにもなりかねないのに、「ふりをする」ということを、人はどうして「遊び」のなかでは、それを「遊び」として受け入れ楽しむことができるのかという問題である。

2. ふりをするということ

発達心理学者の麻生武は、いくつかの事例から「人形には心がある」と感じられている子どもの遊びの事実を示すとともに、その場合には2つのタイプがあると指摘している。まず1つ目が、本当に人形には「心」があると思い込む場合である。これを麻生は「人のプロトタイプとしての人形」と呼んだ。しかし、だからこそ人形を通して、子どもたちは「心」というものの理解につながっていくところがある。子どもたちは「人形操作を通して『心の理論』を学ぶ」（麻生，2000, p.217）のである。次に2つ目が、ある年齢を過ぎてくると「それはただの物体にすぎない」といった客観的な思考もなされるにも関わらず、なお人形と遊ぶことのできる「パラドックスとしての人形」の場合である。

第5章 「遊び」の観点から見た「主体ではない主体」という問題

　　もちろん、幼い子どもにも、単に人形が生きていないと意識することはさほど
　難しいことではない。いかに幼くとも、お腹が空いたときに側に置いてある人
　形に空腹を訴える子どもはいないだろう。難しいのは、自分がそれと心を通わ
　せ互いにコミュニケートして、生きており心があるように感じている人形が、
　実は他者の目から見れば生きてもいなければ心もない物体にすぎないというこ
　とを明確に意識することである。…(中略)…人形は生命のない物体にすぎない
　にもかかわらず、魂を宿し、心の声でコミュニケートする人格的な存在なので
　ある。人形にはそのようなパラドックスがつきものであるといってよいだろう
　（麻生，2000，pp.218-219）。

　麻生はこのように、例の両義的な「そうであってそうでない」といった態度の存
在を指摘する。「『見かけ』と『本当』との間を自由に行き来できる力」（麻生，2000，
p.220）のことでもあると述べる。一種の背理であるにも関わらず、このパラドッ
クスを維持できなければ、子どもたちは人形遊びを楽しむことができない。このパ
ラドックスを維持する力のことを、「多元的思考」と名づけ麻生は論じた（麻生，
1996）。そして麻生は「人形を『生きているように』操り、それとコミュニケート
する技術は、人類が生み出した高度な技術の一つである」（麻生，2000，pp.220-223）
ともいう。この視点からすると、ミミクリーとして遊ばれる人形は、「パラドック
スとしての人形」がおもちゃとして現れたときに産み出される世界でもある。そし
て、こういう人形遊びの世界の住人となる「コツ」は、「そうであってそうでない」
という「見かけ」と「本当」との間を自由に行き来することができること、となる。
同時にこれは、広く「ごっこ遊び」全般に必要となる、1つの遊びの「コツ」でも
あろう。
　しかし、ここで「見かけ」と「本当」との間を自由に行き来するというのは、と
ても不思議な出来事である。そもそも「本当」があるのに「見かけ」を信じさせ「ふ
りをする」という行為は、多くの論者が指摘するように見方を変えれば、ただの詐
欺師となんら変わらないのではないか。また「ふりではない」ときと「ふり」のと
きとの違いは、どうして当事者間で共有できるのであろうか。常に「今のはふり？」
「今のは本当？」などと、確かめ続けることなどなく、どうして私たちは「ごっこ
遊び」を楽しむことができているのであろうか。それが高度な「多元的思考」であ
ることは理解できても、実践的にそれはどのようにして可能になった、あるいは
なっているのか。特に「遊び」が苦手な人からは、この不思議さは解決を求められ

る意外と実践的でリアルな問題でもあるのではなかろうか。
　この疑問に、別な角度から答えようとするのが、遊びを現象学的に検討した美学者の西村清和の議論である。遊びにおけるこの「ふりをする」という意識について、西村は次のように述べている。

> すこし精細に、その行動の内実を観察してみればすぐにわかることであるが、『ふざけてかみあう行動』は、『本気でかみつく行動』とはまったく似ていない。じゃれあう猿は、かみつくふりをしているのではなく、『かむ』と一般に呼ばれている口の動きの特徴をかたちとしてはもちながらも、その実、かみつく以外のいっさいである独特のふるまいをもちいて、じゃれあっているのである。その口は、相手のからだにかるくふれるだけだろうし、痛いというよりは、むしろくすぐったいものだろう。…(中略)…遊びとは、なんらかの行為の代理やふりではなく、労働や食事とならんで、現実のわたしの、ひとつの独特の行動なのである（西村, 1989, pp. 208-209）。

　ここで西村は、哲学者のベイトソン（ベイトソン, 1972=1990）のコミュニケーション論から、二匹の猿がじゃれあう遊び行為に引き寄せて問題の両義性について検討している。議論の要旨は以下のようなものである。「演じる」というミミクリーの遊びを、「本当」のものを「見かけ」として「代理」させ遊んでいる、と考える場合が、例えば「ごっこ遊び」に関して見てきた議論のように多い。同様にじゃれあう猿の場合も、「かんではいるけれどもこれは本気ではない」、あるいは「本気でかみつくふり」をして遊んでいると、ベイトソンも見ていると西村は述べる。ところがもしそうであるならば、むしろ事実は次のようになるのではないかと西村はいう。

> もしも相手が、本気でかむと身構えて、じつはふざけて見せたり、逆に、ふざけてかむと見せかけて、本気でかんだりするとすれば、そのときわたしは、なお遊びをつづけてよいのか、あるいは遊びを中断してこちらも身構え、おこるべきなのか、迷ってしまう。そこに生じるのは、あきらかに、メタ・コミュニケーションの一時的混乱であり、それはまぎれもなく、愛情をよそおいつつ、つめたい拒絶を示す母親をまえにして、子供がおちいるのと同様の、ダブル・バインド状況である（西村, 1989, p. 206）。

第 5 章　「遊び」の観点から見た「主体ではない主体」という問題

　ベイトソン自身が指摘したダブル・バインド状況とは、ある種の混乱状況でもある。ところが、二匹の猿がじゃれあう行為（遊び）は、そのようなダブル・バインド状況にはもちろんない。それは、そもそも「かむ」ということが、動作の形だけは似ているもののまったく異なった行為として、つまり単に「遊ぶ」ということを指し示すにすぎないからではないのか、というのが西村の強調点である。「本当」と「見かけ」といった二重の意識など、そもそも最初からそこにはない。むしろ、このような二重の意識がでてきたときに、それは「遊び」ではなくなり、日常生活の1つの行為、つまり「偽る」とか「騙す」ということになるのではないか、というのである（西村，1989，pp. 203-211）。

　ミミクリーの遊びのなかにあるとき、たしかに「本当」と「見かけ」といった二重の意識をもっているとか、その間を自由に行き来していると、子どもたちを見なさねばならない理由はない。ただ、ベイトソンや麻生の述べるように、メッセージに対するメタ・メッセージの区別や、経験により遊びが享受できるようになる発達のプロセスを考えると、この「本当」と「見かけ」のパラドックスを、当の子どもに寄り添い理解の観点としていくことには、その説明力からしてもやはり大きな意味があるように思える。西村の鋭い指摘は、それでは遊びに特有な両義的態度の本質について、新たにどのような理解可能性を拓いてくれるのであろうか。

3. 遊びの可逆性

　そこで、「ごっこ遊び」をしている子どもたちのある場面にここでは目をやってみよう。

　「あらっ、今日はこんなところで何をしているの？」「今日は、トオル君の入学式なの」「トオル君は逆立ちが得意、えっへっへっ」「ちょっと、真面目にやってよ！」「そうよ、ちょっと、もう…！」。

　人形遊びのなかで、弟が「あそび破り」の行為を犯した場面である。「トオル君」に急に逆立ちで歩かれては、演じられていた世界がとたんに色褪せてしまう。せっかく「ふりをして」遊んでいた世界が台無しになってしまうのである。ただこのときに、「真面目にやってよ！」という姉の弟への注意は、「真面目」な日常の世界から離脱して遊んでいる子どもたちにとっては、いかにもパラドキシカルな声である。けれどもこの後、「じゃ、トオル君には、とっておきのおやつを先にあげましょう！」と、弟のために本物のおやつを見せる「高等テクニック」によって、結局、「ト

オル君」と弟は、また「ふりをして遊ぶ世界」に連れ戻されていく。
　「トオルくん」の逆立ち前に遊ばれていた世界のなかにあって、子どもたちには「本当」と「見かけ」の二重意識などは確かにうかがえない。「ふりをして遊ぶ世界」のなかにあっては、「遊んでいる」という意識、ただ1つだけのように見える。ところが、「トオル君」が逆立ちをした瞬間、「本当はただの人形」という意識と「生きているように見せかけている」という意識が対立的に現れる。この瞬間、遊びはいったん壊れかけている。他方で、このときの弟のごっこ遊びにおける「規則破り」は、しかしながら、遊びにあってはそもそも自由な意思決定でもありうる。遊びの規則の独特なあり方について述べた経済学者の高橋潤二郎によれば、自発的に受け入れ参加の前提となっている「規則の拒否の自由」に則って規則のあるごっこ遊びが楽しまれている以上、それは絶対的に認められているものである。だからこそ、自発的な参加によってこの規則を受け入れ遊んでいた弟は、不意に飽きてしまった、あるいは「いたずら心」が沸いてしまったとしか言いようのない気持ちから、「規則の拒否の自由」を行使し「トオルくん」に逆立ちをさせてしまった。しかし、高橋も詳しく述べるように、「規則の拒否の自由」を満たしていることは、「規則の選択の自由」も同時に満たされているわけではない。日常生活では「規則の拒否の自由」は常に成立しない代わりに「規則の選択の自由」は担保されている。しかし、遊びの「規則の選択の自由」は遊びが1つの世界として成立している以上成立しておらず、それでももちろん何かの責任を負わされるわけではないが、異なる規則体系に基づいた行為を持ち込むことで、遊びは消失の方向に進まざるをえない（高橋, 1984, pp. 66-67）。
　つまりこの場面は、意味の文脈（行為が則っている規則）が2つに分かれて出現し、そのどちらかを選択せざるをえない「意味の乗り換え」が生じた場面であると言える。これに対して「おやつ」の登場は、「どこまでならば規則は破っても大丈夫なのか」、あるいは「規則を破ることもあるけど、だからといって怒らないよね」という、両側からの「探索行動」によって意味が調整される場面なのであろう。独立し対抗する複数の意味の文脈の両義性に晒され、この点からは一見矛盾を常に抱える遊びにおいて、表から裏に、あるいは裏から表に、といつでもひっくり返るように複相の意味が試され、あるいはその「動き」が「可逆性の自由」として担保されているからこそ、ある1つの意識、1つの意味に仮に止まるような事態に没頭できるのではないかということである。「どこまでなら許されるか」を「規則」という形で探り合い、「裏返る余地」を確かめ合いながら「規則」の意味づけがもう一度

第5章　「遊び」の観点から見た「主体ではない主体」という問題

構築し直され参加者にとらえられた瞬間が、「おやつ」の担った遊びの持続可能性を拓く役割であったのだと考えられる。

　ここまでの内容から考えると遊びが「自由」であることの実質は、日常生活という「規則の拒否の自由」のない秩序だった世界にあって、「補集合」の位置にあるいわば潜在的な「なんでもありの世界」＝「全体」に離脱できることと、しかしながら日常生活という内部にいつでも戻ってくることができることの、往復運動としての可逆性（反復）の担保にある。これを、遊びの「可逆性の自由」と呼んでおこう。遊びが遊びであるための条件は、「可逆性の自由」が担保されているかいないかにかかるということである。だとすれば、先の、「トオル君」の逆立ちの振る舞いは、お姉ちゃんたちにとっては可逆性を担保できなくなる状況、言い換えると「ふりをして」遊んでいるのだけれども日常生活の世界は潜在的に担保されており、だからこそ可逆性のなかに空想の世界が遊びの世界として広がっていたにも関わらず、日常に強引に「戻してしまう」ほどに不安で不快な振る舞いになってしまった、ということではなかろうか。一方で弟の意識からは、「トオル君の逆立ち」は、日常生活から非対称的な外部＝「補集合」の位置への離脱という点ではまったく「自由」なものであったのに、お姉ちゃんたちと同調できないことから、遊びが集合的には共有されず、しかしながら「おやつ」のやりとりをすることで、お姉ちゃんたちが遊んでいた可逆性の自由の範囲を知るとともに、それは弟が逆に外部に出たときに内部へとまた戻ることのできる範囲をも示すものともなったということであろう。両者はこのように調整し同調し、遊びの世界を守ったのである。

　そうなると、そもそもの問いとしてあった「本当」と「見かけ」のパラドックスは、確かに二重の意識で遊んでいるというよりも、１つの意識あるいは１つの状態のなかにあるという西村の指摘によって解かれている。しかし、それはむしろ「見かけ」のみの意識（つまり騙しているという意識）に表面的には一元化されているものの、そこに遊びを支える可逆性の自由が、つまり〈俗〉の世界との可逆性が担保されていること、言い換えれば、さまざまな情報から潜在的に非対称的な世界への離脱後にも〈俗〉の世界と繋がっているという先験的な了解の存在が、「見かけ」のみの意識をいつでも「ひっくり返せる」からこそ、遊びが成立している、ということになるのではないか。この意味では、遊びにおけるルールや振る舞いの規範は、非対称的な外部からの帰還や往復を可能にしてくれる「可逆性の自由」の担保の仕組であると言えることになる。

第Ⅰ部　エージェンシーとその概念を巡って

4. 遊び、日常/非日常、エージェンシー

　可逆性の自由が遊びの本質的な条件として認められるのであれば、これまで歴史学者のヨハン・ホイジンガや先述のカイヨワといった遊び論者が挙げる「遊びは非日常的な活動である」というテーゼも、これまでとは異なった解釈が可能になる。いわゆる日常と言われる秩序だった世界に対して、いわば「何でもあり」といった世界として、日常からの離脱であるその外部をこれまでは「非日常」と呼んで理解してきた。しかし、そうして遊びを日常の外部として置いてしまうと、「何でもありだけど何でもない」といった遊びの可逆性の自由は、そこでいう「非日常」という言葉のなかには担保されなくなってしまう。むしろ、日常からの離脱としてその外部に現れる世界を「前日常」と呼んで区別し、日常と前日常の両義性、つまり「行ったり来たり」という可逆性のなかにある状態こそを「非日常」と呼ぶことが、「非」という言葉の意味に最も忠実な理解の図式となるのではないか。言い換えると、「非日常」とは、日常と「前日常」の間を反復する「動き」のなかにある状態そのものを、1つの世界として成り立っている状況として現しているというものである（図5-1参照）。

　例えば、これをすると便利だよとか、こういうことを守るとみんながうまく生活

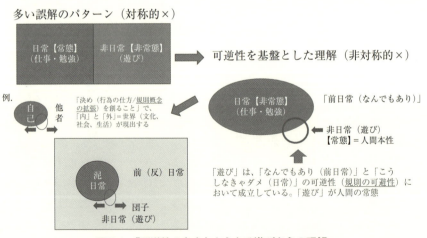

図5-1　「可逆性の自由」からなる遊びからの理解

第5章 「遊び」の観点から見た「主体ではない主体」という問題

できるねというような、ある種の規範を導入することで、日常という「動かないもの」が生まれる。それは、むしろ良くも悪くも自然な状態である「何でもあり」の状態から、ルールを作ってある種、人間の知恵とか理性のなかで生まれてくる世界であり、常態に対してむしろ非常態でもありえる。さりとて、良くも悪くも自然な状態である「何でもあり」の状態はそもそも常態にもなりえない。知恵や理性は人間の本質の1つであるからである。そのときにどちらの非常態にもとどまらず、日常から何でもありの世界（前日常）に出ては戻り出ては戻りという「反復」の動きは、出続けると何でもありの世界に戻って反日常という狂気となり、他方では戻り続けると規範に守られていわば意味の文脈が固定化された1つの日常という退屈になるのに対して、唯一この「反復」の動きそのものが、非日常としての「遊び」という意味と価値の豊穣をもたらす、人間の常態になると言えるのではないか。冒頭で触れた「泥団子」の話は、結局のところ「そもそもこれは泥ですよね」という認識と理解によって成り立っている日常に対して、「いやこれは団子だ」というふうに何でもありの世界が潜在的に帯同していることによって生まれる「可逆性の自由」をもって遊びの非日常性を理解しうる事態であろう。「可逆性の自由」が遊びの本質としてそこに現れているという見方である。そして、それこそが「非日常」である。

図5-2は、遊びの非日常性をめぐって、ここまでの議論をまとめてみたものである。従来までの遊びの日常、非日常という議論はA、Bのパターンに対してCの

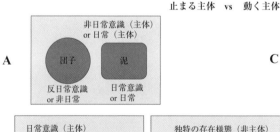

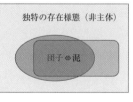

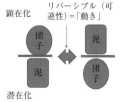

図5-2　遊びと日常/非日常

パターンを考えることに他ならない。つまり、「可逆性の自由」というものが遊びの条件として本質的であることが、Cのパターンに描かれていることになる。これは、遊びにおける人間の存在様態や意味の紡ぎ出し方として、AとBという二項図式のみならず、Aという状態を巡って外へ出たり、中へ入ったりという、止まることと動くことの2つの状態の対比、オルタナティブな二項図式の出現ともとらえることができよう。そして、実はこの「止まったもの」と「動いているもの」の対比という二項図式は、いくつかの「エージェンシー」という言葉をめぐって発見される思考のフレームでもある。

　ジェンダー研究におけるジュディス・バトラーの「パフォーマティビティ」と「エージェンシー」に関する議論は、まさに、言語実践による「女性」という主体の構築性をめぐる指摘でもあり、言語の引用や濫用という言語の「反復可能性」に、ジェンダー主体の自由を探る構築主義的な試みであった。バトラーがこのときに多用する「パロディ」というポジティブな色に染められた用語は、もちろん本稿で述べた遊びの「可逆性の自由」と相似形である（バトラー，1999）。この際に、主体のもつ「主体性」を、バトラーは「エージェンシー」という用語を用いて「パフォーマティビティ」という用語との関係のなかで論じた。ここでの「エージェンシー」という言葉は、訳書では竹村によって「行為遂行体」と日本語化されている。英語の"agency"という語が、そもそも「代理」や「取次」という意味を含むものであることを考えても、ここには個人の「根拠」や「起源」といった語感はむしろ脱色されていることは注目されるところである。つまり「主体性」という用語が、行為の事後的な「確率」のようなものとして非実体化されており、「止まったもの」ではなく「動いているもの」「形を変えるもの」として、構築されつつ生成される可能体として性格づけられているということである。

　ところで、小牧（2003）は近年の教育政策動向を見通しつつ、「エージェンシー」を発揮し育む授業デザインを検討するために、語源や固有の文化、あるいはギデンズ、バトラー、OECD、溝上、松尾、寺本、山住/エンゲストロームなどの議論を「主体性」という概念のなかに整理しようとしている。このなかで小牧は、「日本の『エージェンシー』論では自立した個が客体としての対象に働きかけるというこれまで日本で用いられてきた"subject"としての『主体性』概念に引き付けて解釈されている」（小牧，2023，p. 18）と述べている。もしこの指摘を、教育改革の契機ととるならば、可逆性の自由のなかにある遊びの「主体ではない主体」のあり方は、1つの戦略点になると思われる。遊びのなかにある子どもの、いわんや大人の「主

体性」は、目を輝かせパラドキシカルな態度をむしろ条件として自由に協働する姿に見られるように、日常のなかにある「主体性」の内と外を、その意味では同時に、自己と他者の、あるいは知性と感性の両側を行きつ戻りつする反復可能性のなかにあるように見える。だとすれば、そこでの「主体性」は、いわゆる日常のなかにあるよく知られた「主体性」を消失させること、「我」を忘れること、夢中になること、自と他の間隙のなかに宿る存在様態を、「主体ではない主体＝新しい主体性」として再発見する作業につながるということなのではなかろうか。教育政策のなかで大きな響きを与え始めている「エージェンシー」という言葉の輪郭をめぐって、この意味で遊びにある「可逆性の自由」の観点は大きな示唆を与えるように思うところである。

付　記

　本稿は、松田恵示（2021）「遊びと身体の交叉にみられる現代文化の遊戯性に関する研究」（大手前大学博士論文）の一部を大幅に加筆、修正した上に再掲し、遊びの「可逆性の自由」と主体性の問題を新たに考察しまとめたものである。

[引用・参考文献]

- 麻生　武（1996）『ファンタジーと現実』金子書房
- 麻生　武（2000）「人形に心が生まれるまで」亀山佳明・麻生　武・矢野智司（編）『野生の教育をめざして』新曜社、pp. 192-225
- 井上　俊（1995）「生活の中の遊び」井上　俊・上野千鶴子・大澤真幸・見田宗介・吉見俊哉（編）『現代社会学 20 仕事と遊びの社会学（岩波講座）』岩波書店、pp. 1-16
- 小牧　瞳（2023）「エージェンシーを発揮させる授業デザインに関する研究」『人文公共学研究論集』第 46 号、pp. 1-19
- 高橋潤二郎（1984）「『ルドゥス』の発見―ホモ・ルーデンス再考」『三田学会雑誌』77（2）：pp. 44-68
- 西村清和（1989）『遊びの現象学』勁草書房
- 松田恵示（2021）「遊びと身体の交叉にみられる現代文化の遊戯性に関する研究」大手前大学博士論文、pp. 105-117
- Bateson, Gregory（1972）. *Steps to an Ecology of Mind*, University of Chicago Press.（＝佐藤良明（訳）（1990）『精神の生態学』思索社）
- Butler, Judith P.（1990）. *Gender Trouble: Feminism and the Subversion of Identity*, Routledge.（＝竹村和子（訳）（1999）『ジェンダー・トラブル―フェミニズムとア

第Ⅰ部　エージェンシーとその概念を巡って

イデンティティの攪乱』青土社）
・Caillois, Roger［1958］(1967). *Les Jeux et les Hommes*, Gallimard.（＝多田道太郎・塚崎幹夫（訳）［1971］（1990）『遊びと人間』講談社）

第Ⅱ部
生徒エージェンシーとカリキュラム・教育実践

第6章

理科教育における生徒エージェンシー

土佐　幸子

はじめに

　Education 2030 プロジェクトにおいて生徒エージェンシーを「変革を起こすために目標を設定し、振り返りながら責任ある行動をとる能力」と定義している（OECD, 2019b=2020, p. 3）。エージェンシーの発揮を可能にするためには、子どもは知識、スキル、態度および価値観を柱とする学びの中核的な基盤と、そこから育成されるコンピテンシーをもつことがきわめて重要であるとされている（図 6-1 の 4 本の針と円；OECD, 2019a=2020）。しかし、基礎とされる知識やスキルや態度を習得するまではエージェンシーを発揮することは難しいのだろうか。あるいは、知識やスキル、態度の習得を目指す教科教育において、学習を生徒エージェンシーの育成に結びつけることはできないのだろうか。さらに、子どもが自分や周りの世界に変革やポジティブな影響を与えることを想定する生徒エージェンシーの育成と、例えば理科のように自然現象について議論する学習とは対象が異なり、両者のつながりは明白ではない。教科教育と生徒エージェンシーの育成を両立させることはできるのだろうか。できるとすれば、具体的にどのように可能で、どのような子どもの姿が期待されるのだろうか。

　本章では中学校理科の学習における生徒エージェンシーの育成に焦点をあて、上記の疑問への答えを模索する。学習指導要領に則った内容を展開する中学校理科授業において、どのようにすれば生徒エージェンシーの育成と理科学習を結びつけることができるかについて、実例をもとにその可能性を探っていく。

第 6 章　理科教育における生徒エージェンシー

図 6-1　OECD ラーニング・コンパス 2030

出典：OECD（2019a=2020）より

1. OECD の文章に見る生徒エージェンシーと教科教育の接点

　生徒エージェンシーの概念のキー・ポイントとして「2030 年に向けた生徒エージェンシー（仮訳）」（OECD, 2019b=2020）には、「エージェンシーとは、自分の人生および周りの世界に対して良い方向に影響を与える能力や意志を持つことを示しています」（同 p. 3）と記されている。生徒エージェンシーの育成と現実の世界は切り離せないものと考えられる。教科教育と生徒エージェンシーの接点を考えるにあたり、現実の世界とのつながりは重要になるだろう。例えば、教科教育の学習に現実世界の文脈を導入することは、教科教育と生徒エージェンシーを結びつける糸口となると考えられる。

　また、同文献では「エージェンシーの育成は学習の目標であり、また学習のプロセスでもある」（同 p. 5）と記載されている。この表現は小見出しとして使われており、十分認識しない読者がいるかもしれない。前述のように、生徒エージェンシーの発揮には中核的な基盤をもっていることが重要であるが、生徒エージェンシーの育成は学習の結果として到達されるべき目標だけではない。学習のプロセスにおいても、知識やスキルの習得を行うなかで、生徒エージェンシーが徐々に育まれていくことが期待されている。すなわち、生徒エージェンシーの発揮は、中核的

75

な知識やスキルを習得していなければできないのではなく、それらを習得する過程で生徒エージェンシーの育成を行い、それによってさらに効果的に知識やスキルを習得することができるというように、生徒エージェンシーと知識やスキルの習得は互いに影響を及ぼしながら循環的に行われるものであると考えられる。また、その相互作用は学習者同士が関わり合うなかで生じる。授業中であれば、学習課題について議論する過程において、教師や周りの生徒との話し合いや活動を通して生徒エージェンシーが芽生え、育ち始める。育ちつつあるエージェンシーを使ってさらに周りと意見交換することにより、知識やスキルをより深く習得することが可能になると考えられる。

　教師の役割について同文献は、生徒エージェンシーに重きをおく学習環境では「教師と生徒が互いに教えと学びの過程の共同制作者になるのです」(同 p.7) と記している。理科で言えば、科学的概念を生徒が自分たちだけで発見しなければならないのではない。そもそも人類が長い年月をかけて構築してきた科学的概念を、生徒が自分たちだけで発見することは難しいと考えられる。生徒だけで見つけ出すのではなく、生徒が教師の助けを借りながら、生徒と教師が共同構築することが期待されている。生徒の意思に任せようとするがために放り出すのではなく、教師がガイドとなって共に概念構築の道を生徒と一緒に歩むことによって、生徒は学習に目的意識をもち、意味のある学習に取り組むことが可能になるととらえられる。この目的意識をもって学習を行うことは、生徒エージェンシーを支える重要な要素である。同節にも「生徒は自らの教育の中で目的意識を身につけ、学びのオーナーシップを得るようになります」(同 p.7) と述べられている。加えて、そのような共同構築を可能にするには、教師自身が、自分のもつ専門的な技量を教員養成や教員研修によって高めるとともに、教員同士の同僚性を通して支援を積極的に求める必要があると考えられる。

　さらに同文献は生徒同士の関わり合いによる生徒エージェンシーの育成について述べている。「仲間はお互いのエージェンシーに影響を与える」(同 p.7) の節によると、生徒同士の共同エージェンシーによって、生徒はより能動的で活発にコミュニケーションスキルを発揮し、互いの問題解決能力を高め合うように学習を進める可能性があるとしている。概念の共同構築は教師と生徒によるものだけではなく、生徒同士の共同も大いに活用して、皆で分かっていこう、できるようになろうとする活動だと考えられる。

　もう1つの重要な点は、生徒エージェンシーを支える「変革を起こすコンピテン

シー」の育成である。「ラーニング・コンパス」（OECD, 2019a=2020）は「良い未来を創造できるようにするため、学習者は各自、より良い未来の創造に向けた変革を起こすコンピテンシー（Transformative Competencies）を備えていなければなりません」（同 p.6）と述べ、具体的に「新たな価値を創造する力」「責任ある行動をとる力」「対立やジレンマに対処する力」の3つを挙げている（図6-1の外側の円）。社会の変革を起こすコンピテンシーは、一見、基礎的な知識やスキルの習得を目指す教科教育とは無関係のように思われるが、教科教育の学習は前述のように生徒が教師や生徒と共同で展開していくものである。教科教育の学習過程において、変革を起こすコンピテンシーが関係することは大いにあるだろう。なかでも、教科教育における生徒と教師や生徒同士の話し合いのなかで、対立やジレンマが生まれることがあると考えられることから、「対立やジレンマに対処する力」の育成に着目する。対立やジレンマを乗り越えることによって、教科内容をより深く理解することに結びつく可能性があるだろう。

このように OECD の文献をもとに、教科教育における生徒エージェンシーの育成について考えていくと、その2つを結ぶ接点が明らかになってくる。教科教育と生徒エージェンシーの接点として、仮に次の5つのポイントを挙げる。
1. 教科内容の学習の過程に生徒エージェンシーの育成を盛り込み、相互に働かせる
2. 教科内容の学習に対して、目的意識を強く持つ
3. 教科内容の学習において、社会や現実世界とのつながりを意識する
4. 教科内容の学習において、生徒は教師および他の生徒と共同で概念構築を行う
5. 教科内容の学習において、対立やジレンマに対処する力を育む

これらの5つのポイントは個別に成り立つのではなく、互いに関連するものだと考えられる。本章3節と4節ではこれらのポイントについて、実例をもとにその妥当性を吟味する。その前に次節では理科教育学の理論から生徒エージェンシーの育成とのつながりを考える。

2. 理科教育における生徒エージェンシーを育む視点

（1）構成主義的学習論に則った探究的指導法

理科教育学（Science Education）の分野では、構成主義的学習論に則った探究的指導法というのが、1960年代からいろいろと様相を変えながらも、現在、アメリカなどの国々を中心として一般的な指導法として定着していると考えられる。日本の

理科の学習指導要領もこの枠組みの範囲内である。本章もこの立場をとる。

　大枠でとらえて、構成主義的な学習論によれば、知識は教師から一方的に情報を伝達されただけでは構築されず、学習者が能動的に対象に働きかけ、自身の素朴概念と向き合いながら、葛藤・同化・調節を通して、自ら妥当な解釈を見出すことによって初めて構築されるとする（Fosnotら，2005）。理科で言えば、自然現象のメカニズムについて、ただ教師から言葉の説明や式を伝えられただけでは学習者の概念構築は難しい。学習者が自ら「こうかな」と考えて実験したり、あれこれ条件を変えて試してみたりすることを通して、次第に確からしい説明にたどり着くと考えられる。

　学習の過程で重要な役割を果たすのが言語を通しての他者との関わり合いである（Vygotsky, 1978）。学習者は自分の考えを他者に伝えることにより、より明確に自分の考えを把握する。あるいは他者に伝えることを通して、新たな考えを発想することもあるだろう。また、他者の考えを聞いて、自分の考えを修正したり、別の視点を加えたりすることも可能になる。あるいは、一人ではできなかったことが、他者の助けによってできるようになることもあるだろう。

　また、構成主義的学習論に則った理科学習において重要なことは、学習者が構築する概念が社会的に認められた科学的概念と整合性が図られていなければならないことである（Driverら，1994）。学習者が妥当とした考えなら何でもよいのではない。学習者が構築する概念は、科学者が長い年月をかけて作り上げてきた学問上の概念と整合性が図られた「正しい」概念でなければならないのである。ここでも教師の役割が重要になる。教師は理科分野の専門家として、学習者がもつ誤概念を把握し、学習者が正しい解釈にたどり着けるように、手を変え品を変え、学習者を導く役割を担うと考えられる。

　これらの構成主義的な学習を実現する指導法として、理科では探究的指導法が挙げられる。ここでは一般に、観察→疑問→仮説・予想→実験・観察→考察という過程を経て結論を導く科学の方法を用いて、自然現象のメカニズムを説明する。これは、まさに科学者が自然現象を解明するために用いる方法であり、学習者が小さな科学者となって先人たちの発見したことを自分たちでも追い、納得していく過程である。科学的探究とは学習者が自ら「どうしてかな」と疑問を抱き、その疑問の解決に向かって科学の方法を駆使する活動である。学習者一人ひとりが、周りの力も借りながら科学的探究を推し進めることを促す指導が探究的指導法であると言えよう。学習者は探究的な学習によって、科学的な知識やスキルおよび態度を習得する

のみならず、科学の方法を基礎とする科学的探究活動そのものに関する知識とスキルおよび態度も育成することが期待される。

(2) 生徒エージェンシーと構成主義的な探究的理科学習の接点

確かに生徒エージェンシーと理科学習の対象は異なる。生徒エージェンシーの育成は、生徒と人や社会との関わり合いのなかにある。一方、理科学習において対象とするのは自然現象であり、学習者はそのメカニズムを説明し納得することを目標とする。しかし、対象は違えども、活動を行うのはどちらも人であり、社会のなかで互いに影響を及ぼし合う人である。理科学習において、自然現象のメカニズムを説明し納得しようとする学習者が、人と関わり合いながら科学的概念を構築する過程において、生徒エージェンシーについて学んだり、学んだ生徒エージェンシーを発揮したりすることは十分可能であり、そうすることによって、より深いつながりや広がりをもった概念が構築されることが期待される。

すでに見てきたように、理科学習の過程において、他者との関わり合いを通して科学的概念を構築するということは構成主義的な探究的指導法の柱の1つである。それを前提として、先に挙げた生徒エージェンシーの育成と理科教育の接点に関する5つのポイントを、構成主義的な探究的理科学習の光に照らして吟味してみよう。

「1. 教科内容の学習の過程に生徒エージェンシーの育成を盛り込み、相互に働かせる」というのは、教科学習において必須のことではない。理科学習の目標はあくまでも自然現象のメカニズムの理解にある。しかし、生徒エージェンシーの育成を教科学習に盛り込むことによって、メリットが生まれるのであれば、教科学習に取り入れる意味があると考えられる。教科学習のなかで人と話し合う場面はたくさんある。そのとき、生徒エージェンシーを発揮させて、誤概念から抜け出せない状況を変えようと思ったり、誤っているかもしれないが、臆せずに自分の考えを述べたりすることができればそれはメリットである。生徒エージェンシーの育成は教科学習に元から含まれているわけではないので、生徒エージェンシーの育成と教科学習を両立させて、相乗効果を狙うのであれば、そのようにすることを教師も生徒も自覚し、明示し、自ら積極的に推し進める必要があるだろう。

「2. 教科内容の学習に対して、目的意識を強く持つ」というのは、教科学習においても重要な点である。なぜ理科を学ばなければいけないのか、という問いに対して、学習者自身が確固とした答えをもつことは学習を積極的に推し進める原動力になるものと考えられる。しかし、生徒エージェンシーの育成を視野に入れたとき、

社会を変革することと教科学習がどのように重なり合うのかは必ずしも明らかではない。両者のすり合わせを行う必要があるだろう。例えば、自然現象のメカニズムを理解したいという知的好奇心は、社会を変革することとは直接結びつかない。知的好奇心を発展させて、自然現象に関する基礎的知識やスキルを習得することが、将来、社会を変革する力（市民活動など）と結びつくという自覚がもてたらよい。あるいは、将来の職業に向けて、その職業に就くための必要な要素として理科学習をとらえることもできるだろう。いずれにしろ、教科学習における目的意識と生徒エージェンシーの育成を結びつけるような意図的なすり合わせが大事だと考えられる。

「3. 教科内容の学習において、社会や現実世界とのつながりを意識する」というのは、理科の探究的指導法でもよく取り上げられる点である。構成主義的学習論では、学習者がすでにもっている経験や既習事項を新知識の学習の出発点とする。学習者は生活経験に根ざした素朴概念をもっている。生活や社会的文脈のなかで自然現象をとらえることによって、経験を想起し、素朴概念から科学的概念への変容を促すようなイメージ化がしやすいと考えられる。例えば、理科学習において力と運動の関係を議論する際、野球でバットを使ってボールを打つときのことを取り上げるというようなことである。しかし、生徒エージェンシーの育成を含めて教科学習を考えるとき、社会や現実世界とのつながりは、単にイメージ化を促す助けではなく、社会を変革することとつなげるという意味を含めることが重要になると考える。基礎的な知識の習得が、社会を変革することにつながるという文脈を含むことができれば、それは生徒にとって理科学習の領域を教科の外に広げることになるだろう。

「4. 教科内容の学習において、生徒は教師および他の生徒と共同で概念構築を行う」というポイントに挙げられた概念の共同構築は、もともと Vygotsky（1978）の構成主義的な学習観をもととして広まった考えであり、教科学習と生徒エージェンシーの育成の間に齟齬はない。教科学習において、概念構築を生徒と教師が、あるいは生徒同士で対話を通して共同で行うことが推奨される。対話のなかで、学習者は自分の素朴概念や誤概念を表出し、教師や仲間との議論によってその正当性を吟味し、正しい解釈にたどり着くことが期待される。教師はただ生徒の話を聞くだけでなく、ポイントをついた質問をしたり、視点を転換するヒントを提供したりして生徒の考えを深める役割を果たすと同時に、その分野の専門家として、生徒を正しい解釈に導く役割を担う。

「5. 教科内容の学習において、対立やジレンマに対処する力を育む」というのは構成主義的な探究的理科指導法のなかではあまり扱われてこなかった。Socio-Scientific Issues（SSI）（例えば、坂本ら，2016）という社会と科学の両方にまたがるような問題、例えば原子力発電を今後の社会でどうするかといった問題を取り上げるときに意識されてきたポイントである。教科教育の指導のなかではほとんど取り上げられてこなかったため、実は対立やジレンマに対処する力を育むような場面が授業中に多く表れていながら、生かされてこなかったとも考えられる。生徒エージェンシーの育成と教科教育の接点を考えるとき、この対立やジレンマに対処する力の育成は、生徒の現在の人との関わり合い方を問題にする。対立やジレンマに対処する力を現在進行形で少しでも育むことができれば、生徒にとって生徒エージェンシーを発揮することの利点を感じ、生徒エージェンシーの育成をポジティブにとらえる好機を与えることにつながるかもしれない。

ここまで述べてきたように、理科の教科学習と生徒エージェンシーの育成は多くの重なりをもつ。5つのポイントのうち、教科学習の過程に生徒エージェンシーの育成を含めることと理科学習の目的意識をもつことの2つについては、両者をつなぐ意図的な取り組みが重要だと考えられる。現実社会とのつながり、概念の共同構築、対立やジレンマに対処する力の育成の3つのポイントは、これからの理科授業で大いに取り入れたい項目だと思われる。

次の2つの節では、ある中学校の理科授業について、生徒エージェンシーの育成と教科教育の学習の両方の視点で見ていき、5つのポイントが両者を結ぶ接点となりうるかを考察する。また、接点となりうるとき、どのような注意が重要になるかについて、細かく事例を追いながら探る。どちらの授業においても、現実世界の例を用いて科学概念を学習することを通して、生徒に学習目的を意識づけ、生徒エージェンシーの育成を図りたいという授業者の強い願いがあった。

3. 理科授業における生徒エージェンシーの育成の実例①：サステナブルな海上都市と浮力

中学校3年理科の学習において、「サステナブルな海上都市をつくる」という大きなテーマのもとに、「巨大建造物を水に浮かせるためにはどのようにすればよいのだろうか」という浮力の課題に取り組む全17時間の単元が考案され、実践された。単元には、地球温暖化による海面上昇に関する実験と議論、建設会社の人によ

第Ⅱ部　生徒エージェンシーとカリキュラム・教育実践

図 6-2　サステナブルな海上都市の授業における生徒活動の様子

るサステナブルな海上都市の建設に関する講演、粘土とブロックを使った実験による浮力に関する考察、水圧に関する実験と考察、および海上都市の模型の製作と実験が取り入れられた。最終活動である海上都市の模型製作と実験の活動において、生徒は2人1組でさまざまな形の容器やブロックを用いて模型の設計と製作を行った。本節では製作した模型を水に浮かせて実験を行い、結果を基に考察する授業（図 6-2）に焦点をあて、生徒エージェンシーと理科学習の結びつきについて検討する。

（1）浮力の学習においてサステナブルな海上都市を扱ったメリット

　中学校3年理科における浮力の学習において、潜水艦の写真などは教科書に載っているが、文脈を用いて進めることはあまりないと思われる。当該の授業では、サステナブルな海上都市の建設を大きなテーマとして取り上げることにより、地学分野の地球温暖化問題も含め、社会的な問題解決のために物理分野の浮力の学習を行うことを可能にした。浮力の学習を社会的な問題解決のなかに位置づけることにより、学習に対する生徒の目的意識が高まったと考えられる。実際に生徒は「理想的な海上都市とはどのようなものか」ということをミッションとして、理想的な海上都市の構造を予想し、模型の設計と製作に取り組んだ。海の上に浮かぶ都市を建設するという話題自体が斬新で、生徒の興味を引き付けたとも言えよう。

　サステナブルな海上都市の模型を製作するにあたり、教師はいろいろな形の容器や建物の形のブロックなどを準備し、生徒が自由に選べるようにした。そして材料を用いて自由に模型を設計・製作し、実験を行って模型の有効性を確かめるというデザイン思考の過程を含めた。この自由さにより、授業を通して生徒は自ら目標を

第6章 理科教育における生徒エージェンシー

立て、それに向かって意思決定を行い、その結果を確かめるという生徒エージェンシーを発揮する活動を行ったと考えられる。また、生徒は2人1組で製作を行った後、向かい合った席の4人2組で互いの模型を説明し合ったり、結果を見て話し合ったりすることを通して、模型の有効性について共同的な学習を行った。

（2）サステナブルな海上都市建設の文脈で浮力を学習することにおける課題点

これまでの学習において、ブロックと粘土を使った実験を通して、押しのけた体積分の水の重さに相当する浮力が物体に働くことは学習済みである。当該の授業では、海上都市の模型の製作にあたって、建造物の形として丸底、四角い底、円柱、4本柱、5本柱が挙がった。「なぜ丸底がよいか」という疑問に対して、「沈んでいる部分が大きいと浮力を受けやすく、丸底だとバランスがよいから」という答えが挙がっていた。しかし、例えば、図6-3の模型では丸底のお椀の口の部分に板を敷き、建物のブロックを載せる形を採用したが、上部の重さのために、水に浮かせたときにすぐに傾いてしまった。結局、多くの生徒が安定性を高めることを重視して実験を行うことになったが、形のある物体の安定性の問題は中学校理科の範囲を超える内容であった。また、安定性と浮力を混同し、「底面積が大きいほど浮力が大きい」という誤った考えをもつ生徒もいた。

授業後の感想に「自分たちで道具を使って探ることは新鮮だったけれど、難しかった」と述べた生徒がいた。材料の自由さが生徒エージェンシーの発揮につながってはいたが、根拠をもって材料や構造を自分たちで選ぶということができなかった。根拠となる科学概念が定かでない状況において、意思決定は難しいことであった。また、「海上都市という課題で、何をすればよいか分からなかったけれど、仲間と協力して少しずつ工夫すると結果が変わってやりがいがあった」と述べた生徒もいた。現実社会の問題と結びつけた学習は、生徒の興味を高める効果がある一方で、問題が多面的で複雑であることなどが生徒を不安にさせることも見てとれた。

図6-3 サステナブルな海上都市の模型の例

(3) サステナブルな海上都市の授業から明らかになったこと

　サステナブルな海上都市の授業は、社会的な文脈のなかで科学概念を学習するという挑戦的なものであった。ポスター（図6-4）に見られるように、生徒は海上都市の建設と理科学習を結びつけることを積極的にとらえ、より強い目的意識をもって理科の学習に取り組んだものと思われる。しかし、現実社会の問題は、教科書にある問題と違って高度な内容や多面的で複雑な要素を含んでおり、海上都市の模型を製作し、実験して試す活動では、物体の安定性という中学校では学習しない内容が重要な要素となってしまった。自分たちで実験をして答えを見つける、という生徒エージェンシーの育成を促す活動でありながら、物体の安定性について学習が行われない状況では、「しっくりこなかった」とか「納得がいかなかった」と生徒が感じる結果に終わった。対立やジレンマに関して言えば、海上都市の構造について基本的な科学概念が不明確だったため、対立やジレンマを含めた話し合いまで至らなかった。

　この事例から明らかになったのは、生徒エージェンシーの育成と理科学習における概念構築を両立させるためには、積極的に文脈を用いた問題設定を行い、その上でどれだけ概念の焦点化を行うかが重要だということである。しかし、概念の焦点化は容易ではない。海上都市を浮力の学習に用いる場合、模型を製作して実験するのは、やはり有効な活動であろう。大きさをもった物体の浮き沈みを考えるとき、安定性の問題を避けるのは難しい。重心の考えや重心の位置をなるべく低くして回転しないようにすることなど、基本事項を事前に生徒に伝えるのも1つの方法である。教員間で連携して、有効な事例を蓄積することが求められる。

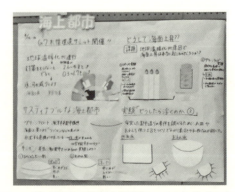

図6-4　海上都市の学習を振り返っての生徒ポスター

4. 理科授業における生徒エージェンシーの育成の実例②：カワセミの魚捕りと屈折

2番目の例は、中学校1年理科の「光の性質」の単元である。光の屈折の学習において、教科書（学校図書，2020）に取り上げられているカワセミの魚の捕獲の仕方をテーマとして11時間の単元が構想され、実践された。この単元では「なぜ斜めから飛び込むカワセミはうまく魚を取れないのだろう」という素朴な疑問から始まり、液体を固めるアガーを用いてカワセミの視点から魚をとらえる活動や、鉛直平面において光線モデルを使用して作図をする活動などを通して、「川の底の魚を斜め上から見ると、実際の位置から前方にずれて見えるのはなぜだろう」という問いに対する説明を生徒が共同的に形作った。さらに構築した光の屈折の規則性を、水に斜めに入れた棒が折れて見える現象にあてはめ、光線モデルを用いて共同的に説明を形成した。本節では斜めに水に入れた棒の見え方について、既習知識を基に共同的に説明を考え出す8時間目の授業に焦点をあて、理科授業と生徒エージェンシーの育成の関係について検討する。

(1) 屈折の学習においてカワセミの魚の捕獲を扱った授業展開

本単元では、現実世界の例を用いて科学概念の学習を進めたいという授業者の強い願いがあり、カワセミの魚の捕獲がテーマとして取り上げられた。斜め上から水中に入射したカワセミが魚の捕獲に失敗し、真上から入射したカワセミが捕獲に成功するビデオを見せたのは、生徒に「何が関係しているんだろう」という問題意識を抱かせたと考えられる。また、アガーを用いて、カワセミの視点を再現したことは、生徒が当事者意識をもって問題をとらえることを促したと考えられる。

水中の魚の位置が前方にずれて見える理由を考える活動において、生徒は水槽、魚の模型、くし、アガー、レーザーポインター、お椀などの他に、円形で角度が刻まれている光学用水槽（図6-5）を自由に使うことができた。これは生徒が主体的に実験を立案、予想、実施することを可能にし、生徒が生徒

図6-5 光学用水槽

エージェンシーを発揮して、より創造的に自分たちの考えを確かめることを促したと考えられる。実際、10 ある班で行った実験はすべて異なっていた。多くの班が、魚を水中に沈めて、そこから出た光が水面で曲がることと、実際の魚の位置と斜め上から見たときの魚の位置がずれていることを確かめた。

（2）斜めに水に入れた棒の見え方を問題として光の屈折を学習することにおける課題点

　カワセミの見る魚の位置について、7 時間目の終わりには多くの生徒が図 6-6 のように境界面での光の屈折と入射角と屈折角の大小関係によって、前方にずれて見えることを理解していた。次の時間に行われた斜めに水に入れた棒の見え方に関する授業において、多くの生徒は図 6-6 をもとに「下に折れて見える」と予想した。ところが、実際にやってみると「上に折れて見える」ことから、生徒に混乱が生じた。話し合いと再度の実験を通して次第に「上に折れて見える」ことの説明が形成されていった。

　最初、配付されたワークシートに個人で説明を書くように指示されたが、手が動かない生徒が大半だった。生徒から班で意見交換をしたいという希望が挙がり、話し合いが行われた。生徒は手元にある水槽に棒を入れる観察を繰り返しながら（図 6-7）、説明の形成を試みた。ある班では A さんが棒と平行に目に入る光の線を描き、その線と水面との交点を棒の先端から来た光が屈折する地点とし、棒の先端が見える位置は目に入る光の線を水中に延長した点とすれば棒が上に折れて見えることを説明できることに気づいた（図 6-8）。そこで A さんはホワイトボードを使って班員の B、C、D さんに説明を始めた。ペンを持ってボードに記入したのはよく分かっていない B さんである。目に入る光を棒と平行に描くこと、本物の棒の先端から来た光だけを問題にすることは 3 人もすぐ納得し、「棒の先端しか見ない」や「目から見えるのは……」という言葉を発した。そのとき B さんが「入射角は……」と口にしたが、A さんは「まだいい」と B さんを制した。その後、A さんがペンを持って説明の光線モデル図を完成させた。

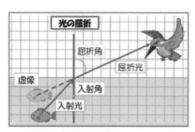

図 6-6　光線モデルを用いたカワセミの見る魚の位置を示す図（出典：出口雅也氏提供）

第 6 章　理科教育における生徒エージェンシー

図 6-7　水中に斜めに入れた棒が上に折れて見える実験

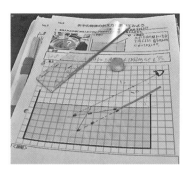

図 6-8　棒が上に折れて見えることを説明するために用いた光線モデル図

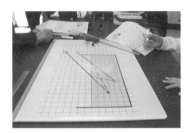

図 6-9　説明を形成途中の光線モデル図

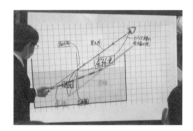

図 6-10　最終的な説明の光線モデル図

他の 3 人はそれぞれ改めて自分で作図をしながら、自分なりの説明を形成した（図 6-9）。B さんの図には入射角・屈折角も記入されていた。最終的に A さんが発表した図にも入射角・屈折角が記入されていた（図 6-10）。

　前述のようにカワセミの魚の捕獲の文脈で光の屈折の学習することは、学習の目的意識と当事者意識を高める効果があったと考えられる。斜めに水に入れた棒の見え方は、それまでの学習事項を他の現象に応用することを求めており、構成主義的学習観における「新知識の利用」にあたる。応用問題を取り上げることは効果的であるが、棒の問題は大きさのある物体の見え方というそれまでにはない要素を含んでいた。ワークシートにおいて、視線と棒を平行に描き、水中の棒の先端から来た光の線を、空気中の視線とつなげると図を一義的に描くことができたのは偶然であった。生徒が取り組む課題の焦点化はここでも重要だったことが分かる。また、生徒のなかには媒質の境界面で光はなぜ屈折するのか、という原理的な問題にとらわれている者もいた。どのように生徒の取り組むべき課題を整理し、意味のある思

考に導くのかは教師の大事な役目である。
　さらに注目したいことは生徒同士の話し合いにおける態度である。生徒同士の話し合いでは往々にして、説明を考えついた生徒が、考えつかない生徒に説明を伝えるという一方伝達型になりがちである。本節で取り上げた実践例では、生徒が自分なりの説明を形成することを強く意識しており、分かっていない生徒が自らペンを持つという積極的な態度を見せたのは素晴らしいことである。分からないことがあったら、自分なりの理解を目指して、周りの力も借りながら努力するというのは生徒エージェンシーの育成の第一歩と言えるだろう。しかし、分かっていない生徒が入射角について発言したとき、分かっている生徒がそれを制してしまったのは残念であった。生徒エージェンシーの育成の二歩目は、対立やジレンマに対処する力を育むことである。Bさんから入射角についての発言があったとき、もしAさんが少し立ち止まってその必要性を考えることができていたら、屈折光がどのような角度をとるかが、その時点で根拠をもってより明確になっただろう。自分の考えに対立する考えに寛容であることは、理科の学習において、自然現象の仕組みをより深くとらえることを可能にすると考える。教師は、そのようなオープンマインドな態度をもって議論に臨むことを生徒に促す重要な役割を担うと考えられる。授業後に、生徒に学習の仕方を振り返らせ、対立やジレンマが生じていなかったかどうか、生じていたら、それに適切に対処できていたかなどを話し合う機会を設定すると有効だと思われる。

5. これからの教科教育に求められる視点

　ここまでの議論と事例紹介において、先に挙げた5つのポイントは教科教育と生徒エージェンシーの育成を結ぶ重要な接点であることが明らかになったと思われる。教科教育は、生徒エージェンシーの育成を目指す教育のなかに含まれる。現実社会の文脈のなかで教科の学習を位置づけることは、目的意識をもって学習に取り組むという生徒エージェンシーの育成の出発点を可能にする。そして学習の過程では、生徒と教師や生徒同士でやり取りをしながら、人と関わり合う知識やスキルを獲得するのと同時に共同的に科学的な概念構築をする。3節と4節の事例で示したように、現実社会の文脈で問題を扱うとき、科学的な概念には複雑な要素が含まれていて、生徒が把握しきれない場合が多い。獲得してほしい概念が焦点化していないと、生徒は一生懸命考えて活動したけれど、結局「何も分からなかった」で終わっ

てしまう。そうならないように、教科教育で生徒エージェンシーの育成を目指すにあたっては、選んだ文脈に合わせて概念の焦点化が求められる。さらに、対立やジレンマに対処する力を育むために、生徒が話し合いを行うときの態度について、自分の考えを形成することだけでなく、他者の考えを使ってもっとみんなで伸びていくオープンマインドな意識をもつことが大事になるだろう。今後、教科教育と生徒エージェンシーの育成について、事例が蓄積されることを期待する。

謝　辞

本章執筆にあたり、新潟大学附属新潟中学校の出口雅也教諭と坂井浩紀教諭に多大なご協力をいただいた。深く感謝したい。

[引用・参考文献]

- 坂本美紀・山口悦司・西垣順子・益川弘如・稲垣成哲（2016）「科学技術の社会問題に関する学習者の思考の評価フレームワークの研究動向」『科学教育研究』40(4)、pp. 353-362
- 学校図書（2020）『中学校科学 1』
- Driver, R., Asoko, H., Leach, J., Mortimer, E., & Scott, P. (1994). Constructing scientific knowledge in the classroom. *Educational Researcher.* 23(7), 5-12.
- Fosnot, C. T. (Ed.) (2005). *Constructivism-Theory perspectives, and practice.* Teachers College Press.
- OECD. (2019a). Learning Compass Concept Notes, https://www.oecd.org/education/2030-project/contact/,（= 秋田喜代美ほか（訳）(2020)「OECD ラーニング・コンパス（学びの羅針盤）2030（仮訳）」https://www.oecd.org/content/dam/oecd/en/about/projects/edu/education-2040/concept-notes/OECD_LEARNING_COMPASS_2030_Concept_note_Japanese.pdf）
- OECD. (2019b). OECD Future of Education and Skills 2030 Concept Note: Student Agency for 2030,（= 秋田喜代美ほか（訳）(2020)「2030 年に向けた生徒エージェンシー（仮訳）」https://www.oecd.org/content/dam/oecd/en/about/projects/edu/education-2040/concept-notes/OECD_STUDENT_AGENCY_FOR_2030_Concept_note_Japanese.pdf）
- Vygotsky, L. S. (1978). *Mind in society.* The development of higher psychological processes. Harvard University Press.

第7章

探究活動の変遷と生徒エージェンシー

鈴木　貴人

はじめに

　福島県における探究学習は複雑な様相を呈している。なぜなら、3方向からの源流があるためである。1つは、教師の経験に根差した探究学習である。例えば、これまで商業高校、工業高校といった実業高校では、課題研究を3年次のカリキュラムの柱として実践してきた。ある工業高校建築科の課題研究では、生徒が理想の家屋を設計した。その後、ミニチュアを作成して近隣の大型商業施設の催事場に展示し、自分たちのアイディアや作成過程での工夫や苦労について来場者に語った。課題研究で求められる学習は、現実社会から体験的に学ぶことなど多くの点で探究学習と相似形である。一方で、想定外を所与のものとする探究学習とは違って、成果を第一に考えるため、課題研究における学習のタクトは教師に委ねられてしまっていて、必ずしも主体的であるとは言えない。

　2つ目の方向は、全国的な探究学習の起源であるSSH[1]、SGH[2]に指定された高校において先行して行われてきた学習である。ただし、こうした学校で実践されてきた探究学習の多くは、Project Based Learnig[3]（以下、PBL）ではなく、Inquiry

---

1)「スーパー・サイエンス・ハイスクール（Super Science High School）」の略。先進的な理数教育を実施するとともに、高大接続の在り方について大学との共同研究や、国際性を育むための取組を推進する事業。
2)「スーパー・グローバル・ハイスクール（Super Global High School）」の略。グローバル・リーダー育成に資する教育を通して、生徒の社会課題に対する関心と深い教養、コミュニケーション能力、問題解決力等の国際的素養を身に付け、将来、国際的に活躍できるグローバル・リーダーの育成を図ることを目的とした事業。
3) 生徒が自ら問題を見つけ、さらに自ら解決する能力を身につける学習。

Based Learning（以下、IBL）に寄った探究学習であったのではないだろうか。IBL は、「自ら問いを立て、問いに対して幅広く調査・研究し、新しい知識を創造し、課題を解決する方策を立てていくこと」と定義されている。また、これまでは一部の学校での実践であった探究学習であったが、「総合的な学習の時間」が 2022 年度から「総合的な探究の時間」（以下、総探）へと名称と内容の一新が掲げられ、先で取り上げた学校ばかりではなくすべての高等学校で水平的な展開が求められるようになった。

　最後、3 つ目の方向は、「OECD 東北スクール」（以下、東北スクール）と「地方創生イノベーションスクール 2030」（以下、イノベーションスクール）における生徒の成長とそこでの教師の経験である。これから 40 年以上必要であると試算される福島第一原子力発電所の廃炉を含めた復興に教育の果たす役割は不可欠であるため、主体的に課題に関わりながら学ぶ探究学習への期待は東日本大震災直後から寄せられた。こうした教育を基盤とした一連の復興までの道のりの土台となったのが、東北スクールであった。OECD によると、福島・宮城・岩手 3 県の被災地の中・高生によってなされた探究学習は、「子供たちのやる気、興味、そして想像力に高い価値を見出し」て、「モチベーションを高める効果的な学習法である」（OECD 東北スクール，2014）と報告されている。加えて、「1．イニシアティブをとり、協力する。2．プロセスから学ぶ。3．将来を考える。」（同上）ことを通して身につけることが目標とされており、このことは総探で期待されている学びと相似形を成している。

　さまざまな方向性をもつ総探であるが、2008 年に学習指導要領が改訂されて以来継続して打ち出されている「生きる力」の育成に大きく寄与している。反面、これまでの高校は小学校、中学校以上に教師それぞれの個業化が課題であった。また、全国的には学習指導要領の改訂に伴う外発的な要求から始まった総探なので、3 つの方向から述べたように各教師の内発的な思いと必ずしも符合するとは言い切れない。加えて、大学入試における総合型選抜ではペーパーテストだけでなく、面接やエッセイ、ポートフォリオの提出など、複数の要素を基に選抜されている。この変更は、単一のペーパーテストだけでなく、生徒の多面的な能力や個性を見極めることを目指している。このように、大学入試を含めた教育の全体系がコンピテンシーの育成を重視するようになったのは、現代社会においては学校教育への需要が多様化しており、人々の価値観が流動化しているためである。こうして価値観が流動化する渦中にあるため、自己の成長と社会への貢献を果たすために、主体的な学びの重要性を理解し、実践に移す生徒エージェンシーの育成が求められている。

そこで本論では、2つのスクールから継承された要素や、過程のなかで恒常化したり顕在化したりした課題に焦点をあてた上で、2022年度から各高校で始められた総探への接合について述べる。そして、総探で培われた生徒エージェンシーや教師の探究的な学びが、これからの取り組みにどのように影響を与えるかを探る。

1. 教育を通した長期復興への歩み

(1) 2つのスクールの概要
① OECD東北スクール

　日本の教育を転換するきっかけとなった東北スクールは、東日本大震災を端緒として2012年から2014年にOECD、文部科学省、福島大学を中心に実施されたプロジェクトである。

　2011年3月11日、震災とそれによって引き起こされた津波は、福島県全体に大きな被害をもたらし、多くの学校を損傷させた。例えば、浪江町立請戸小学校は、学校施設が浸水により大きく損壊した。その後、10年以上が経過しても請戸小学校が再開することはなかった。なぜなら、周辺住民が転居せざるを得なくなったことで震災遺構となったからである。県内の被災者が同じく震災の被害が大きかった宮城県・岩手県とは異なる被害に悩まされることになったのは、原発事故とそれによる放射線の影響である。自然災害をトリガーとした原発事故といった、これまでの人類史にはない複合災害により福島県内の一部地域は避難指示の対象となった。人々の間には物理的な負担だけでなく、心理的なストレスが生じた。そうしたストレスは、失われた人命や被害を受けた地域への対応、避難生活の不安、放射線への危惧などが要因とされた。そのため、建物などを元に戻す「復旧」に加えて、以前には戻らないことを受け入れ、震災の被害を乗り越える強さを育む「復興」も求められた。

　また、復興には、原発の廃炉措置終了までの継続性も合わせて求められるので、教育の果たす役割は小さくない。加えて、教育を通

図7-1　復興祭の様子（2014年8月31日に開催）

第7章 探究活動の変遷と生徒エージェンシー

した復興として、同プロジェクトにより「学力偏重」「閉塞的」と評されがちな日本の教育を転換した意義はきわめて大きかった。

② 地方創生イノベーションスクール 2030

　地方創生イノベーションスクール 2030 は、東北スクールで中心的な役割を担った福島大学が OECD から引き継いで、2015 年 4 月より開始したプロジェクトである。2017 年 8 月までの第 1 期とそれ以降の第 2 期に分けることができ、第 1 期の集大成として東京・国際オリンピック記念青少年総合センターで開かれた生徒国際イノベーションフォーラム（以下、ISIF）には、ドイツ、シンガポール、トルコ、アメリカなど 14 の国・地域の生徒と関係者ら合計 350 人が参加した。このイノベーションスクールでは、生徒に対して、テーマに関連した知識を身につけさせようとするだけでなく、知識を活用したり、学びに向かう態度を発揮したりといった広義の学力の獲得が期待された。

　イノベーションスクールの背景には、SDGs がある。2030 年を見据えた社会の変革に向け、国際機関や各国政府が取り組むさまざまな動きが進んでいて、2015 年の国連サミットで採択された「持続可能な開発のための 2030 アジェンダ」や「持続可能な開発目標（SDGs）」がその代表例であり、これらは貧困の撲滅や持続可能な世界の実現を目指すものである。そのため、OECD は「OECD 教育スキルの未来 2030」プロジェクトを通じて、新しいコンピテンシーに関する議論を展開した。これにより各国政府や専門家と協力して、未来の教育における重要なスキルや資質に焦点をあてている。それに伴って、日本も教育改革を進めつつ、新しい時代に求められる教育のあり方を模索している。

　イノベーションスクールでは国際社会の動向をふまえ、震災復興に限らない創造性の向上を目的とし、生徒たちが自ら問題を発見・解決する力や他者と協働して新た

図 7-2　地方創生イノベーションスクール 2030 の集大成として開かれた「生徒国際イノベーションフォーラム」の様子（2017 年 8 月 2 日開催）

な価値を生み出す力を養成することを目指した。加えて、イノベーションスクールは OECD の DeSeCo プロジェクトを皮切りとしたコンピテンシーを考える国際的なプロジェクトの後継事業にもあたる。1997 年から 2003 年にかけて行われた「DeSeCo：Definition and Selection of Competencies」[4] で策定されたキーコンピテンシーは、後の PISA[5]（学習到達度調査）の基盤となり、各国の教育改革に影響を与えた。また、文部科学省が提唱した「生きる力」、経済産業省が提唱した「21 世紀型スキル」など広義の学力を学校教育のなかで育もうとする日本国内の動きとも重なり合う。そうした渦中において、イノベーションスクールは、社会の変化に合わせてコンピテンシーを再検討するプロジェクトでもあった。そこで、教育現場での具体的な実施方法や評価方法にも焦点をあて、教師や生徒を含む教育現場の声もまとめていった。

（2）東北スクールとイノベーションスクールの共通点と相違点

先行した東北スクールとそれに続くイノベーションスクールでは、共通点だけでなく相違点も存在した。まず始めに、このうち特徴的な点について、ここで述べる。

共通点 1：探究学習の評価

東北スクールの初期計画のなかには、その後の実践にも引き継がれる観点が存在した。それは、被災者でもある生徒の「自律性」を重視することである。自律性は、学習指導要領で示された評価基準である「主体的に学習に取り組む態度」に通じる。加えて、自律性は「変革を起こすために目標を設定し、振り返りながら責任ある行動をとる能力」（OECD, 2019=2020）と、定義づけられた生徒エージェンシーにも通じている。スクールでは、長期的なプロジェクトを実行可能なフェーズに区切り、具体的な行動指針に基づいて 1 つずつ完結させることで、自己完結性を高める方策が採られた。また、イノベーションスクールの集大成として行われた ISIF でも、多くの国々が知識を身につけ理論や概念を理解する教育から、理論や概念を使って

---

[4] 国際化と高度情報化の進行とともに、多様性が増した複雑な社会に適合することが要求される能力概念「コンピテンシー」を、国際的、学際的かつ政策指向的に研究するため、OECD が組織したプロジェクト。

[5] 初等中等教育段階における児童・生徒の算数・数学および理科の教育到達度を国際的な尺度によって測定し、児童・生徒の学習環境条件などの諸要因との関係を分析する調査。

活動し、世界への理解を深め、実社会の複雑な問題を解決する力を培う教育、あるいは、エージェンシーの育成を目指す教育への転換を目指していることが示された。学習指導要領で注目されたアクティブ・ラーニングやPBLは、ISIFに参加した他国の教師からも挙げられ、生徒自身の主体的な学びを期待する生徒からの発言も目立った。実際に、参加した国からは、それぞれの国で展開されたPBLとそれに伴う地域貢献活動などが各ブースで紹介された。つまり、探究的な学びはすでに諸外国で確立した学びでも、日本だけが追い求め始めた学びでもなく、世界中が模索中であることを実感した。さらに、2つのスクールでは、教師の介入が過度にならないように配慮し、生徒が主体的に考え、行動する機会を提供する指導観が共有された。具体的には、教師には生徒の主体的なアクションを起点にして伴走し、学びが深まる場をデザインする姿勢が求められた。

こうして「自律性」を重視した指導を実践するために、2つのスクールでは生徒の学びのプロセスを理解し、想定外の学びも評価できるルーブリック評価[6]が取り入れられた。ルーブリック評価の特徴は、例えば「リーダーシップ」のような評価が難しい観点を適切に評価できることである。つまり、可視化されにくいコンピテンシーを一定程度、公平かつ定量的に評価することが可能になる。これにより、生徒や教師間で共有される学習目標を明確化し、学習内容とのズレを小さくする効果もある。しかしながら、分析結果を次の指導の調整のために活用するための適切な運用には随時注意を払っていくことが肝要である。一般的に、ペーパーテストではテスト前に出題を明らかにすることはほとんどないので、生徒に対して明確な評価基準を秘匿にしてきた。そういった背景があるので、生徒のルーブリック評価にどれほど信頼性をもって良いのかなど、これまでの評価とは相いれない一面が当初はあった。

一方で、前述の学習目標の明確化は、内省を習慣化する「メタ認知」につながる。また、自分自身を振り返る力である内省を自律的に育てていくことは、生徒の主体性にもつながる。さらに、イノベーションスクールでは、国際協働のなかで、異なる文化や視点をもつ生徒同士が刺激を与え合い、新たな気づきが生まれた。そのため、コンピテンシーの向上だけではない生徒の自信や挑戦への意欲を高める対話的な評価の仕組みが存在していた。

---

[6] 学習の達成度を判断するため、評価の観点（規準）と、観点の尺度を数段階に分けて文章で示した評価の基準から構成された評価。

共通点 2：教師の指導観

　東北スクールは、通算 5 回の「集中スクール」（4 泊 5 日程度の全体合宿）と、各地域の実情に合わせて地域ごとに実施する「地域スクール」、そしてプロジェクトの進展と共に生まれた「テーマ別班活動」で構成された。こうして複層的に組み立てられたプロジェクトを通して、東北スクールに参加した教師は、他校や企業とともに探究学習を計画し、地域に出て実践した。これは、まったく新しい試みであり、これにより普段学校で共に働く同僚教師とは異なる価値観や方法論に触れることができた。一方で、震災から間もない岩手・宮城・福島といった遠く離れた被災地同士を束ねながら教育を実践していくには困難が伴った。加えて、距離ばかりでなく 2014 年 8 月までの 2 年半にわたる年度をまたいだ実践であったので、参加する生徒の進学や教師の転勤に伴い、前年度と同様な運営ができないことも課せられた試練であり、東北スクールに参加した学校内から育まれた協働型探究学習といった新たな教育文化の 1 つとなった。

　生徒の立場に立つと、2 つのスクールにおける外部との協働は、身近な教師との関係性に再考をもたらした。なぜならば、スクールでの実践で外部の指導者と協働する生徒は、これまで校内で指導を受けてきた教師よりも、外部の指導者との関係性に重点を置く傾向があった。それに伴い、教師には、校内の教師か外部かといった二者択一ではなく、従来からある一方的な教授による指導から生徒に伴走する指導への転換が求められた。さらに学習の段階に応じて生徒と教師が協働するより複雑な指導観が必要であることも示された。それは、異なる指導観として 2 つのスクールで求められていた生徒に伴走した指導、すなわち「ティーチング」から「コーチング」への転換であり、探究学習の段階に応じて生徒と教師が協働するこれまでより複雑な指導観であった。

相違点：協働と課題の対象

　イノベーションスクールでは、国内で参加する地域が広島や福井など広範囲に及んだり、海外でもトルコやエストニア、ニュージーランドなどとの協働が当初から意図されたりしたことで、東北スクールには見られなかった生徒同士の協働があった。一方で、イノベーションスクールでは、東北スクール以上に特徴のあるカリキュラムが実践された。例えば、本節 (1)「②地方創生イノベーションスクール 2030」で挙げた海外や他校との連携だけでなく、東北スクールで活動し、大学に進学した学生が、イノベーションスクールで活動する生徒のメンターとなって参画す

ることで、より重層的に学習を支援した。これは、サポートする外部リソースが充実したことと、東北スクールの経験の共有が進んだことが要因である。しかし、筆者のクラスターは、連携する福島大学と100 km以上離れているなど、外部リソースに恵まれない面もあった。当時はコロナ禍前であり、生徒にも教師にもICTリテラシーは十分に涵養されてはいなかったため、連携構築の方法を確立し、普及させる必要性が求められた。

(3) 2つのスクールと学校教育の学習観の相違から生じた特色

次に2つのスクールでの探究学習では、以下に述べるこれまでの学校教育の学習観から発展した特色が見られた。

① 学校を超えた組織運営

2つのスクールには、学校現場や教育行政、大学など教育研究機関のみで展開するのではなく、企業やNPOなども含めた多様な外部リソースに支援の一端を担ってもらうことで、これまで学校に一元化されていた日本の教育とは異なる性質の教育を生み出そうとするストラテジーが備わっていた。つまり、一部の授業にゲストティーチャーとして参加してもらうだけでなく、新しい育成法や評価法を学校と共に考え推進していけるような研究者の参画を得るなど、さまざまな外部リソースとつながることができた。

例えば、東北スクールに参加したのは、岩手県の大槌、宮城県の気仙沼・女川・南三陸戸倉、福島県の伊達・相馬・安達・いわき・大熊の計9チームであった。これまでも学校単位、または、教育委員会単位で地域社会のアイデンティティと連帯感の強化、地域社会における将来的なリーダーシップの育成を目的にした社会教育が実施されることは珍しいことではなかった。こうした社会教育の多くは、地域の特性やニーズに合わせて柔軟に展開されるべきであり、地域の子どもたちやそれを提供する住民が参加しやすい形態で提供されることが重要であった。そのため、自治体や地域コミュニティが協力して、効果的な社会教育が提供しやすい規模で実施されることが一般的であった。しかし、東北スクールにはこれまでより広域な被災3県の9チームが協働する仕組みを構築することが求められた。

9チームの体制は、地域の事情によって学校単位、教育委員会の主導、NPOのサポートを受けた参加の3種に大別された。このような組織形態にはそれぞれ情報伝達の簡便さや週末の活動のしやすさなどのメリット、デメリットがあったが、ロー

第Ⅱ部　生徒エージェンシーとカリキュラム・教育実践

カルリーダーやエンパワーメント・パートナーと呼ばれる産学官民の枠を超えて生徒に指導助言をする体制は共通して設けられた。その後のイノベーションスクールでも、こうした多様で特徴的な外部人材の活用を推奨する方向性は踏襲された。さらに、各校では新しい学習指導要領を推進するために「社会に開かれた教育課程」という名目のもと独自のコンセプトが示され、コミュニティスクールの充実や「チームとしての学校」を実現するための施策が打ち出され、後の総探の展開のなかにも生かされている。特に、生徒にとってこうした学校を超えた組織運営によりグローバルな企業やアカデミックな大学の研究者と協働しながら、課題に取り組んだことは貴重な経験となった。実際、参加した生徒のなかには、スクールでの経験をきっかけに自身の進路を再考していった生徒も少なくなかった。

② 成長の指標化

ルーブリック評価は、本節（2）「共通点1：探究学習の評価」で挙げた2つのスクールの共通点である一方で、これまでの学校教育との違いでもある。こうした生徒の成長を指標化するに至った当初の目的は、以下のとおりであった。

OECDは34カ国からの拠出金によって成り立っている国際機関であるので、長期にわたり日本のみへ支援をすることは原則外のことである。そのため、東北スクールでの実践は世界的にも先進的な価値をもち、その価値は他の加盟国にも利益をもたらすものでなければならなかった。加えて、東北スクールでの成果は、日本国内だけではない、教育行政や現場の教師と共有することで、既存の教育活動へ還元させることがプロジェクト全体の目的であった。その際、既存の教育との二項対立構造を形成するのではなく、これまでの学校教育の目的と区別し、OECDが提唱する学習観や指導観と参加する教師のそれを重ね合わせるために、参加する教師に向けた学びの場が数多く設けられた。特に、こうした21世紀型スキルを重視した学習観や指導観については、OECD側からの一方的なインプットではなく、震災後、OECDが被災地の教師や教育委員会との意見交換をするなかで得られた「未来創造」型の教育を希求する声と対話する形式で進められた。

反面、復興のプロセス自体も長期にわたるため、東北スクールでは一回完結型の支援イベントでなく、長期間にまたがる探究学習のフレームワークの設定が必要であった。なぜなら、被災地の復興を担うイノベーターに求められる力は、震災前に戻す「復旧」ではなく、それ以上の価値・成長を創出する創造的な「復興」を実現するための力であり、21世紀というグローバルな多様性に富む知識基盤型社会に

おいて求められる OECD キーコンピテンシーをふまえたため、こうしたプログラムの設計が行われた。

　こうして、これまでより多くのステークホルダー間で目標と目的を共有して学習を実践し、成果をその後の実践や他地域でのモデル開発につなげるための軸として、目指す生徒の成長達成度評価の指標（KPI：Key Performance Indicator）の設定にも取り組んだ。その後、プロジェクトの目標達成度を測定するための数値指標であった KPI 指標は、学習目標や評価基準に基づいて生徒の成果やパフォーマンスを評価し、フィードバックを提供するためのツールであるルーブリック評価へとつながっていった。

　同評価ではまず、東北スクールで育成したい姿は、「将来の東北復興を支えるイノベーター人材」（三浦，2015）であると定義された。そうした背景として、日本のなかでもとりわけ東北地方は、少子高齢化や地場産業衰退などの課題が震災以前から顕著であったことが挙げられる。しかも、こうした少子高齢化、都市部への人口流出による地域産業の衰退などは日本だけではなく、世界の先進国にとっても将来の共通課題であり、そうした課題解決に向けた人材育成プログラムの開発は今後も多くの国や地域で求められていると考えられた。そのため、育成したい姿に向けた学習の実績を、他国でも活用できうる教育モデルにつなげていくために、プロジェクトにおける生徒の成長を定量・可視化することは重要なミッションであった。

　次に、そこで育成したい姿を構成する 9 つの指標「①好奇心、②発想力、③チームワーク力、④マネジメント力、⑤課題解決力、⑥発信力、⑦巻込み力、⑧地域力、⑨グローバル力」（三浦，2015）が定義された。9 つの指標は、それぞれ 5 段階のレベルで絶対評価になるよう設定され、各生徒が自己評価するなかで段階的な成長を確認できるように設定された。この際、ルーブリック評価の分析から、東北スクールへの参加度合いと成長要因について、成長の自己評価の低いレベル 2 以下の生徒と、高いレベル 4 以上の生徒を比較した場合、成長レベルの高い生徒ほど、より多くの交流と活動を経験し、成長に役立てていることが分かった。特に、成長レベルの高い生徒は、「他地域の生徒との交流」「異学年の生徒との交流」「地域の将来・未来に対する議論・活動」など平均 4 種類の他者との交流を経験していた。このことを受けて、それ以降の活動では各地域スクールから参加した生徒が分散するよう班組みをして、すべての班が、他地域・異学年の生徒で構成されるように設定した。

第Ⅱ部　生徒エージェンシーとカリキュラム・教育実践

(4) 成　果

次に、2つのスクールにおける学びの中心であったコンピテンシーの成長など、実践の成果を述べる。

① エージェンシーの育成

2つのスクールでの学びにより生徒は、自分たちが暮らす地域だけでなく、他のクラスターが活動する地域、世界全体への理解や新たな価値を生み出す能力などにおいて成長した。加えて、ルーブリック評価や、学校とは異なる他者から容認されたことで自尊感情を高めていった。特に、2017年8月に開催されたISIFに参加した後には大きな変化が見られた。例えば、筆者が参加した福島クラスターで活動した生徒は、海外の生徒とメールやSkypeを用いて、ISIFで着用するTシャツのコンセプトやデザインをまとめ、世界の多様性を表現したり、双葉郡内で廃炉のためのロボットを研究する機関に出向き、技術の最先端を学習したり、さまざまな経験や試行錯誤を通じて問題解決能力を発展させた。正解のない問いに取り組み、自分なりの解決策を見出すなど、既存の学習では学びがたい経験をすることができた。また、ISIFの開催に関わる費用面での問題や、予測できない出来事に直面しても、自分たちの課題として、一方的に大人に託したりせずに取り組んだ。言い換えれば、普段の教科学習を主とした学校教育では出会うことのできない実際的な自己管理能力やレジリエンスなどを磨く機会であった。こうして各クラスターや生徒ごとに異なる成長の過程があった。

② コンピテンシーの成長

イノベーションスクールにおける福島クラスターで課題となったコンピテンシーは、英語力であった。ICTリテラシーに関しては、教師のもつそれを遥かに超える生徒や、地域の問題解決に関わろうとするマインドセットが高い生徒も少なくなかった。しかし、異なる文化や言語に触れることで、コミュニケーションスキルを身につけることを目的としたISIFの本番だけでなく、それに向けた準備の段階から英語での意思疎通が必要不可欠であったのだが、英語力の低さが原因でプロジェクトへの積極的な関与を難しくしてしまった生徒が少なくなかった。裏を返せば、これまでの教育で得意とされてきた認知スキルも含めたコンピテンシーを総合的に育てることの重要性が非認知スキルを育成しようとする過程で示された。

2. 総合的な探究の時間

　ここまでは、東北スクールを先駆けとした学校教育から離れた社会での探究学習の変遷に焦点をあててきた。2つのスクールでの実践は、エージェンシーの理解と育成に大きな影響を与えた。ここからは、筆者が勤めるふたば未来学園中学校・高等学校における探究学習で培われた生徒と教師それぞれのエージェンシーの発展について、継承された要素と今後の課題について述べる。

(1) 福島県立ふたば未来学園中学校・高等学校の概要と探究学習

　福島県立ふたば未来学園中学校・高等学校は、2011年の震災とそれに伴う原発事故によって休校となった5つの高校をもとに2015年4月に開校し、地域で復興に貢献できる人材の育成を目的とするとともに、開校以来探究学習をカリキュラムの柱に位置づけ、全国に先駆けて実践してきた。開校当時は約8割の生徒が地元の双葉郡出身であった。こうした生徒に対して、探究課題を深めることが復興にも結びつくことは必然であった。しかし、2024年度の入学生は、地元出身生徒が約2割にまで減少した。加えて、開校当時の教師もほとんどが他校に異動してしまった。そうなると、「地域の復興」を当然のものとしてきたこれまでとは大きく異なり、地域の期待とは裏腹に復興を「自分事化」することの必然性は薄まった。さらに、2023年度の入学生は、小学校3年生から中学校まで「総合的な学習の時間」を履修してきてはいるが、出身校の状況や個人によって大きく学習経験に開きがあった。一方で、総探の開始に伴い、近年、探究学習の重要性は一層認識され、教師だけでなく教育関連のNPOや企業などの探究学習にまつわる専門職に対する需要も高まっていた。

(2) 2つのスクールから継承された要素
① ルーブリック評価

　本校では東北スクールに参画した教師の知見を参考に、2015年の開校時の生徒の実態などをふまえ、目指す生徒像と育成するために必要なコンピテンシーについて話し合った。そのなかでは、震災の影響でこれまで地域に暮らしていた住民が避難したり、逆に復興支援のために新たな人流ができたりと、地域で暮らす人々が多様になってきたことから、他者への「寛容さ」など、11項目のコンピテンシーが

挙げられた。その後、こうして抽出されたコンピテンシーを言語化し、段階（レベル）に分け、学習者である生徒ともルーブリック評価を通して共有した。しかしながら、ルーブリック評価は実施するだけでなく、それをどうやって生徒や教師間で共有し、学習の改善に反映させるのかといった課題もあるので、本校ではその活用法についても考案してきた。

② ルーブリック面談

本校でのルーブリック評価は、前期末・後期末の学習の節目において、個々の生徒がどの程度コンピテンシーを伸ばしてきたかを検証する「総括的評価」であった。しかし、生徒の自己評価のみで非認知スキルを含むコンピテンシーの獲得の状況を評価することは、個々の感性に左右されてしまうため公正ではない。そこで、生徒

表7-1　福島県立ふたば未来学園中学校・高等学校　人材育成要件・ルーブリック

	学力概念	No	資質・能力・態度（まとめると）	レベル1
協働創造	知識 Knowledge "What we know"	A	社会的課題に関する知識・理解 一般常識や基礎学力をつけながら、世界・社会の状況の変化やその課題を理解するための知識を身に着ける。	地域や社会の成り立ちについての基礎的な知識を得る。
		B	英語活用力 英語を使ってのコミュニケーションができるようになる。	英語でコミュニケーションをとろうとする関心・意欲・態度を持ち、自分のことについて英語で簡単に伝えられる。
	技能（スキル・コンピテンシー） Skills "How we use what we know"	C-1	思考力 物事を論理的に考え、批判的思考で掘り下げ、スケールの大きな考え方ができる。	与えられた情報を整理できる。
		C-2	創造力 自分なりの見方や好奇心を持って試行錯誤し、社会に新たな独創的価値を創造することができる。	アイディアを生み出そうと、自分なりの見方や考え方に基づいた観察や思考を行うことができる。
		D	表現・発信力 どのような場でも臆することなく自分の考えを発信でき、他者の共感を引き出せる。	自分の意見や考えを、集団の前で話すことができる。
		E	他者との協働力 異文化・異なる感覚の人・異年齢等を乗り越え、仲間と協力・協働しながら互いに高めあえる行動が取れる。	集団や他者との中で、決められたことや指示されたことに一人で取り組むことができる。
		F	マネージメント力 自分や組織での取り組みを計画性を持って進めることができる。	指示を受けながら作業を実施できる。
自立	人格（キャラクター・センス） Character "How we engage in the world"	G	前向き・チャレンジ 自分を意味ある存在として考え自信を持ち、課題解決のために自分の役割を見つけ、全力で取り組み、決してあきらめず遂行できる。	自分を意味ある存在として考え、物事をポジティブに捉えることができる。
		H	寛容さ 異文化や考えの違う他者を受け入れ、思いやるあたたかさを持ち、協調して共に高めようとすることができる。	集団や他者との中で、他者を気づかえる。
		I	能動的市民性 社会を支える当事者としての意識を持ち、地域や国内外の未来を真剣に考えることができる。	所属する集団の一員としての自覚を持つ。
	自らを振り返り変えていく力（メタ認知） Metacognition "How we reflect and learn"	J	自分を変える力 自分の言動や行動を俯瞰して見つめ直し、常に改善しようとする意識を持ち、次の行動や、将来の夢に繋げることができる。	自分を向上させるために、自分自身で目標を立てることができる。

第 7 章　探究活動の変遷と生徒エージェンシー

一人ひとりにフィードバックを行い、より深い内省とその先の目標設定に生かすような「形成的評価」とすることを目的として、ルーブリック面談を導入した。

面談は、当該生徒を担当する教師 2〜3 人で分担して、生徒と 1 対 1 で行った。そのため、実際に面談するための時間に加えて、教師間で手順や結果とその分析を共有したりする時間も必要となる。面談では、各項目について、その評価理由を生徒自身で説明してもらい、評価レベルを再確認した。その評価を選ぶに至った体験やストーリーなどを聞いていき、教師の所見と生徒本人の評価があまりにも乖離している場合には修正を促すこともあった。重視していることは、今後の探究活動や目標に向けたフィードバックなので、どんなコンピテンシーを特に伸ばしたいか、また新たな目標設定をどうするかといった、次につなげられるような内容にした。

こうしたルーブリック面談を実施したところ、意図したとおりルーブリックの有

レベル 2	レベル 3	レベル 4	レベル 5
地域の復興に向けた課題や、目の前の課題についての基礎的な知識を得る。	環境・エネルギー問題など持続可能な社会実現に向けた課題や、世界の状況・課題について基礎的な知識を得る。	社会の課題について、習得した知識を深堀し、周辺情報や関連情報を集めて理解する。	社会の課題について、目の前の課題と関係する知識を俯瞰してつなげ、人に説明できるレベルまで理解する。
自分の興味関心のあることや、地域について英語で説明できる。	地域や研究内容について、原稿を元に英語でスピーチし、簡単な質疑応答ができる。(CEFR A2 レベル)	地域や研究内容について、即興で英語でスピーチし、意見交換ができる。(CEFR B1 レベル)	地域や研究内容について、ストーリー、データ、事例などを交えながら英語で説得力を持って主張し、議論できる。(CEFR B2 レベル)
目の前にある課題やその解決のための内容を論理的に掘り下げて考えることができる。	メディアを活用して情報を集め、情報を分析・評価・活用しながら課題を発見したり設定できる。	現実と理想の差を踏まえながら、広い視野・大きなスケールで既知の事実について批判的に考え、本質を追求することができる。	未知のことにまで粘り強く考え、自分の考えや常識にとらわれず、本質的・根源的な問いを立て、多面的に考えることができる。
好奇心をもって、他者との違いを楽しみながら自分なりのアイデアを生み出そうと行動できる。	目の前の課題に対して、これまでに得た知識や技術を関連づけながら、自分なりのアイデアを実現しようとする。	行動の中で得られたアイデアや発想を取り入れ、自分なりのアイデアを社会的に価値のあるものに高めることができる。	試行錯誤（創造のスパイラル）を繰り返しながら、価値を更に発展させ、社会に新たな独創的価値を創造できる。
突然指名されたときでも憶せず、集団の中で、自分の意見や考えを相手に伝わるように表現することができる。	データや事例を紹介しながら、自分の意見や考えを相手に伝えることができる。	多様な人々へ、相手の立場や背景を考えたり、テクノロジーを活用したりしながら、分かりやすく伝えることができる。	多様な人々へ、熱意とストーリーを持って腑に落ちる形で説得力ある発信を行い、共感を得ることができる。
集団や他者との中で、自分の役割を見つけ、個性を活かしながら行動でき、身近なメンバーの支援もできる。	集団や他者の中で、他者の良さに共感し、新たなものを取り入れながら、共通の目標に向かって活動を進め合意形成を目指すことができる。	集団や他者との中で、互いに良い部分を引き出しながら、win-win の関係を作ることができる。	分断・対立、文化・国境を越えて、社会を変革する行動にうつし、互いあう同志としての関係をつくれる。
指示を待たず、解決に向けた適切な目標を設定し、自発的かつ責任を持って自分の作業を実施することができる。	全体にとって必要な作業を見出し、自分の作業に優先順位をつけて、複数の課題に同時に対処することができる。	作業の繋がりや、全体スケジュールを意識し、チームやメンバーで作業を適切に役割分担して成功に向けた行動ができる。	今後のスケジュールやリスクを把握して、リスクへの対応策をチームで確認しながら進めることができる。
自分に自信を持ち、目の前の課題を自分のこととして好意的に捉えて、主体的に取り組める。	集団や他者との中で、自分の役割を見つけることができ、すぐに解決方法が分からなくても考え続けることができる。	困難にぶつかっても自分の責任を果たす努力をし、困難克服のために、前向きにチャレンジし、まず行動できる。	困難にぶつかっても逃げずに自分の責任を果たし、失敗してもその失敗を糧とできる。
集団や他者との中で、相手の立場や考えを想像し、共感できる。	集団や他者に対して、思いやりをもって行動し、周囲の幸せを考えることができる。	考えの違う他者に対して、ユーモアを持って接するなど、他者との違いを楽しめる。社会や環境の変化を前向きに捉えられる。	考えの違う他者の意見や存在を、自分や社会をより良くしていくための重要なものと考えて受け入れられる。
社会の一員としての自覚を持ち、社会の抱える問題に目を向けようとする。	社会を良くしようとし、社会の主体としての意識を持ち、社会がより良くなるための考えを持つことができる。	社会に貢献しようとする意欲を持ち、自分の価値観を持ち、自ら社会に影響を及ぼそうとする。	社会・未来をよくしようとする志を持ち、自分自身を他者に真剣に語ることができる。
自分を向上させるために、自分の目標と現実の差を見つめることができる。	自分の目標に近づく方策を考えて自ら行動することができる。	自分の目標の達成のための行動を、常に自分自身で振り返り反省しながら、学び続け、次の行動につなげて取り組むことができる。	社会の中での自分の役割や意義を俯瞰して考え、自分の目標や将来の夢と関連づけて大局的に行動できる。

効活用が進み、生徒の目標設定と学習への自主性が促進された。また、意図しなかった効果として、教師と生徒の関係性が強化された。つまり、面談を通して教師が生徒と密接に関わることで、生徒の成長をサポートする姿勢を生徒が感じ取り、強化された。これらの効果により、生徒の自己成長を促進し、探究学習全体の向上につながった。

(3) 今後の課題

前述までの2つのスクールから継承された要素だけでなく、過程のなかで恒常化してしまったり、改めて顕在化してしまったりした課題について述べる。

① 教師と生徒それぞれの協働

探究学習では、学校または家庭に紐づけられた生徒自身に選択できる幅が小さかった教育と比べて、学習者が課題解決のために学びの場や指導者を選択することが必要であり、生徒エージェンシーがその源である。そのように考えた場合、当事者である生徒自身がポジティブに選択することを可能とするチャレンジ精神や主体性が前提となることに加え、支える大人には、生徒が選ぶことのできる環境的な安全性と心理的な安心感を担保する必要がある。具体的には、生徒へのカリキュラムの提供だけではない学習の意義を生徒や他の大人と共有し、学習の設計から実践までを仕掛けるマインドセットである。つまり、これまでの教育は「学校」といった生徒や教師によって築き上げられてきた文化によって支えられていたのに対して、2つのスクールは文化そのものを作り上げる営みであった。

言わば、探究学習に関して先進的に進めてきた当該校やそこに勤める教師にとっては、コンピテンシーを重視するといった新たな教育観がすでに必然であっても他の学校や教師にとってはそうではない。しかし、前節（2）「共通点2：教師の指導観」で挙げられた当事者間で対話や学びを通して新たな価値観とこれまでの価値観を共有し、共に文化を創り上げていこうとするような時間が設けられているかというと、十分とは言えない。また、仮に新しい教育観としてこれまで先進的に探究学習に努めてきた教師だとしても、それは本当に現在進行形の学びなのだろうか。状況に応じて形を変え、地域や生徒の実態によっても異なる探究学習の教育観に完成形はないのではないか。現在と2つのスクールでの実践を比較すると、異なる価値観を対話によって埋めていこうとするスクールの当初に存在した丁寧さが失われてしまった。これは、2つのスクールで築かれた成果や文化が、適切に受け継がれな

第 7 章　探究活動の変遷と生徒エージェンシー

かった課題である。

　探究学習では、前節（4）「①エージェンシーの育成」で示したように探究学習の過程で、生徒は多様なスタイルで学習する。加えて、2つのスクールでは、一部の地域や生徒の学びであった探究学習だが、総探ではすべての高校において、生徒の能動的な学びを促進し、自主性や創造性を育むための重要な手段として取り入れられることになった。さらに、これまで同様、探究学習は、教師が知識を伝えるだけでなく、生徒が自ら問いを立て、情報を収集・分析し、自ら考えるプロセスを重視するものである。また、本校に限ったことではないが、校務が特定の教師や部署だけの教育活動にとどまってしまい、学校全体で取り組むことが難しくなっている。しかしながら、教職の多忙化が叫ばれて久しい現状では、すべての校務を学校全体で理解した上で行っていくといった過度な同調性を期待する学校文化の再現も想像できない。本節（1）「福島県立ふたば未来学園中学校・高等学校の概要と探究学習」で述べたように、本校においては開校当時と現在を比較して、生徒・教師それぞれの当事者意識も変わった。そうした変化のなかにあるので、多様になった生徒の学習の展開に伴走する教師には、生徒が自主的に学び取れる機会を増やすための高度で水平的な教育が求められている。そのため、関係するすべての教師間で、適度につながりながら目的を共通認識した対話を行っていくことが有効である。

　一方で、生徒エージェンシーは、「変革を起こすために目標を設定し、振り返りながら責任ある行動をとる能力」（OECD, 2019=2020）と定義されている。つまり、生徒自身が教師や大人から独立して自ら学びを進めることを示している。これまでは、生徒のエージェンシーの育成について教師自身の指導や協働、または外部リソースとしての大人たちとの協働までしか考えず、生徒たち同士の学びを因子構造に含めてこなかった。しかし、2つのスクールでは前節（4）「①エージェンシーの育成」で示された他地域や他国の生徒同士での協働により成長した姿があった。このことから、子どもたち同士の学びの重要性を今一度再確認し、探究学習に活用すべきである。

② **教師の探究的な学び**

　多くの教師にとって、教育実践のフィールドは所属校に限定されており、このことが教師の視野の広がりを阻んでいた。2つのスクールによりもたらされた広がりは、校内に戻った際の授業を中心とする他の教育にも影響を与えた。つまり、東北スクールは当初の目的であった復興に向けたコンピテンシーの育成と生徒エージェ

第Ⅱ部　生徒エージェンシーとカリキュラム・教育実践

ンシーの成長だけに限らず、教師など周囲の大人の成長も伴ったプロジェクトであった。さらに、前節（3）「②成長の指標化」で述べられたルーブリック評価の考案と改善により、教師の指導と広義の学力との関連性が明確になった。

　一方で、ルーブリック評価は、意図したコンピテンシーを生徒に育む困難さをあらためて明示した。もちろん指導と学習にズレがあったとしても学習のすべてを無駄であったと否定するものではない。しかし、非認知スキルを含む広義の学力を定性・定量的に評価できるようになったことで、コンピテンシーの強みや成長のポイントを具体的に把握し、伸長につなげる学習の可能性が示された。また、学び手である生徒のコンピテンシーの伸長にはそのベースとなるマインドセットとも表現される精神論的な「何か」が、必要である。そして、2つのスクールでは朧気で、明瞭な姿をとらえることができなかった「何か」の具体が、生徒エージェンシーであった。そのため、初めて生徒エージェンシーについて言及した「2030年に向けた生徒エージェンシー」（OECD, 2019=2020）を目にしたとき、筆者の心のなかで霞がかっていたことが晴れ渡った。

　一方で、前節（3）「②成長の指標化」で指摘した2つのスクールでの実践で見られた異なる価値観を対話によって埋め合わせる丁寧さは、本節「①教師と生徒それぞれの協働」であげた探究学習の普及によって失われつつある。これに対して、本校では教師自身が探究的な学びを取り入れることでその補填を図っている。なぜなら、教師は探究学習における自らの教育実践をルーブリック評価や他の教師との対話を通して振り返ることで、効果的な指導法や学習活動を客観的な視点からも見つめ直し、改善する機会を得るからである。これは、まさに教師の探究的な学びであり、教科の専門分野や教育方法についてより深く学び取ることも促進する。具体例として、クロスカリキュラム[7]を校内の全教師で実践することで、オーセンティックで教科横断的に教育の質を向上させた。

　加えて、クロスカリキュラムを通じて、教師は学校そのもののもつ学習リソースを向上させ、地域人材など外部リソースを再発見した。しかしながら、コロナ禍などの影響で、2020年度以降、クロスカリキュラムの実践を発展できていない。発展を拒む理由を明確にしたり、他の実践を考案したりすることで、教師の探究的な学びを継続する必要がある。

---

[7] 各教科間の内容を連携させることで、各教科で扱われる教育内容を効率的な理解を促し、広い視野で応用・活用する力を身につけることをねらいとした実践。

3. おわりに

　被災地が震災後に受けた多くの支援は、その時々の復興のフェーズでは非常に重要であった。支援により、生活必需品の提供、仮設住宅の建設、医療・精神的支援、そしてインフラの再建など、多岐にわたる不具合が解消された。これにより、被災地は復旧し、復興への基盤が築かれた。しかし、その後も長期的で持続可能な取り組みが必要である。膨大な支援がなくなった後にこそ、地域は自らの力で復興を進めなければならないし、復興の過程にあった特別な支援を除いた自律性を獲得しなければならないといった新たな課題が浮かび上がる。そして、このことは教育についても例外ではない。

　本校では、開校当初大半を占めた地元出身の生徒数が、10年後には約2割にまで減少した。同時に、開校時から勤める教師もわずかとなり、当初必要視されたコンピテンシーと現在の生徒で必要とされるコンピテンシーは異なる。加えて、作成時から関わっていた教師たちと比べ、教師間で目指すコンピテンシーの共有も弱まってしまう。このような状況をふまえると、戻りえない状況を悲観し、実際よりも過去を誇大に美化するのではなく、ルーブリック評価とそこから得られる分析などを通して、一人ひとりの生徒の形成的な成長を丁寧に振り返り、教師と生徒が互いに対話することの大切さが浮き彫りになる。加えて、対話を通して、それぞれの目的と課題に焦点をあてながら、新たな協働を模索していくことが期待される。

［引用・参考文献］
・OECD 東北スクール HP（2014年9月）：OECD: https://www.oecd.org/tokyo/topic/oecd-tohokuschooljapanese/oecd-tohoku-school.htm
・三浦浩喜（2015）「OECD 東北スクールの取組とその教育効果：政策への示唆と今後の取組」（文部科学省）https://www.mext.go.jp/b_menu/shingi/chukyo/chukyo3/053/siryo/__icsFiles/afieldfile/2015/03/27/1355915_02.pdf
・山口奈緒美（2015）「葛藤解決における寛容性の研究」東北福祉大学研究紀要
・OECD.（2019）. OECD Future of Education and Skills 2030 Concept Note: Student Agency for 2030, p. 4.（＝秋田喜代美ほか（訳）（2020）「2030年に向けた生徒エージェンシー（仮訳）」 https://www.oecd.org/content/dam/oecd/en/about/projects/edu/education-2040/concept-notes/OECD_STUDENT_AGENCY_FOR_2030_Concept_note_Japanese.pdf）

第Ⅱ部　生徒エージェンシーとカリキュラム・教育実践

第8章
主体的学習による授業で育まれるエージェンシーを振り返る

清川　亨

はじめに

筆者は現在、福井大学大学院連合教職開発研究科での勤務4年目を迎えている。その前の38年間は福井県の公立学校教員として勤務した。内訳は中学校6年（2校目は小中併設校で3年間）、高等学校16年（うち2年は校長）、福井県教育庁16年である。

教諭として教えていたのは中学校6年と高等学校14年であるが、このうち19年を「主体的学習」をベースとして授業を行ってきた。筆者は生徒エージェンシーを「自ら原点に戻りながら批判的に考え、主体的に行動し、協働しながら課題を解決し、社会に貢献していく力」だと思っている。今回は筆者が行ってきた授業実践を報告するとともに、主体的学習による授業で育まれるものをエージェンシーの観点から少し振り返ってみたい。なお、授業記録に基づく報告もあるが、ほとんどが記憶に頼る報告であることをご容赦いただきたい。

1. 主体的学習との出会いと実践

筆者は理科の教員として採用され、1983年4月に越前町立越前中学校に赴任した。全校生徒数約300名の学校で、教員は5教科と体育がそれぞれ2名、音楽・技術・家庭は各1名であった。新採用者は3年での異動が大半で、半数以上が若い教員の中学校であった。

初任の筆者の理科の授業は、自分が中学や高校で受けてきた授業を思い出しながら同じように授業を行う、教育の再生産であった。職員室で生徒の家庭学習時間が話題になり、当時担任を受け持つ2年生のクラスでも家庭学習の記録を取ることに

なった。越前町は海岸沿いに漁港が連なっており、保護者が漁師や漁業関係者という生徒がクラスには何人もいて、家庭では勉強する暇があったら漁が上手くなった方がいいと言われる生徒もいた。そのようなこともあり、なかには、週の家庭学習時間の合計が0分という生徒がいた。クラスに数名は毎日1時間以上という生徒もいたが、ほとんどの生徒が家ではあまり勉強をしていなかった。

　2年目の年度初めの職員会議で、校長が「生徒の学力を上げて、生徒が行ける（合格する）高校の選択肢を増やすことが大事だ。そのために村上芳夫の『主体的学習入門』を我々の教科書として授業のやり方を変える。そして家庭学習の定着も図りたい。主体的学習による授業は5教科だけでなく全教科で取り組む。例外はない」と、このような内容を宣言した。

　このときに主体的学習について全職員で以下の学習フローを共通理解した。①授業終了時に次時の授業範囲を予告する→②生徒は次時の授業範囲を家庭で予習し、ノートの左側ページに分かったことや疑問点を記入する→③教科担任は次の授業までに生徒のノートに目を通し、一人ひとりの予習状況を確認しておく→④授業では生徒の疑問点を解決する活動を行う。活動は生徒同士の意見交換、そしてその状況を見て教師から生徒たちに理解を深めるための質問などを投げかけて個人あるいはグループで考える。生徒は必要に応じて分かったことなどをノートの右側に書く→①'授業終了時に次時の予告、という流れで授業を行う。つまり、展開→まとめ→導入の流れで授業を行い、生徒は家庭で予習をした上で授業に参加するということである。

　こうして新学期から主体的学習による授業に全職員、全生徒が全教科で取り組むこととなったが、当時の筆者には次のような疑問などが生じた。

・次時の予習を生徒全員がやってくるのか。予習を強制すると他の生徒の予習を写すようになるのではないか。
・教師の説明なしで生徒たちは理解するのだろうか。
・みんなで疑問を解決するというがイメージがわかない。どうしたらいいんだろう。
・仮に質問が出なかったら、そのときはどうすればいいのだろうか。
・授業中に生徒は自分なりにノートをとるのだろうか。とらなかった場合、とれなかった場合に教師はどうしたらいいのだろうか。
・そもそも、成績が上がるのだろうか。試験の点数が逆に低くなったらどうするのだろうか。

一方で、
・教科書に書いてある説明を板書しない、生徒が板書をノートに写す作業がなくなるなどの時間が生まれる。それを別な時間にあてることができる。だとすると、今までは、いったい何をしていたのだろう。時間を無駄にしてきたのではないか。

このような疑問を若い同僚たちと互いに語り合ったことを記憶しているが、結論は「実際にやってみないことには分からない」だった。いずれにせよ、講義型授業に戻ることはできないのだから、やりながら修正していこうと思い新学期を迎え、主体的学習による授業を積み重ねていった。当時の授業関係の記録がないために、筆者の記憶による再現となるが、予習の質問には次の三種に類別される教科・学問としての質問ではないものがあった。

A：すべて分かりません。
B：どこが分からないのか分からない。分かったようで分かっていないような気がする。
C：特にありません。

Aは予習が面倒な生徒たちである。このような生徒には、何行目のこの部分など具体的に一点でもいいから書くように伝えた。

Bは、授業内容をまとめたような教師による板書を写さないと不安、自分の理解が合っているのか心配だという生徒たちである。このような生徒たちには「自分が理解したことをノート左側に書いてごらん。復習として自分なりにまとめてもいいし。事前のノート確認のときに私が間違いに気づいたらチェックを入れるから」と伝えた。授業を重ねていくうちに、生徒たちはそのときに間違えていても大丈夫だ、修正していけばいいのだと分かったようで、Bのようなコメントは次第に見られなくなった。

Cは試験で点数を取ってきた生徒たちである。暗記で点数を取ってきた生徒はある意味手ごわい。物事を本質から考えることをしない習慣が身についているからだ。そこで協働学習やクラス全体で理解を深める場面において説明役を務めてもらうなどした。これによりしっかりと理解しようとする姿勢が生まれた。

このようなやり取りをしながら、生徒と筆者は主体的学習による授業に徐々に慣れていった。

それに伴い、家庭学習時間0分の生徒はいなくなったし、授業では生徒が講義を聞き板書を写すという風景は消えた。しかし、筆者がそれ以上に記しておきたい

のは、講義型授業では筆者の説明を理解しようとしていた生徒たちはもちろん、今まで分かろうとしなかった生徒たちがそれぞれに疑問をもち、「考えても分からない」という生徒も含めて自分の状態や考えを述べるようになったことである。そして、それに伴い生徒たちの表情が明るくなっていったことである。根拠となるデータは残っていないが、物事に対して受け身で大人しいと思っていた生徒たちに主体性が生まれ、教科以外でも疑問をもち、まずは自分たちで解決しようとする姿勢が出てきたことに筆者は驚いた。

2.『主体的学習入門』から

　主体的学習による授業の流れの概要についてはすでに述べたが、筆者自身の実践の積み重ねをふまえて、村上芳夫（1968）が『主体的学習入門』に書いた主体的学習の意義を一部ではあるが吟味をしてみたい。

- 主体的学習とは、"一時間の学習指導の中にも自主学習、協力学習、解決学習の三つの学習が調和的に有機的にはたらいていく学習"である。もう少し詳しく言うと、子どもの主体性を育てようとするならば、従来の自主学習でもだめで、また協力学習だけでもだめで、解決学習だけでもだめなので、この三つの学習機能が有機的に調和的にはたらく時にはじめて子どもの主体性が育ってくる"…(中略)…。学習研究一五年の結果の成果です。(p. 15)

　筆者が主体的学習で授業を行った19年間のうち、村上芳夫の『主体的学習入門』を教科書のように読んだのは、同書に出会い、校内研修で互いに読み合った最初の数ヵ月だけであり、その後は実は一度も目を通したことがなかった。ただ、教え込む授業にならないようにしたい、生徒が疑問をもち授業に臨むようになってほしい、互いの考えを出し合って多様な考えを知るとともに、互いの多様性に気づいてくれたらいい、そのような気持ちだけは持ち続けて、試行錯誤しながら主体的学習による授業を続けてきた。その結果として、村上芳夫（1968）が言うように、子どもの主体性が育っていったときは自主学習、協力学習、解決学習の3つの学習機能が有機的に調和的にはたらいていたし、3つのどれかが弱いときは、生徒の学習に向かう意欲は強くなっていかなかった。

第Ⅱ部　生徒エージェンシーとカリキュラム・教育実践

・子どもの自主解決学習、協力解決学習が基盤になり、その上に教師指導が中核となって展開する学習指導…(中略)…前提として子どもに自主解決を試みさせ、さらに子どもたちに協力解決を試みさせて、その反応を基盤としてその反応を確実につかんで学習指導を展開しようというのです。(p. 16)

　主体的学習というものの、授業中は放任するわけではない。筆者が学校や行政の管理職時代に主体的学習を紹介した何人かの教師が主体的学習に取り組んでくれた。しかし、「チャレンジしたけど難しい」「やはり気がつくと講義型になってしまう」「すべてを生徒に任せられない」などの声が返ってきた。また、百聞は一見に如かずと主体的学習による授業を行って見せたことがあるが、その授業を参観した方々からは「一人ひとりの生徒をよく見とっている」「生徒のつぶやきを流さずに上手く使って全体の理解を深めている」「すぐにまねをすることは難しい。経験がいる」などの意見を受けた。村上が言うように「その反応を基盤としてその反応を確実につかんで学習指導を展開する」ことが必要だったのだ。主体的学習による授業にチャレンジしている先生方には気持ちがあればすぐにできるよと言っていたが、この点をもっとしっかりと伝えないといけないのだと改めて気づかされた。

・これによって子どもたちの主体性が養われるとともに子どものわかったこと、わからないこと、疑問点、困難点、問題点が正確につかめ、教師がその状況に応じて教師の主体性を発揮して適格な指導ができるのです。(pp. 16-17)

　なかにはアクティブラーニングになっている講義型の授業を行う教師もいる。しかし、子どもの分かったこと、分からないこと、疑問点、困難点、問題点が正確につかめているのかというと、それは難しいと感じている。子どもたちのそれらの状況は同じクラスであったとしても、刻々と変化している。そこをどうつかみ、活用していくのか、近年は児童生徒の学びと教師の学びは相似形といわれるが、まさしく主体性という点でも、一期一会の授業のそのときにこそ、教師に主体性が求められているのだと強く再認識する。

・このような学習指導は簡単に説明しますと学問の主体を明らかにし、学問の姿勢を正すことなのです。…(中略)…学問を正すことから指導が始まりま

第 8 章　主体的学習による授業で育まれるエージェンシーを振り返る

す。(p. 17)

　この点も、主体的学習による授業を続けてきた筆者は深くうなずく。Society 3.0 時代には求められていたのかもしれないが、授業で全員に同じことを同じようなやりかたで教えてやろうとか、同じように教え込もうというのは間違っている。生まれてきた子たちは誰も教えなくても自ら学ぼうとする。Society 5.0 であろうがなかろうが、そもそも学問をするのは子どもたち。分からないから学校に来るのであって、教え込まれるために学校に来るのではない。そのためにも、できる限りまず自分で調べて研究し、考え、教師に尋ねるところを明らかにして来るのが本来ではないか。学級は何のためにあるのか、クラスの授業でしかできないことは何か。それは、協力学習である。子どもたちが学問をすることによって切磋琢磨するのが学級の使命ではないのか。そして、教師は何のためにいるのか。子どもたちに調べれば分かることを教え込むために、VUCA の時代には通用しない社会で生きていくためのパターンを教え込むためにいるのではない。筆者は教師は子どもたちが学問するのを助けるためにいるとの思いにいたっている。子どもたちは自身の学習、友だち同士での学習でも分からないことを教師に聞くべきである。講義型の授業後でもできるかもしれないが、あまりに時間の無駄であるし、そもそもの授業の意味に戻らないといけないかもしれない。

　今振り返れば、管理職となり授業をしなくなってから、授業をしなくなったからこそかもしれないが、生徒たちはどのようなことを思っているのか、どのように生徒の心に火を点けるとよいのかを筆者は常々意識し続けていたのだと気づいた。学校や教育庁の管理職時代、大学に来て学校マネジメントの話をしてほしいとの依頼があった際は、そもそも学校は何のためにあるのか、学校の主語は誰なのかを必ず問うてきた。学校のメインである授業で主体的学習による授業を続けてきたからこそわが身にしみついた思いなのだと気づかされた。

・主体的学習をすると、学力が向上し、その上生活行動が良くなる (p. 24)
・お互いの争いがなくなり、お互いに助け合うという温かい人間関係が生まれて来ました。(p. 26)
・教える－覚えるは全くの受け身学習 (p. 31)

　これも、結果としてそうであった。主体的学習による授業を行ってきた学級の学

113

力（定義づけが必要かもしれない。ここでは、現行の学習指導要領の学力の3要素「知識・技能」「思考力・判断力・表現力」「主体性・多様性・協働性」でもよいし、入試問題を解く力としてもよい）は、後述するが高かった。また、学級の雰囲気も柔らかく穏やかであったように思う。

3. 主体的学習の授業実践

(1) 4校目の高校での筆者の変化

　筆者が勤務した初任校以外の中学校と高校2校でも主体的学習による授業を行った。筆者自身9年間の県教育庁勤務後の4校目となる福井県立藤島高校では、進学校であったことに加え、3校目までに身についた教員としての慣習的なものも無くなりかけていたことで、主体的学習に関して生徒に伝える内容を次のように3校目までとは少し変えた。例えば以下の4点である。

・予習をしてきたかどうかの事前確認はしない。疑問などは授業開始時にクラスで共有するので、どんどん遠慮せずに出してほしい。
・ノートをとる必要はなく、写真を撮ればよい。板書をコピーすることは自己満足、変な安心感を与えるマイナス作業でしかない。必要に応じたメモはいつでも自由にすればよい。メモは見直さないと意味がないので、教科書に書き込むことを勧める。
・教科書の問題などの解答は事前に配る。
・本授業では筆者からの宿題は出さない（化学科として購入してもらった問題集があり、他の教科担任は考査ごとに範囲を示し解いたもの（痕跡）の提出を求めていたが、本授業ではその提出も求めなかった）。

　1、2点目については、それで成績は上がるのか、志望する偏差値の高い大学に入れるのかなど、特に2、3年生は最初不安がっていたが、生徒はそれも徐々に慣れていった。興味深いことに、2、3年生に比べ1年生は「この先生の授業はこういうものだ」とすんなり受け入れる生徒が多かったことである。また、3、4点目については、ほとんどの生徒が聞いた瞬間は驚き、冗談ではという反応を示していたが、すぐにどの生徒も大いに喜んでいた。そしてこの高校での主体的学習による授業を行っていった。どのような質問でもいいよと筆者に言われ出てきた質問のなかには、「教科書の〇〇は覚えないといけないのか？」のようなものもあったが、そのような質問も展開次第ではさまざまな形で活用できるので喜んで受けた。

また、1年間の授業を通して意識していたことが2つある。
　1つ目は、
・「なぜ？　どうして？」を常にもち続けること（目の前のことは当たり前でないかもしれない）
・分からなくなったら原点（基礎基本・原理原則）に戻って考えること（覚えること⇔考えることの往還。さらに化学で戻るものとしては電子配置）
・定義などは一字一句大事にすること（省略して覚えない）
・微視的思考と巨視的思考（ミクロとマクロの視点）
・日常生活に目を向けること
　これらは、生徒の疑問をみんなで考えるときや、生徒を揺さぶることで理解を深める場面で繰り返し伝えた。言い続けることで、中学校や高校でパターン化することを訓練された生徒たちを少しずつ本来の学習・学問に巻き戻そうとした。授業に入る時間が週に2時間の場合でも、4月から言い続けていると夏休み前あたりには生徒に浸透しはじめ、上記のことを言う回数は徐々に減っていった。
　2つ目は、生徒からの質問への第一声である。「うーんいい質問だねえ」「いいところに気づいたねえ」「確かに。言われてみればごもっともだ」「本当だね。なんでなんだろ」「なぜそんな疑問が出てきたの。すごいね」などである。これは1995年に2ヵ月間アメリカの高校に派遣されたときに、教師がどんなことでもオーバー気味でもまず褒めることで生徒の気持ちが前を向くことを学んだからである。
　主体的学習による授業を話題にするとテストの点数を気にする教員が多い。生徒の主体性に任せて大丈夫なのか、点数を取らせるには教師が教え込まないとだめなのではないか、というのである。筆者も主体的学習による授業を始めると聞いたときには思ったことなので、ごもっともである。しかし、このような教師は教え込んだ方が伸びると思っているし、すべてを説明しないでいることが不安なのだと思う。4校目の高校は、当時1年生全9クラスは入試などの成績で均等に振り分けられていたが、このうち2つのクラスを毎年担当した。年間6回あった定期考査の平均点比較では、勤務した4年間で一度だけ9クラス中1、3位であったが、あとはすべて1、2位であった。なお、2、3年生はクラスの構成が違うので比較しなかった。

(2) 最近の実践事例

　本学に勤めてから、福井県内の中学校や高校で、主体的学習による授業を筆者が

実施する機会があった。このうち丸岡高校の2年生と3年生でそれぞれ1時間行ったときの録画があるので、その一場面を紹介する。ただし、通年で入っているクラスではないので、軌道に乗せるため、筆者からの発言が多くなっている。

◆丸岡高校での授業 2021年10月27日（水）
　以下の事例紹介で、アルファベットは生徒の違い、（　）内はクラスの様子を表している。またどちらのクラスでも授業前の休み時間に次の事項を板書しておいた。
＊基礎基本を大事にして、基礎基本からものを見る
＊微視的＆巨視的な見方と粒子イメージ
＊日常生活で……？
＊なぜ？　どうして？
＊覚えることと考えること

●2年「化学反応式」導入（化学反応式の作り方。イオン反応式）
私：みなさんこんにちは。清川と言います。今日は一緒に化学反応式について考えてみましょう。さて早速ですが、教科書p.98、99を読んできての質問はありますか。
　　（しばし無言）
私：習い始めに分からないのは当たり前です。疑問をみんなでシェアして理解を深めましょう。
　　（やはり無言。開始から2分経過。教室内を見回すとほとんどの生徒は戸惑っている様子）
私：質問がなかったらみなさん分かっているということなので、逆に私から質問しますね。16行目、係数はもっとも簡単な整数比になるようにと書かれているが、なぜ整数比にしないといけないの？　グループで話し合ってみて。
　　（戸惑う生徒、何かを話し始める生徒、動き出した。2分ほど経過）
私：はい、どうなりましたか。私が言いたかったのは、教科書に書いてあることは当たり前でなくて、疑問をもつようになってほしい、「なぜ？　どうして？」と思うことをしてほしいのです。
　　（すぐに）
A：見やすくするため。
私：お、ありがとう。見やすくとは。
A：分かりやすくするため。

私：分数とかだと分かりにくい？
　　（別の生徒が挙手）
私：おお良いねえ。このクラスは次々と手が挙がる。素晴らしい。
　　（生徒Bの発言にかぶせるように私が発言した）
私：あ、ごめん。発言を止めてしまって。もう一度言ってもらえる？
B：両辺の原子数を等しくするため。
私：分数だと等しくならないの。
B：分数だと分かりにくくて…
　　（生徒たちから笑いがおきる）
私：それってAさんと同じ話かな。でもいい線、いってるかも。じゃあ、ちょっと教科書の例で考えてみようか。水の生成において水素の係数を1とすると、酸素分子の係数が1/2になるよね。1/2の分子ってどうなのだろう？
　　（そんなこと考えたこともないという表情の生徒もいるが、生徒は考えを述べ合う。私と生徒とのこのようなやり取りで、係数に分数を用いないことについて教室が「あっ、なるほど」という空気に包まれた）
私：そういう意味で分かりやすくしていると言えるね。原子に注目した発言も良かったねえ。
私：p. 98はもういいですか。
C：完全燃焼と不完全燃焼で、燃やした後に生じる物質が違うのはなぜですか？
私：なぜか。いい質問だね。今の質問は、日常生活でも大事だね。じゃあ今の質問、なぜなんだろう。はい、みなさん話をしてください。
　　（グループで話し合い。互いの発言を聞いて笑いが出るなど和気あいあいの雰囲気。このクラスの雰囲気、学級経営がうまくいっているようだ。筆記用具を取り出し、書いて説明し出す生徒も出てきた。2分ほど経過）
私：じゃあいいかな、最初に行った粒子モデルで考えてみよう。
　　（例としてメタンと酸素の分子モデルをそれぞれ1つずつ板書し、酸素量による生成物の違いについて考察。私からの問いかけを重ね、生徒たちは自分なりに理解をしていった様子）
私：はいじゃあp. 98はもういいですか……。

図8-1　分子の係数を説明する板書

p.99 で質問ないですか。もうないのかな。教科書の問いの答えなどもみなさん分かっているのかな？
（首を横に振っている生徒がいる）

私：特に質問がないようでしたら（と教科書の範囲を終えようとする。首を横に振った生徒は、えっ本当にもう終わるの。どうしようという表情）。

C：例題6の③で『左辺のO2の係数を7/2とすると』と書いてあるけど、なんで7/2にするのですか？

私：おおいいねえ。どうしてなのかな？　はい、話してみて。
（グループで意見交換。3分程度）

私：では、説明しますね。みんなも考えてみましょう。
（この後は略）

● 3年「芳香族炭化水素」導入
（授業開始後、質問がないか何度か聞いたが2年生と同様にしばらく沈黙が続いた）

私：あれ？　みんな何も疑問ないのかな。
（さらに1分ほど経過）

A：キシレンは、o-、m-、p- で、分子量が同じなのになぜ沸点・融点が違うのですか？

私：おっ！　いい質問だねえ。うーん、よく気づいたねえ。
（生徒たちが教科書を一斉に見ている）

私：他にないですか。このページはこれだけでいいですか？
（質問しないと何も説明はないの？　と互いに目線を交わす生徒たち。質問しなくても説明はあるのだろうと思っていた様子）

B：ベンゼンなどは水に不溶で有機溶媒に溶けるものが多いと書いてあるのは炭素数が多いからという解釈でいいですか？

私：おおこれもいいねえ。

C：有毒なものが多いと書いてあるがなぜですか？

私：お、これもいいねえ。教科書に書いてあるからそうだろうでなくて、なぜそうなのかというのがいいですねえ。
（多くの生徒たちが、教科書を改めて読みだした）

私：他に質問がなかったら、ではこの3つについて考えてみよう。最初に質問したAさんには悪いけど、教科書の順番でBさんの質問から行こう。いい？

(A、頷く)

私：とけるは melt の融けるもあるけどここは solute の溶けるの方だね。じゃあ、そもそもだけど溶けるってどういうこと？ どういうときに溶けて、どういうときに溶けないの？ 近くの人と話してみて。

（教室内がざわめくような空気になる。笑いながらも互いに話し合う生徒たち。1分40秒経過）

私：まだまだ話し合っているグループもあるけど、ちょっと話させて。ごめんね。基礎基本に戻ってものを見るということで、考えてみましょう。今言っているのは溶ける、化学では溶解といっているけど、みなさんの教科書、索引を見るとp.31となっているのでp.31に戻ってください。

（生徒たちはp.31を開く）

私：10行目を見てね、読みます。「水に溶けて透明な、この"透明な"はキーワードです。このように物質が液体中に均一に溶け込む現象を溶解という」

（と言いながら溶解と板書。この間、参観している先生たちも生徒の教科書を覗き込み、該当部分を読みながら頷いている）

私：これをさっき言った粒子イメージで言うと、混ざっているんです（ビーカー内に粒子を書き均一イメージを板書）。そのときにも習ったと思うけど、似た者同士は溶けるんでしたね。水は極性分子なので、イオンとか極性分子が混ざるんでしたね（毎時間入っているクラスならここも「水って極性はどうだっけ」「水に溶ける物質はどんな共通点があるんだっけ」などと投げかけて、生徒同士で話し合って確認してもらう場面）。で、無極性分子は無極性分子と混ざる。彼の質問は、教科書に芳香族は水には溶けにくいが有機溶媒には溶けやすいと書いてあったんだよね。ということは。

B：無極性……。

（徐々に授業のペースに乗ってきた様子）

私：そうですね、炭素数というよりは芳香族炭化水素の極性の有無ということですね。だから、これからも溶けるかどうか話が出てきたら、似ているかどうか、常にそこに戻って考えるといいです。知識で知っているではなくて考え方を知っているかどうか。考え方を知ると多分こうなんじゃないかっていうのを考えることができるようになります。基礎基本に戻って考えることが大事。

（生徒頷く。この後の紹介は略）

図8-2　3年授業の終盤における板書

　授業後の生徒アンケートでは、多くの生徒から「自ら疑問をもって互いに話し合うことの面白さを知った」「友だちの意見に驚くことがあった。自分ももっと考えてみようと思った」などの声があった。
　なお、この授業を受けて、このクラスを担当している教師と校長は、新学習指導要領の3観点評価[1]に活用したいと述べていた。

4. 主体的学習の授業実践を振り返る

　筆者は、約40年近く前に出会った主体的学習をベースに授業をしてきた。それを通して、疑問をもち自ら学習に向かう生徒の支援をすることで、生徒は時に協働で疑問の解決をしながら自らどんどんと成長していくことを多くの生徒たちから何度も教えられ、教員として生徒を主体的にすることの楽しさを知った。生徒が自走を始めると、授業以外でも互いに質問し共に考える場面が増えだし、考査前などに筆者の所に質問に来る生徒が減っていった。授業では生徒に「みなさんには私をさっさと超えていってほしい。ただし簡単に超えられないように私自身も努力するが」と伝えていたが、生徒が自走しだすのは何より教師冥利に尽きる。また、大学で化学系に進む生徒が多くいたのは、村上芳夫（1968）も言うように何より学問としての化学の面白さを知ってくれた証だと嬉しかった。

---

1) 知識・技能、思考・判断・表現、主体的に学習に取り組む態度。

第 8 章　主体的学習による授業で育まれるエージェンシーを振り返る

　ここでは、改めて主体的学習による授業で育まれるものを、エージェンシーの観点から簡単に振り返ってみたい。

(1) 生徒エージェンシー

　主体的学習による授業では、クラスメイトがもった問い、教師からの問いに自らの考えをもち、協働で語り考えるというアクションを起こし、初めにもった自分の考えと比較する振り返りを繰り返している。「ラーニング・コンパス」などで示されている Anticipation-Action-Reflection cycle（以下、AAR サイクル）を授業中に何度も回していると言える。そして主体的学習による授業を重ねることで、生徒たちが生じた疑問を特別活動や部活動などの授業以外の場面でもクラスメイトとあるいはクラスを越えた仲間たちと AAR サイクルを回している場面を見てきた。白井俊はエージェンシーを「自ら考え、主体的に行動して、責任をもって社会変革を実現していく力」としている[2]が、自ら考え主体的に行動する部分についてはまさしくあてはまっていると考えている。

　また、進学校の教員として超難関と言われる大学の入試問題や模擬試験問題を 20 年分以上は解いたが、解くほどに入試でも大事なのは基礎基本と化学の根本となる概念をしっかりもつこと、その意味で大切なことはとてもシンプルなのだとの思いを強くした。そこで筆者は毎時間の授業のなかで、基礎基本に戻ることを何度も繰り返して伝えたが、生徒は基礎基本への意識を強くもち、基礎を大事にする姿勢を身につけていったと思っている。このことは、学習者のエージェンシーの発揮を可能にするために必要な 2 つのうちの 1 つ、OECD「Education 2030 プロジェクト」のいう「しっかりとした基礎力をつけること」（OECD, 2018）につながっていると考えている。

(2) エージェンシーにかかる視点

　次に、エージェンシーにかかる視点として、主体的学習による授業を重ねてきて気づいたこと、そしてその気づきから意識して実践してきたことを何点か記す。

---

[2] 2018 年 12 月 26 日に文部科学省で開催された主権者教育推進会議（第 3 回）の配付資料「OECD における Agency に関する議論について」のなかで示している。

環境としての教師

2校目以降の学校においては筆者だけが主体的学習による授業を行っていた。筆者の授業で積極的であった生徒たちは、他の教師の講義型の授業では見た目では受け身で黙って説明を聞いていたし、チョークの色に合わせてペンの色を変えるなど板書のコピーを懸命に行っている生徒も多くいた。人は相手に合わせて態度を変えるのである。

教師はエージェンシーに重きをおいた学習環境をデザインする際に重要な役割を果たすとされる（OECD, 2019a=2020）。生徒のエージェンシーを育む環境をより広範囲で厚みのあるものにするには、ここでいう教師を単数とせず、その学校の教員全員が目指す生徒の育成像（「2030に向けた生徒エージェンシー」、あるいは学習指導要領が目指す生徒像）を対話などにより共有することが大切である。生徒がラーニング・コンパスを身につける上で、従来からの教師主導の指導からの転換も不可欠である[3]。

多様性

教育庁勤務や本学において主体的学習による授業の話をすると、「進学校だと質問が出るのだろうが、中学校や職業系高校でも質問が出るのか」という声をよく聞く。疑問はそれぞれの子どもがもつものだから主体的学習による授業は学校種を問わないと考える。また、さまざまな視点、多様な背景をもった者[4]がいるという点では、入試を経ている分高校は浅く限られた範囲であり、中学校が勝ると思われる。

さらに、主体的学習による授業でさまざまな疑問、意見を互いに出せるようになることでクラスメイトの新たな一面に気づいていく。これは互いの多様性を連続的に認識する良い場面になる。

個として認める

主体的学習による授業を重ねるにつれ、筆者は生徒それぞれが疑問をもつこと、協働学習でも互いに違う存在であることを認めると知った。アメリカでは周囲の大

---

3) ラーニング・コンパスという比喩は、生徒が教師の決まりきった指導や指示をそのまま受け入れるのではなく、未知なる環境のなかを自力で歩みを進め、意味のある、また責任意識を伴う方法で、進むべき方向を見出す必要性を強調する目的で採用されている。

4)「2030年に向けた生徒エージェンシー」において、仲間はお互いのエージェンシーに影響を与える。より広い範囲のコミュニティも生徒の学習環境に含まれるとしていることに該当するものと考えられる。

人が幼い子でも個として接していた。それらの経験から、筆者は授業でも生徒の年齢に関わらず、個として尊重することを意識するようになった。

一方、4校目に勤務中、問題集の解答を事前に配布する、センター試験が終わったらすぐに問題を解くなど県から次々と教員全員に具体的な指示がされたことがあった。指示ばかりのいくつもの通知で勤務意欲が失せた教員も多くいた。意欲が失せると、人は主体的に取り組まなくなると思われる。

主体的になるためには、周囲の者から個として認めてもらうことがその前提にあるのではないか。

言葉の力

「いいねえ。すごいね」などの言葉がけを意識したことは書いたが、人に対してどの言葉を選ぶかが人の動きを変えるものだと思っている。県教育庁学校教育監時代に、「引きだす教育楽しむ教育事例集」を作成した。担当課の原稿を見ると、「○○させる」の表記が多かった。筆者は主体的学習の授業の経験から、生徒が主語となるよう言い続けてきたが、ここでも「生徒が○○できるようにする」「○○を支援する」に書き換えるよう依頼をした。これにより、生徒に接する意識が変わったとの声を教育庁職員や学校から聞いた。

(3) 教師としての成長

主体的学習による授業を重ねることで、またこの記録を書くことで気づいたことを記す。

長い時間軸をもつ

生徒が突然に階段のステップを上がるような成長をすることがあると感じている。人の成長は正比例のグラフのようではない。時間軸を長くとることで生徒の変容が見えてくる。

「なぜ？　どうして？」を問う姿勢

主体的学習による授業で、筆者は生徒に「なぜ？　どうして？」の姿勢を求めたし、問うてきた。学校や行政の管理職になってからも、スタッフに、なぜ、何のため、そもそもは何なのかなどを口癖のように問うてきた。前例が適用できない、予測不能なことが起きるコロナ禍でも、これが役立ったと思っている。今までの当た

り前が通用しないときに、そもそもの原点に戻り、みんなと協働しながら考える。そこで１つの考えに至る。実行してみて考察して修正していくことができたと思っている。これも、主体的学習による授業を行ってきた影響があると考える。

（4）今後に向けて

　前節で紹介した丸岡高校の教諭は、生徒が活動時間の前にいろいろと考えることを取り入れた授業や探究の時間に取り組んでいる。

　また、教育庁勤務時代に筆者が提案の形で行った主体的学習による授業を見た当時新採用だった何人かの教師や、本学に勤務してから主体的学習による授業を行った中学校の教師が主体的学習による授業を参考に予習型の授業に取り組んでいる。「2.『主体的学習入門』から」で述べた主体的学習の意義をその教師たちに改めて伝えサポートするとともに、教師たちの授業実践で生徒がどう変わっていくのか、生徒エージェンシーの観点からも追跡していきたいと考えている。そして今後、他の学校への広がりを期待したい。

［引用・参考文献］

- 白井　俊（2018）「OECD における Agency に関する議論について」 https://www.mext.go.jp/b_menu/shingi/chousa/shotou/142/shiryo/__icsFiles/afieldfile/2019/01/28/1412759_2.pdf
- 村上芳夫（1968）『主体的学習入門』明治図書
- OECD. (2018). The future of education and skills: Education 2030 Position Paper, http://www.oecd.org/education/2030/OECD%20Education%202030%20Position%20Paper.pdf,（＝秋田喜代美ほか（訳）(2018)「OECD Education 2030 プロジェクトについて」 https://www.oecd.org/content/dam/oecd/ja/publications/reports/2018/06/the-future-of-education-and-skills_5424dd26/1f4fe31d-ja.pdf）
- OECD. (2019a). OECD Future of Education and Skills 2030 Concept Note: Student Agency for 2030,（＝秋田喜代美ほか（訳）(2020)「2030 年に向けた生徒エージェンシー（仮訳）」 https://www.oecd.org/content/dam/oecd/en/about/projects/edu/education-2040/concept-notes/OECD_STUDENT_AGENCY_FOR_2030_Concept_note_Japanese.pdf）
- OECD. (2019b). Learning Compass Concept Notes, https://www.oecd.org/education/2030-project/contact/,（＝秋田喜代美ほか（訳）(2020)「OECD ラーニング・コンパス（学びの羅針盤）2030（仮訳）」 https://www.oecd.org/content/dam/oecd/en/about/projects/edu/education-2040/concept-notes/OECD_LEARNING_COMPASS_

第 8 章　主体的学習による授業で育まれるエージェンシーを振り返る

2030_Concept_note_Japanese.pdf）

COLUMN

目指す社会を思い描き、生徒エージェンシーを育む数学教育の未来像

西村　圭一

　「自分の人生および周りの世界に対して良い方向に影響を与える能力や意志を持つ」エージェンシー（OECD, 2019=2020）。「自分の人生」だけではなく「周りの世界に対して」という面を大切にして育みたい。弱い立場にある他者のことは顧みず、自分の人生を優先する能力や意志であってはならないからである。

　「批判的数学教育」の第一人者であるSkovsmoseは、2000年代初頭に、数学が埋め込まれた現代社会における人々を、数学への関わり方によって、次の4つの社会集団に分類している。それは、意思決定のための数学的な道具を開発する集団（「構築者」）、数学的な道具への入力の決定とその出力に基づいた決定をする集団（「操作者」）、他者の決定を正しいものとして受け入れる集団（「消費者」）、さらに、グローバル化された世界との関係において自分がどういう損失を受けているかが明確に分かっていない集団（「使い捨てされる者」）である（Skovsmose, 2007）。

　現在の日本社会では、ビッグデータに基づく数理モデルやそれを利用したシミュレーション予測が、人々の判断や行動に表層でも深層でも影響を与えている。大半の「消費者」にとっては、データ収集のプロセスもモデルの前提条件もブラックボックスであり、疑いようのないものとなっている。その結果、さまざまな判断を、良いか悪いか、好きか嫌いかと二択化してしまう傾向や、「分からないからどうでもいい」という無関心を増長する傾向が強まっているように思える。また、「操作者」も、社会全体を見渡すことなく部分最適のみを志向したり、逆に全体最適に影響を及ぼさない変数は無視してもよいという前提を当然視したりしがちではないだろうか。「誰一人取り残すことのない持続可能で多様性と包摂性のある社会」（文部科学省，2021）や、「社会の分断や格差を防ぎ、他者への信頼に基づく民主的で公正な社会」（文部科学省，2023）を実現する上で、数学的に考える資質・能力をエージェンシーとともに発揮できるようにしていくことが不可欠である。

　社会における意思決定を要する問題場面には、唯一の正解がある訳ではなく、否応なく社会的価値観や個人的価値観が関わり、それらの価値観に応じて算数・数学も選択・使用・解釈される。合意形成のための対話が必要な場合も少なくない。そ

コラム：目指す社会を思い描き、生徒エージェンシーを育む数学教育の未来像

のような対話において、共通言語として算数・数学を利用することは重要だが、どのような前提や条件のもとで考えているかやその背後にある価値観を顕在化し、合意形成のためにどのような点が調整可能かを探ったり、その結果を推察したりすることも必要である。

　このような視座に立つと、これまでの、あたかも世の中から独立した中立な事象を考察しているかのように振る舞ってきた算数・数学教育や、たとえ現実場面の問題を扱っていても、教科という自明な枠のなかで、条件の整った問題に取り組むことが中心になっていた算数・数学教育では不十分なことが分かる。

　では、どのような算数・数学の授業が必要だろうか。それは、子どもの社会的価値観や個人的価値観が関わる、（子どもの発達段階に応じた）社会における意思決定を要する問題場面を扱う授業である。筆者の研究会[1]で行った小・中・高校の授業の概略を紹介しよう。

事例１：「１年生と６年生のお楽しみ交流会」
　特別活動の一環で、６年生が１年生のためにお楽しみ会を企画することになった。６年生が決めた「ねらい」は、みんなが楽しめる交流会にしよう。つまり、１年生だけでなく、自分たち６年生も楽しみたい、という価値観の表出である。その価値観のもと、「輪投げ」を企画した班は、ともに楽しむためのルールづくりに挑むことになる。１年生と６年生で的までの距離やクリア条件を変えるというアイディアは出たが、それをどうやって決めればいいかが決まらない。教師が学級全体に投げかけることで、児童らは感覚に頼った話し合いでは埒が明かず、実際にやってみてデータをとる必要があることに気づいた。そして、収集したデータを１年生も６年生も楽しみたいという価値観に照らしながら、ルールを決めていった。

（荒川区立第九峡田小学校副校長　石川大輔先生
[当時：荒川区立第一日暮里小学校　主幹教諭]）

事例２：「AED で救える命を増やそう」
　教師が、学校の所在する区が公開している AED マップを示し、AED が適切に

---

1) 西村圭一（研究代表）、学校教育における設計科学的視座に基づく数理科学教育の構築に関する総合的研究（平成28～令和元年度科研費基盤研究(B)）、および、社会的実践を志向する学習領域「数理科学」の構築に関する総合的研究（令和２～５年度科研費基盤研究(B)）

配置されているかを考えるように促した。何をもって適切とするかが問題となる。蘇生率やAEDをとって戻ってくるまでの時間を考慮し、300mごとに設置されていればよいと考え、地図にAEDの設置場所を中心とする半径300mの円を次々描き入れた。その結果、その円が重なる地域もあれば、どの円にも含まれない地域もあることが分かる。そして、「命の問題だからもっとたくさん配置すべき」という価値観と、「お金のかかることだから無制限には増やせない」という価値観のトレードオフに直面しつつ、住人の年齢構成のデータを調べ、配置の優先度を決めていくという考えに至った。

（東京学芸大学国際中等教育学校　本田千春先生）

事例3：「自動販売機の品ぞろえを提案しよう」

　教師が、校内に設置されている飲料の自動販売機にどのようなものを入れてほしいかを提案したら業者が検討してくれるという情報を提供した。飲料の好みや自動販売機で購入したいもの、購入する理由はさまざまある。はじめは現状に対する不満を着眼点とする個人的な意見が多かったが、やがて、校舎を共有している全日制と定時制の双方の生徒のことを考える必要があるのではないかといった他者を意識した考えも出され、「味」「値段」「容量」などを数値化し指標を作成することになった。しかし、その指標を求めるためのアンケートを全校生徒に実施することに対しては、「業者に対して説得力が出る」という意見の一方で、「指標の意味を理解できない人がいる」「全員が真摯に回答してくれる保証はない」「よく考えて答える人とそうでない人の回答を同等に扱うことになる」などの意見が出され、検討の末、アンケートは実施せずに、このクラスの回答だけで提案づくりをすることになった。

（東京都立大泉桜高等学校　上田凛太郎先生
　　［当時：東京都立工芸高等学校・定時制］）

　これらの事例の特徴は、次の点にある。第一に、算数・数学を用いる前段階で、何に着目するか（変数・変量の選択）や、基準や指標をどう定義するか（定式化・定量化）を考える際に、価値観が関わっていることを子どもが認識できたことである。第二に、算数・数学の論理に基づく解は1つに定まるが、前提が異なれば結果も異なるため、クラス全体としての意思決定をするために対話をする必要が生じた。その対話には、どのような前提や条件のもとで考えているかやその背後にある価値観を顕在化し、合意形成のためにどのような点が調整可能かを探ったり、その結果を

推察したりする局面が含まれていた。その際には、「1年生」「地域の住人や高齢者」「全日制の生徒」など、意思決定する「自分たち」以外の「周りの世界」が意識されていた。それとともに、事例1、2では、「自分たち」の世界、すなわち、クラス内でも、算数・数学が得意ではない子どもに目を向け、一方的に自分の主張を押しつけるのではなく、算数・数学の言葉や論理を丁寧に説明し合意形成を図ろうとする姿勢が多々見られた。これに対して、事例3で、数理的な内容・方法に習熟していないと想定される他者に対して、意見を聞く機会を設けない（アンケートを実施しない）という判断に至ったことは、エージェンシーの育成という点で一考に値すると考える。

　このような授業を算数・数学科で行うことに対しては、例えば、「数学の価値は社会的な事象とは独立して存在することにこそあり、数学を数学として学ばせるべきである」「文脈から切り離された汎用性のある数学を学ぶことで、社会で数学を活用できるようになるのだから、教科書にある数学を理解させることを優先すべきである」という声もあろう。しかし、もう一段、視座を上げて、学校教育全体のなかで、と考えるとどうだろうか。このとき、教科横断的に複数の教科の見方・考え方を働かせる必要がある場面や、倫理や道徳的価値観が関与する場面も考えられる。すなわち、算数・数学科の枠内にとどまるのではなく、総合や教科横断的な学習として位置づけることも視野に入れるということである。いずれにしても、「誰一人取り残すことのない持続可能で多様性と包摂性のある社会」や、「社会の分断や格差を防ぎ、他者への信頼に基づく民主的で公正な社会」を思い描きつつ、教師がエージェンシーを発揮し、教科教育観をアップデートすることが不可欠である。

[引用・参考文献]
・文部科学省（2021）中央教育審議会「『令和の日本型学校教育』の構築を目指して～全ての子供たちの可能性を引き出す、個別最適な学びと、協働的な学びの実現～（答申）」(https://www.mext.go.jp/content/20210126-mxt_syoto02-000012321_2-4.pdf)
・文部科学省（2023）中央教育審議会初等中等教育分科会 個別最適な学びと協働的な学びの一体的な充実に向けた学校教育の在り方に関する特別部会 義務教育の在り方ワーキンググループ「義務教育の在り方ワーキンググループ　中間まとめ」(https://www.mext.go.jp/content/20240119-mxt_syoto02-000033394_2.pdf)
・西村圭一編著（2016）『真の問題解決能力を育てる算数授業―資質・能力の育成を目指して』明治図書

- 山口武志・西村圭一・島田 功・松島 充・松嵜昭雄（2020）「学校教育における数理科学教育に関する開発的研究—数理科学教育の基本的枠組みについて」『科学教育研究』44(2)、pp. 104-122
- OECD. (2019). OECD Future of Education and Skills 2030 Concept Note: Student Agency for 2030（＝秋田喜代美ほか（訳）（2020）「2030年に向けた生徒エージェンシー（仮訳）」 https://www.oecd.org/content/dam/oecd/en/about/projects/edu/education-2040/concept-notes/OECD_STUDENT_AGENCY_FOR_2030_Concept_note_Japanese.pdf）
- Skovsmose, Ole (2007). Mathematical Literacy and Globalisation. *Internationalisation and Globalisation in Mathematics and Science Education*, Springer, pp. 1-18.

第III部

エージェンシーと評価・測定

第9章

生徒と教師エージェンシーに着目して
―― 評価におけるコンテクスト分析 ――

中里　忍

はじめに

　エージェンシーの発達はウェルビーイング、個人の自己実現、学業の成就、社会的および職業的な成功と密接に関連していると認識されている。これは教育プログラムの効果を判定する上で不可欠な要素である。技術の進化が急速に進む現代では、かつて40年間役立ったスキルが今ではわずか4年で陳腐化するとも言われ、この変化に適応するためには主体的な学習能力がますます重要になっている。そのため、生涯学習者としてのエージェンシーが教育の議論において特に強調されている。

　学校教育におけるエージェンシーの重要性を裏づける研究も存在する。例えば、知識が時間とともに成長すると考える子どもは、知能が固定されていると考える子どもに比べてIQテストでよりよい成績を収めることが示されている（Cury et al., 2006）。また、習得志向の目標をもつ子どもは成果志向の目標をもつ子どもよりも情報をより深く組織的に処理する傾向にある（Elliot, McGregor, & Gable, 1999）。これらの発見は生徒エージェンシーが学習成果に及ぼす肯定的な影響を示しており、子どもが自らの学習をコントロールし教室で得た知識を新たな環境に適用できる能力が大学やキャリアの成功に結びつくと考えられている（National Research Council, 2012）。

　心理学者Lewin（1935）による「B＝f（P：個人特性、E：環境）」の原理は、個人の行動がその人の性格特性と置かれている環境の相互作用によって決定されるという考え方を示している。この原理は個人の行動が内的および外的要因の両方によって形成されることを示し、教育においてもこの相互作用が重要であることを示唆している。

　この理解に基づき、「生徒エージェンシー」は教師、仲間、家族、コミュニティといった広範囲にわたる支援者による「共同エージェンシー」によって支えられる。

これらの相互作用は生徒エージェンシーに影響を与えるだけでなく、それによって自身も形成されるダイナミックな関係性にある。「共同エージェンシー」は学習者が学習コミュニティ内で貢献する力の集合体である。このような相互依存の枠組みをふまえ、エージェンシーの評価方法について検討することが重要である。本章では、紹介するエージェンシー評価の研究をふまえ、効果的なエージェンシー評価の方法とその重要性について理解を深めていきたい。

1. エージェンシーのインパクト評価とは

インパクト評価は、教育プログラムや政策が長期にわたり個人や集団に与える影響を測定し、理解するプロセスである。この評価が重要なのは、プログラムや政策の効果を検証し、改善点を特定することで、より効率的かつ効果的な教育実践につながるためである。しかし、因果関係の特定、適切なデータの収集と分析、リソースの確保など、多くの課題を伴う。

多くの学校や教育機関では、子どものエージェンシーを高めるためのさまざまな取り組みが実施されている。これらの取り組みの効果を正確に評価し、どのように改善すればよりよい成果を得られるかを理解することは、教育の質を向上させる鍵である。このような評価の集約と分析は、コレクティブ・インパクトのアプローチを活用することで、より効果的に行える。

コレクティブ・インパクトとは、異なるセクターや組織が共通の目標達成のために協力し、複雑な社会問題に取り組む枠組みである。教育分野において、学校、地域社会、政策立案者、民間セクターなどが連携して、エージェンシーの発達を支える取り組みの効果を高めることが可能である。コレクティブ・インパクトのアプローチを通じて、異なるステークホルダー間での情報共有、共通の評価指標の設定、および相互に補完する活動の調整が促進される。

インパクト評価を成功させるためには、共通の評価指標の設定が重要である。例えば、子どもの学習成果、自律性や自己決定性の向上、社会的・職業的成功への影響など、具体的な指標を定めることができる。これらの指標に基づいてデータを収集し、分析することで、取り組みの成果を客観的に評価し、今後の改善策を立案するための貴重な洞察が得られる。

次節では、生徒エージェンシー、教師エージェンシー、および共同エージェンシーの評価方法に焦点をあてる。これらのエージェンシーを評価することは、学習

環境の質を向上させ、教育成果を高める上で非常に重要である。共通の評価指標に基づいた結果を異なるステークホルダー間で共有し、連携することで、教育プログラムや政策の改善がより効果的に行われ、教育の質全体の向上を目指す。このような連携を通じて得られる洞察は、教育現場での具体的な改善策を策定するために役立てることが目標である。

2. 生徒エージェンシーの評価

　生徒エージェンシーの評価は教育成果を向上させるために重要なプロセスである。エージェンシー、つまり個人が自身の学習や環境に積極的に影響を与える能力を評価することは、教師が子どもの自律性や自己決定性を理解し、それを支援する教育戦略を開発するために不可欠である。

(1) 生徒エージェンシーの評価指標

　先行研究では、エージェンシーは自己効力感や動機づけ、成長マインドセットなどの複数の要素から構成される多面的な概念として扱われている。このような要素を総合的に評価することで、子どもが自分の学習過程にどの程度積極的に関与し、影響を与えているかを測定することが可能になる。

　木村と一柳（2022）によるエージェンシー尺度（表9-1）は、学習者の自律性や参加性を示す重要な指標として、成長マインドセットや希望、アイデンティティなどの要素を評価するために設計されている。また、表9-2のJoら（2022）の研究は、子どもが教育環境内外でどのように自己を表現し、影響を及ぼしているかを評価するために、主体的態度や行動、さらには地域エージェンシーに焦点をあてている。これらの評価は、生徒エージェンシーの個人的な側面だけでなく、その社会的な関係性にも注目している。また、Jääskeläら（2017）が提案した大学生のエージェンシー（AUS：Agency of University Students Scale）尺度（表9-3）は、個人の自律性とおかれている環境によりエージェンシーがどのように形成されるかを含むエージェンシーの互恵性を評価している。この尺度は大学生の教育環境に特化しており、教師や仲間からのサポート、信頼、選択や影響を与える機会といった要素が、学生のエージェンシーにどのように作用するかにアプローチしている。これらの研究によって提供されるエージェンシーの評価指標は、教育現場で子どもの自律性や自己決定性をどのように支援するかについて、実践的な洞察をもたらす可能性がある。

表 9-1　エージェンシー尺度

構成要素	使用する尺度[1]
成長マインドセット	Dweck, Chiu & Hong（1995）
希望	加藤・スナイダー（2005）
アイデンティティ	下山（1992）
動機づけ	Kosovich, Hulleman, Barron, & Getty（2015）
目的意識	Sharma, Yukhynebko & Kang（2017）
自己効力感	坂野・東條（1986）
所属感	Malone Pillow & Osman（2012）

出典：木村と一柳（2022）

表 9-2　生徒エージェンシー評価

領域	因子
主体的態度	動機づけ、自己効力感、内省、成長マインドセット
主体的行動	目標形成、主体性実行、努力継続
地域エージェンシー	コミュニケーション、配慮、協力、地域意識、関与

出典：Jo et al.（2022）

---

[1] ここで掲載する文献については次を参照のこと。
- Dweck, S. C., Chiu, C. & Hong, Y.（1995）. Implicit theories and their role in judgements and reactions: A world from twoperspectives, *Psychological Inquiry*, 6(4), 267-285.
- 加藤　司・Snyder, C. R.（2005）「ホープと精神的健康との関連性―日本版ホープ尺度の信頼性と妥当性の検証」『心理学研究』76(3)、pp. 227-234
- 下山晴彦（1992）「大学生のモラトリアムの下位分類の研究―アイデンティティの発達との関連で」『教育心理学研究』第 40 巻、pp. 121-129
- Kosovich, J. J., Hulleman, C. S., Barron, K. E., & Getty, S.（2015）. A practical measure of student motivation: Establishing validity evidence for the expectancy-value-cost scale in middle school, *Journal of Early Adolescence*, 35(5-6), 790-816.
- Sharma, G., Yukhynebko, M., & Kang, Z.（2017）. Sense of purpose scale: Development and initial validation, *Applied Development Schience*, 21(2), 188-199.
- 坂野雄二・東條光彦（1986）「一般性セルフ・エフィカシー尺度作成の試み」『行動療法研究』12、pp. 73-82
- Malone, G. P., Pillow, D. R., & Osman, A.（2012）. The General Belongingness Scale (GBS): Assessing achieved belongingness, *Personality and Individual Differences*, 52, 311-316.

表 9-3　大学生のエージェンシー（AUS）尺度

領域	因子
個人の主体的な意思や行動	関心と意欲、自己効力感、能力信念、参加活動
エージェンシーの互恵性	平等な扱い、教師のサポート、仲間のサポート、信頼
コンテクストに根ざしたエージェンシーの源泉	影響を与える機会、選択をする機会

出典：Jääskelä et al.（2017）

（2）エージェンシー評価の課題

　エージェンシーの評価は、子ども自身の自己認識や文化的背景といった複数の複雑な要素に依存する。自己報告調査は子どもや教師が自己のエージェンシーを評価する際に一般的に用いられ、学習目標の設定、自己調節、自己効力感、目標達成へのコミットメントといったエージェンシーの多様な側面を評価するための手段である。しかし、この方法は社会的望ましさバイアスや過剰自信評価・過小評価といった複数のバイアスに影響されやすい。

　例えば、IGS 社が実施する AiGROW というコンピテンシー測定システムでは、被評価者のパーソナリティタイプによって評価結果に差が生じることが確認されている（表 9-4）。外向性と内向性では他者からの評価に違いは見られないが、自己評価では内向性の方が総じて低い傾向が見られる。これはエージェンシー評価が自己認識に大きく依存しているため、個々の性格や気質による認識の違いを考慮する必

表 9-4　内向性と外向性による自己評価・他者評価の違い

	他者評価		自己評価	
	外向性	内向性	外向性	内向性
平均 / 個人的実行力	60.2	59.7	64.9	60.8
平均 / 自己効力	59.4	57.9	55.5	49.1
平均 / 創造性	57.4	55.6	56.9	50.2
平均 / 課題設定	59.4	59.9	61.5	52.3
平均 / 興味	57.6	60.2	61.6	61.7
平均 / 地球市民	58.1	58.6	62.6	57.8

出典：IGS 社によるコンピテンシー測定システム「AiGROW」

要があることを示している。その結果、自己認識を向上させる介入やエージェンシーを強化するための個別の対策の検討が必要とされる。

　また、文化的背景は子どもの学習行動、動機づけ、教育に対する態度に大きく影響を及ぼすため、エージェンシーの評価と発展において考慮することが不可欠である。Hofstede（1986）の文化次元理論やStevensonとStigler（1992）の「The Learning Gap」によると、個人主義文化と集団主義文化の間で子どもの自律性や協力性に影響を与えることを示している。一部の文化では教師中心の学習が推奨され、子どもの自発的な学習エージェンシーが抑制される可能性がある。したがって、生徒エージェンシーを促進するためには、子どもの文化的背景や経験に合わせて教育方法を調整する必要がある。

（3）評価方法

　前項で触れたように、文化的背景や潜在的なバイアスは評価結果に影響を与え、子どものエージェンシーを正確にとらえることを難しくする可能性がある。そのため、これらの課題に対処し、より包括的かつ正確な理解を促進するためには、観察、自己報告、質的研究、そして相互評価を含む多様なアプローチを組み合わせて利用する必要がある。これにより、生徒エージェンシーのさまざまな面をとらえ、深い洞察を得ることができる。

観察研究

　子どもが日常の学習環境でどのように振る舞うかを直接観察し、エージェンシーの外面的な表現を特定する手法である。子どもが新しい課題にどう取り組むか、挑戦にどう対処するかといった、自律性や自己決定性を示す行動が明らかになる。

自己報告調査やアンケート

　子ども自身によるエージェンシー感、モチベーション、学習への関与度の自己評価が可能であり、子どもが自己をどれだけ能動的な学習者と見なしているか、自己効力感や目標設定に対する認識を理解する上で役立つ。

インタビューやフォーカスグループ

　生徒エージェンシーに関する深い洞察を得ることができる。これらの質的な方法は、子どもが自己主導学習の経験や学習環境とどのように関わっているか、その解

釈を詳細に探ることを可能にする。

ケーススタディ
　特定の子どもやグループの詳細な分析を通じて、エージェンシーの発達に影響を与えうる個別事例を深く調査する手法であり、個々の生徒のエージェンシーがどのように形成され、発達していくかについての複雑なダイナミクスを理解するのに特に有用である。

実験的または準実験的デザインの利用
　特定の介入や教育実践が子どものエージェンシーにどのような影響を与えるかを検証できる。この方法は、自律支援的な教育戦略が生徒の自己効力感や学習モチベーションにどのような変化をもたらすかなど、具体的な介入の効果を評価するのに役立つ。

相互評価
　子ども同士が互いの学習プロセス、自律性、自己決定性を評価し合うプロセスであり、子どもが同級生の学習行動や取り組み方を観察し、具体的なフィードバックを提供する機会をもつ。このアプローチは、子どもが互いのエージェンシーに対する理解を深め、学習環境内での協力的な関係を促進するのに役立つ。相互評価は、同級生など自分を知る仲間からのフィードバックを通じて、子どもの自己認識とエージェンシーの発達に貢献し、文化的背景や個人間の違いを考慮した多様な視点からのフィードバックを可能にする。

(4) 評価結果のトラッキングと対処法の提案

　エージェンシーに対する介入の効果を適切に評価するためには、評価結果のトラッキングと、その結果に基づいた対処法の提案が重要となる。一般的に、コンピテンシーの変化を観察するためには、変化を定期的にとらえることが必要であり、3ヵ月ごとの評価が一般的な基準として採用されている。この期間設定は、教育的介入の効果を適切に測定するためのものであり、Borman ら (2003) による研究でも、子どもの学習成果を向上させるためには最低でも1学期、あるいは12週間の継続的なプログラムが必要であると指摘されている。しかしながら、すべての教育環境やプログラムにおいてこの期間が適切であるとは限らず、個別の状況やプログラム

の特性に応じた柔軟な計画と評価が求められる。例えば、短期間で明確な成果を期待するようなプログラムや、長期にわたる深い学習変容を目指すプログラムでは、評価のタイミングや評価する指標を変える必要がある。

　評価結果のトラッキングでは、定量的なデータだけでなく、子どもや教師からの質的なフィードバックも重要な情報源となりうる。このような多角的なアプローチにより、プログラムの効果をより正確に把握し、必要に応じて教育プログラムの調整や改善を行うことができる。

　評価結果に基づく対処法の提案には、介入の内容を見直すこと、教育方法や教材の改善、子どものモチベーションや自己効力感を高めるための支援策の導入などが含まれる。また、評価結果を子どもや保護者と共有し、学習目標に対する共通理解を深めることも、教育的介入の効果を高めるためには重要である。

　このように、エージェンシーの評価結果のトラッキングと対処法の提案は、教育的介入の成功を確実にするために、計画的かつ継続的な取り組みが必要である。

3. 教師エージェンシーの評価

　教師エージェンシーとは、教師が自身の専門的知識、スキル、および専門性を活用し、カリキュラムを共同で設計し、それを効果的に実施するための権限をもつことを指す（OECD, 2019=2020）。この定義から分かるように、教師エージェンシーは教育内容の伝達を超える概念であり、教師が自らの教育実践を主導し、学習環境を創造的に改善し、子どもの学びを最大化するための意欲と能力をもつことを含む。

　Priestleyら（2015）は、教師エージェンシーが個人の能力に加え、教育政策、学校文化、同僚との関係性など外部のコンテクストによっても形成されると指摘している。これは、教師エージェンシーが単一の要素によって決定されるのではなく、多様な要因が相互作用することによって形成される複雑な構造であることを示している（図9-1）。

　本章では、教師エージェンシーの評価方法とその実践への適用について検討する。

（1）教師エージェンシーの評価指標

　扇原ら（2022）は、生徒エージェンシーに含まれる「目標設定」「振り返り」「自身の行為や決定に責任をもつ」という3つの要素を教師エージェンシーにも援用し、教育実践において発揮されると考えられる4項目を作成している。

第Ⅲ部　エージェンシーと評価・測定

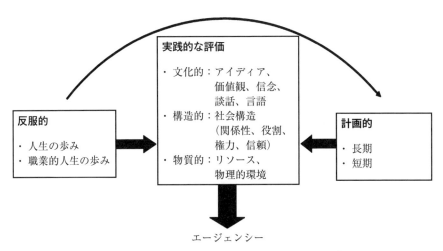

図 9-1　エージェンシーの成果を理解するためのモデル

出典：Priestley et al.（2015）、和訳は筆者

・職業上の目標を達成する方法を責任をもって自分で選択し、実行している
・教師として何をすべきか自分で目標を立てている
・自分の行った教育実践を次の行動のために振り返っている
・学習指導要領や学校の計画に沿いつつも、可能な限り子どもに適した授業や活動を教師の判断で柔軟に展開している

(2) デジタル技術と教師の効力感

　近年、教師の技術活用能力と自己効力感に関する研究が注目されている。この研究動向は、デジタル技術を教育にどのように統合するか、また多文化教育における教師のエージェンシー（教師が異文化間交流や多文化教育において果たす役割と影響力）に焦点をあてたものである。Mishra & Koehler（2006）によって提案された TPACK（Technological Pedagogical Content Knowledge）の枠組みは、教師がデジタルツールを効果的に活用する能力を評価するための基盤となる（図 9-2）。これは、教育内容の知識（Content Knowledge: CK）、教授法の知識（Pedagogical Knowledge: PK）、技術知識（Technological Knowledge: TK）の3つの主要な要素と、これらの要素間の相互作用から成る複合知識を指す。具体的には、教育内容と教授法の融合知識（Pedagogical Content Knowledge: PCK）、技術と教育内容の融合知識（Technological Content Knowledge:

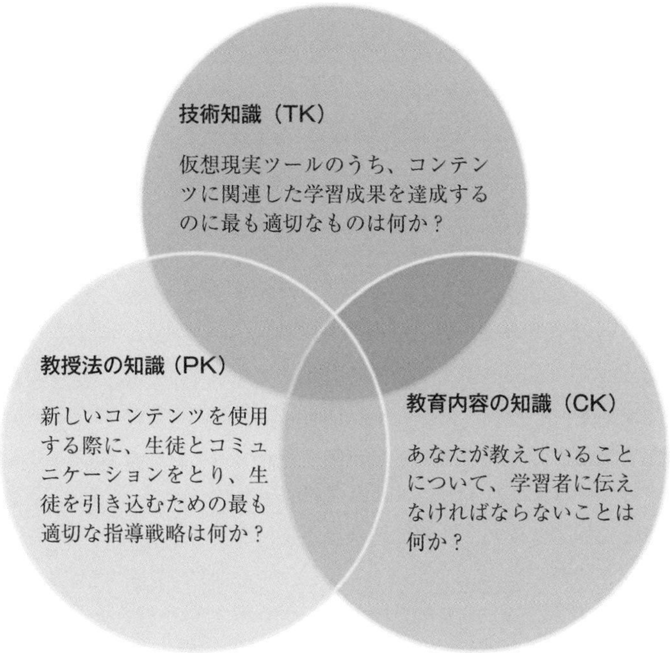

第9章 生徒と教師エージェンシーに着目して

技術知識（TK）
仮想現実ツールのうち、コンテンツに関連した学習成果を達成するのに最も適切なものは何か？

教授法の知識（PK）
新しいコンテンツを使用する際に、生徒とコミュニケーションをとり、生徒を引き込むための最も適切な指導戦略は何か？

教育内容の知識（CK）
あなたが教えていることについて、学習者に伝えなければならないことは何か？

図9-2　TPACK
出典：Mishra & Koehler（2006）、和訳は筆者

TCK）、技術と教授法の融合知識（Technological Pedagogical Knowledge：TPK）、そしてこれらすべてを統合した知識（Technological Pedagogical Content Knowledge：TPCK）を含む。

　Zengら（2022）は、教師が授業でデジタル技術をどのように取り入れ、その自信が教育内容、教授法と融合した知識体系（TPACK）にどのように作用するかを解明することで、教育現場との相互作用を深く理解するための新たな視点を以下のように提供している。教師が自己の技術活用に対する自信、つまり自己効力感を高めることができれば、TPACKを発展させ、子どもの学習体験を豊かにし、教育の質を向上させることが可能となるという。

　自己効力感の重要性：教師が自分自身でデジタルツールを使って授業を行う能力に自信をもつことで、より効果的に技術を教育に統合し、子どもの学習体験を豊かにすることが可能となる。

　デジタル技術の活用：自己効力感が高い教師は、デジタル技術を使って授業をよ

り魅力的にし、子どもの関心を引きつける方法を見つけることができる。

教師の成長：自己効力感を高めることは、教師がデジタル技術を教育に統合する上での自信と能力を育て、教育の質を向上させる重要なステップである。

(3) 生徒エージェンシーを発展させる教師の実践メニューと影響を与える要因

教師エージェンシーを発展させるために、学校でどのような実践が行われ、その効果を理解することは有用だと考えるため、以下に1つの事例を紹介する。

Zeiser ら (2018) は、生徒エージェンシーの発展を促進または阻害する教師の実践を特定し、教育のコンテクストや生徒のサブグループごとにこれらの実践がどの程度効果的であるかを評価することを目的として、教師のフォーカスグループを通じて議論を実施した。この研究により、生徒エージェンシーを発展させるために教師が用いる17の指導実践が特定され、そのなかから7つが選ばれて検証された。表9-5の詳細に記述された3つの実践は、研究期間である2017年秋から2018年春にかけて検証された。

研究結果によると、2018年春のフォーカスグループでは教師たちが生徒のエージェンシーの発展を目の当たりにしたことが報告された。生徒はエージェンシー向上の目標に基づき、サポートを求める能力を高め、フィードバックを積極的に求めて自らの作業を改善しようとする態度を示した。これらは成功への実践として認識され、子どもの自律性、リソースへのアクセス、仲間からの支援の求め方が向上した。授業設計に組み込まれたフィードバックを活用しての学び、内容の習得への姿勢が観察された。教師からは、自信、協力、コミュニケーション、時間管理のスキルが向上した事例が報告された。

また、生徒のエージェンシーを促進する教育実践の利用に影響を与える要因として、教師の協力、ファシリテーションなどの専門的能力の開発、子どもが自主的に活動できるようにするための学校全体のサポートが重要であることが特定された。しかし、自己効力感、自己調整学習能力、持続性などのエージェンシーに関連するアンケート調査では、教科、社会経済的背景、性別などの違いにより、異なるグループ間で測定の効果が均等でないという課題が指摘されている。さらに、学年を通じて生徒エージェンシーの測定値に大きな変化が見られなかった点も、評価の課題として挙げられている。これらの課題は、生徒エージェンシーの測定と評価方法の改善と精緻化の必要性を示唆している。

表9-5　生徒エージェンシーに関する教師の実践メニュー

子どもの機会	選択	教師は、子どもが作品の内容やプロセスについて選択する機会を提供する。
	外部の機会を活用する	教師は、子どもが教室の外でエージェンシーを発揮する機会を提供し、教室の外でのエージェンシーと教室での応用を結びつける。
	修正の機会	教師は、子どもがフィードバックを受けた後、課題やテストを修正する機会を提供する。
	子どもの自己振り返り	教師は、日記や日誌、その他の体系化されたテンプレートやツールを使って、子どもに自己を振り返る機会を提供する。
	子ども主導の指導	教師は、特定のスキルや概念に関する指導を主導することで、子どもがエージェンシーを発揮する機会を提供する。
子どもと教師のコラボレーション	人間関係を築く	教師は子どもと個人的な関係を築き、子どもの長所、ニーズ、動機づけをよりよく理解する。
	フィードバック	教師は子どもにフィードバックを提供し、子どもがフィードバックを求めるプロセスを足場固めする。
	目標設定	教師は、子どもがエージェンシーを高めながら授業科目を履修するための目標を設定するのを助ける。
	個人面談	教師は子どもと1対1の面談を行い、生徒エージェンシーの要素と学業との関係について話し合う。
	子どもの声	教師は子どもが教室での重要な決定に貢献し、フィードバックを提供する機会を提供する。
教師主導のアプローチ	評価	教師は、生徒エージェンシーを評価するため、またはエージェンシーを育むための外発的動機を子どもに与えるために、形成的評価と総括的評価をデザインする。
	直接指導	教師は、生徒エージェンシーに関連するスキルを伸ばすための明確な指導を行う。
	モデリング	教師は生徒エージェンシーをモデル化し、意味のあるコンテクストで生徒に示す。
	積極的な強化	教師は生徒エージェンシーの発揮に対して積極的な補強を行う。
	足場作り	教師は、子どもがエージェンシーを習得するための足場となるツール、戦略、リソースを子どもに提供する。
	声かけ	教師は、生徒エージェンシーを示す行動を強調したり、思い出させたりするために、リアルタイムで短い発話による促しを行う。

出典：Zeiser et al.（2018, p. 38）をもとに筆者が作成

第Ⅲ部　エージェンシーと評価・測定

4. 共同エージェンシーの評価

　共同エージェンシーの評価に関して、先行研究と実践的な評価方法を紹介し、評価における課題と改善策について議論したい。

(1) 共同エージェンシー評価のポイント

　教師と子どもの共同エージェンシーの計測は、実践的指標と先行研究に基づく理論的枠組みが不可欠である。共同エージェンシーは、学習過程で教師と子どもが相互作用し、共同で学習目標を設定し、学習活動を計画・実施する過程を示す。以下に、具体的な計測指標を焦点とし、それぞれの指標に関連する先行研究を紹介する。

学習目標の共同設定

　先行研究は、目標設定が子どものモチベーションとエンゲージメント[2]を高める重要な要素であることを示している（Locke & Latham, 2002）。教師と子どもが共同で学習目標を設定することは、子どもの自律性を促進し、学習成果を向上させることが可能である（Deci & Ryan, 2000）。

学習活動の共同計画と実施

　教師と子どもが学習活動の計画と実施に共同で取り組むことは、子どもの参加とエンゲージメントを深めるとされる（Bovill et al., 2011）。このアプローチは、学習過程における子どものエージェンシーを高め、より深い学習へ導くと報告されている。

教育的意思決定への子ども参加

　教育的意思決定への子どもの参加は、生徒エージェンシーを促進するとともに、教育プロセスにおける民主性を高めるとされている（Fielding, 2004）。このプロセスは、教育の質を向上させ、子どもと教師の関係を強化することが示されている。

相互評価とフィードバック

　相互評価とフィードバックは、学習者の自己調整学習能力を高めるための重要な

---

2) 関心、積極的な取り組み、学習へのコミットメントのこと。

手段である（Nicol & Macfarlane-Dick, 2006）。フィードバックを通じて、子どもは自身の学習を省察し、改善策を考えることが可能である。

振り返りと自己評価の共同実施

振り返りと自己評価のプロセスは、子どもが自身の学習過程を意識し、深い学習を促進することを目的としている（Zimmerman, 2002）。教師と子どもが共同でこのプロセスを実施することで、学習の自律性と責任感を育むことが可能である。

Santana Martel と Perez Garcías（2022）による研究では、高等教育において評価そのものを教師と子どもの共創で作成した。子どもはこのプロセスを通して、他者から学び、意思決定能力を向上させる主体的な学習者になったと考え、エージェンシー強化を示唆している。

これらの指標と先行研究は、教師と子どもの共同エージェンシーの計測と評価において重要な指針を提供する。教育現場で共同エージェンシーの実現を目指すには、これらの指標を定期的に評価し、教育実践の改善に役立てることが重要である。

(2) エージェンシーに影響を与える環境分析（コンテクスト分析）

共同エージェンシーの形成と発展において、教育環境やコンテクストが果たす役割は極めて重要である。本項では、教室環境、教育方針とカリキュラム、教育技術の活用、社会文化的背景、教師の役割と信念という5つの主要なコンテクストに焦点をあて、それぞれが共同エージェンシーにどのように影響を及ぼすかを先行研究を交えながら考察する。

学習環境

Lippman（2010）は、物理的な学習環境が子どもの学習結果に与える影響について詳細に検討し、開放的で柔軟な教室レイアウトが子どもの協働学習とエンゲージメントを促進することを示した。この研究は、教室の物理的な構成が子ども間の相互作用や教師と子どもの関係構築に直接的な影響を与え、共同エージェンシーの形成を支援することを強調している。開放的で柔軟な学習環境になっているのか、アンケートや相互作用の観察などを通じて評価する必要がある。

社会文化的背景

Gay（2010）は、子どもの文化的背景を認識し尊重し、それを教育プロセスに統合する教育アプローチがどのように学習者のエンゲージメントと学習成果を向上させるかを探り、学習者の社会文化的背景が共同エージェンシーの形成に重要な影響を与えることを示した。この研究は、異なる文化的背景をもつ学習者が相互に協力し、学習プロセスにおいて互いに影響を与え合うプロセスを強調している。

教師の役割と信念

Hattie（2008）は、教師の信念や指導スタイルが学習者の成果に与える影響についてのメタ分析を行い、教師が学習者の自律性を支援し、彼らの意見やアイディアを価値あるものとして受け入れることが共同エージェンシーの強化に不可欠であることを示した。

これらの研究は、共同エージェンシーの形成と発展に影響を与えるさまざまなコンテクストを理解する上での基盤を提供し、教育実践における教師と子どもの協働の重要性を強調している。

おわりに

エージェンシーの評価は、学習者の自立性と成長に不可欠であり、教育の質を向上させる重要な手段である。このプロセスは、教師に過度の負担をかけず、学習者が自己実現への道を切り拓くための支援となるべきである。教育現場で教師が直面する日々の挑戦と、さまざまなステークホルダーからのプレッシャーは認識されている。エージェンシーの評価を通じて、教師と学習者、そして教育コミュニティ全体が互いに連携し、支え合い、共に成長していくことが目指されている。

このプロセスを支援するためには、コレクティブ・インパクトの考え方が有効である。これは、異なるセクターや組織が共通の目標達成のために協力する枠組みであり、教育においては、学校、地域社会、政策立案者、民間企業が連携し、学習者のエージェンシーを高める取り組みを支援する。具体的な評価指標に基づくインパクト評価は、教育プログラムや政策の効果を測定し、改善策を導き出すために重要である。今回は主に教師と生徒のエージェンシーに焦点をあてたが、今後は、学習者のエージェンシーを高める取り組みにおいて、教師だけでなくすべての関係者の

貢献を評価する具体的な指標の開発が求められる。

　教育者は、各学習者の能力と可能性を見極め、それを支援する実用的な戦略を採用することが求められる。学習者のエージェンシーを効果的に評価し、促進するためには、教育コミュニティ全体での協力が必要である。この共同の努力は、学習者が自分の未来を自ら形成し、社会に貢献する力を育むことを可能にする。

　私たちは、教育の現場で直面する課題を共に乗り越え、教師と学習者双方が満足できる成果を達成するための方法を模索し続ける必要がある。インパクト評価とコレクティブ・インパクトの枠組みを活用することで、教育改革の取り組みをより包括的かつ効果的に進めることができるだろう。

[引用・参考文献]

・扇原貴志・柄本健太郎・松尾直博・雨宮沙織（2022）「教師エージェンシーの想定要素の検討　その関連要因とコンピテンシー育成の手立ての頻度との関連」『関係性の教育学』21(1)、pp. 33-52
・木村　優・一柳智紀（2022）「解放と変革の力としてのエージェンシーを再考する」『教師教育研究』15、pp. 411-418
・Borman, G. D., Hewes, G. M., Overman, L. T., & Brown, S. (2003). Comprehensive school reform and achievement: A meta-analysis. *Review of educational research*, *73*(2), 125-230.
・Bovill, C., Cook-Sather, A., & Felten, P. (2011). Students as co-creators of teaching approaches, course design, and curricula: implications for academic developers. *International Journal for Academic Development*, *16*(2), 133-145.
・Cury, F., Elliot, A. J., Da Fonseca, D., & Moller, A. C. (2006). The social-cognitive model of achievement motivation and the 2×2 achievement goal framework. *Journal of personality and social psychology*, *90*(4), 666.
・Deci, E. L., & Ryan, R. M. (2000). The "what" and "why" of goal pursuits: Human needs and the self-determination of behavior. *Psychological inquiry*, *11*(4), 227-268.
・Elliot, A. J., McGregor, H. A., & Gable, S. (1999). Achievement goals, study strategies, and exam performance: a mediational analysis. *Journal of educational psychology*, *91*(3), 549.
・Fielding, M. (2004). Transformative approaches to student voice: Theoretical underpinnings, recalcitrant realities. *British educational research journal*, *30*(2), 295-311.
・Gay, G. (2010). Acting on beliefs in teacher education for cultural diversity. *Journal of teacher education*, *61*(1-2), 143-152.
・Hattie, J. (2008). *Visible learning: A synthesis of over 800 meta-analyses relating to*

- *achievement.* routledge.
- Hofstede, G.（1986）. Cultural differences in teaching and learning. *International Journal of intercultural relations, 10*（3）, 301-320.
- Jääskelä, P., Poikkeus, A. M., Vasalampi, K., Valleala, U. M., & Rasku-Puttonen, H.（2017）. Assessing agency of university students: validation of the AUS Scale. *Studies in higher education, 42*（11）, 2061-2079.
- Jo, Y., Park, S., & Jung, W.（2022）. Development of Tools to Measure Student Agency for middle and high school students, 22（11）, 189-211.
- Latham, G. P., Locke, E. A., & Fassina, N. E.（2002）. The high performance cycle: Standing the test of time. *Psychological management of individual performance, 5*（6）, 201-28.
- Lewin, K.（1935）A Dynamic Theory of Personality. New York: McGraw-Hill.
- Lippman, P. C.（2010）. *Evidence-based design of elementary and secondary schools: A responsive approach to creating learning environments.* John Wiley & Sons.
- Mishra, P., & Koehler, M. J.（2006）. Technological pedagogical content knowledge: A framework for teacher knowledge. *Teachers college record, 108*（6）, 1017-1054.
- Nicol, D. J., & Macfarlane-Dick, D.（2006）. Formative assessment and self-regulated learning: A model and seven principles of good feedback practice. *Studies in higher education, 31*（2）, 199-218.
- OECD.（2019）. Learning Compass Concept Notes, https://www.oecd.org/education/2030-project/contact/（Accessed: 28th December 2022）,（=秋田喜代美ほか（訳）（2020）「OECD ラーニング・コンパス（学びの羅針盤）2030（仮訳）」https://www.oecd.org/content/dam/oecd/en/about/projects/edu/education-2040/concept-notes/OECD_LEARNING_COMPASS_2030_Concept_note_Japanese.pdf）
- Priestley, M., Biesta, G., & Robinson, S.（2015）. Teacher agency: What is it and why does it matter?. In *Flip the system*（pp. 134-148）. Routledge.
- Santana Martel, J. S., & Perez Garcías, A.（2022）. Students' Agency and Self-Regulated Skills through the Lenses of Assessment Co-Creation in Post-COVID-19 Online and Blended Settings: A Multi-Case Study. *Journal of Interactive Media in Education, 2022*（1）.
- Zeiser, K., Scholz, C., & Cirks, V.（2018）. Maximizing Student Agency: Implementing and Measuring Student-Centered Learning Practices. American Institutes for Research. American Institutes for Research.
- Zeng, Y., Wang, Y., & Li, S.（2022）. The relationship between teachers' information technology integration self-efficacy and TPACK: A meta-analysis. *Frontiers in Psychology, 13*, 1091017.

・Zimmerman, B. J.（2002）Becoming a self-regulated learner: An overview. *Theory into practice*, *41*(2), 64-70.
・AI GROW.（n.d.）. AI GROW. Retrieved January 5, 2024, from https://www.aigrow.jp/

第 10 章

生徒エージェンシーと場面

長谷川友香

はじめに

本章では、生徒エージェンシー、つまり「変革を起こすための目標を設定し、振り返りながら責任ある行動をとる能力」(OECD, 2019=2020, p. 3) の形成的評価を、それがもたらす世界生成 (worlding)[1] を通じて行う単位として「場面」という単語を社会科学的に概念化・理論化する必要性について論じる。ここでは暫定的に「場面」を、エージェンシーの発揮により引き起こされた現象を記録する視聴覚的な媒体であり、環世界[2]を映し出す要素の集合体だと定義する。そして繰り返すようであるが、本章のねらいは、生徒エージェンシーを能力としてではなく、その能力が引き起こした現象として記録される環世界の生成・編成「場面」をもとに形成的な評価を行うことの提案である。それは評価の対象を OECD の生徒エージェンシー

---

1) 世界生成は資本や労働力の物理的な移動を指すグローバル化とは別に、文学的・文化的な世界観や価値観の広がりを指し、植民地支配下で支配国の文学的・文化的世界が占領国のそれを制圧してネイティブに劣等感を与えるとの批判がなされる一方で (Spivak, 1985)、グローバル化する都市を政治経済的な理論を用いて一義的な分析を行うことを批判し、状況や文脈に応じて多面的で・空間的な広がりと変容を通して論じる研究もある (Roy & Ong, 2011)。
2) ここでは Spivak や Roy & Ong が論じる文学的・文化的な「世界」が生物学的な身体機能と密接に関係し、また人間以外の生物との共生も含める必要性から「世界」を「環世界」に拡張している。「環世界」とは、ヤーコプ・フォン・ユクスキュルが提唱し、日高敏隆が訳した、次のように定義される生物学の概念である:「生物と無関係に外に存在する世界ではなく、生物が自己を投影した形での世界のことで、これが生物の生きる環境となるというもの」(コトバンク・日本大百科全集 (ニッポニカ) から引用: https://kotobank.jp/word/%E7%92%B0%E4%B8%96%E7%95%8C-2127701)。

の定義に含まれる「振り返りながら責任ある行動をとる」子どもの諸活動から、教師と生徒に限らず教育のステークホルダーとなるさまざまな立場や役割の人たちによる多方向間での「伝達の事実」（時枝，2008，p.190）にシフトさせることを意味する。そして伝達の事実をとらえることのできる「場面」を概念化・理論化することは、生徒エージェンシーや共同エージェンシーが地域・学校共同体をウェルビーイング溢れる環世界として生成・編成できているかを検証するために必要だと論じる。

具体的には、東京学芸大学次世代教育研究推進機構（以下、NGE）が実施した「OECDとの共同による次世代対応型指導モデルの研究開発」プロジェクトの平成27～29年度研究活動最終報告書（2019）[3]をもとに生徒エージェンシーと「場面」の概念化・理論化の必要性に関する考察を行う。NGEはコンピテンシーの学習と指導の過程を「場面」という単位で分析評価している。このように「場面」は、コンピテンシーの育成過程としての生徒エージェンシー[4]の分析と評価、また必要に応じて介入措置をとるための重要な概念であるにも関わらず、その学術的な理論づけがいまだなされていない。本章は、この課題への取り組みである。東京学芸大学附属の幼稚園、小学校、中学校でコンピテンシーが育成される「場面」からその特徴を抽出し、日常語として使われている「場面」という単語を、国語学者である時枝誠記の言語過程説に基づき、形成的な知識の学習・実験・分析・説明・生活実践の循環を作る単位として位置づける。そうすることで、アングロ・サクソンの社会科学的理論から輸入された「エージェンシー」概念を日本の文化的・歴史的文脈において再帰的に考察し、その上で生徒エージェンシーや共同エージェンシーを、その実践において生成・編成される環世界を映し出す「場面」をもとに評価できるのではないかと論じる。

---

[3] 「OECDとの共同による次世代対応型指導モデルの研究開発」プロジェクトの平成27～29年度研究活動最終報告書はNGEのHP「成果発信」を参照。
https://www2.u-gakugei.ac.jp/~jisedai/contents/vol6_forHP_ver201903b_v2.pdf

[4] 文部科学省とOECD双方の立場からEducation 2030プロジェクトに関わった白井 俊はコンピテンシーとエージェンシーの関係性を次のようにまとめている：「Education 2030では、エージェンシーには「目標」の側面と「プロセス」の側面の両方があるとしている（OECD, 2019=2020）。別の言い方をすれば、エージェンシーというコンピテンシーの育成という側面と、コンピテンシーを育成するプロセスとしてのエージェンシーの側面という2つの側面があるとされている」（白井，2020，p.88）。

第Ⅲ部　エージェンシーと評価・測定

1. エージェンシー概念と2つの権力構造

　日本語で「エージェンシー」という概念を理解する上で見落とされるのが、そこに付随する2つの権力構造である。まず、教育現場で「エージェンシー」を育成する上で検討すべき権力構造は、社会的に権威ある立場や役割をもつ大人と、その大人から学ぶという立場や役割をもつ子どもの関係性を作る権力構造である。教育現場における「エージェンシー」概念が、この権力構造を批判する概念として一般的に取り上げられているのもその問題意識によるものだろう（木村・一柳，2022；小玉，2023）。しかし、このことは逆に、生徒エージェンシーを育成した教師の知識や役割を保証する知識体系や教育制度が生徒エージェンシーによって批判、あるいは否定されることを前提にしなければならない。つまり、エージェンシーを発揮するということは、程度の差こそはあれ、現存の権力構造を直接的あるいは間接的に変えるということである（Giddens, 1979; Archer, 1995）。また、その逆も然り、エージェンシーが発揮されなければ権力構造は変わらない。これを学校という特定の社会構造に置き変えて考えた場合、現在受け入れられている知識を擁護する学校や教育制度の現実は、教師の側から見れば自身の権威ある知識とその価値を保証してくれている制度である。生徒エージェンシーを育成するということは、教師は生徒に対して自身の権威的立場とそれを裏づける知識体系を崩す恐れのある学びの機会を保障するということである。また反対に、生徒が自身の権威的立場とそれを裏付ける知識体系や教育制度の「常識」を問わずに卒業したとすれば、それは教師としての責務を負えなかったことになる。

　どちらに転んでも教師という立場はBateson（1972）が言うような「ダブルバインド（二重拘束）」にあるが、重要なのは、生徒がエージェンシーを発揮することは、大なり小なり教師の権威が保たれている構造を揺るがすことを前提としている点である。エージェンシーを測定・評価することが難しいのは、エージェンシーが測定や評価の価値基準をそもそも提供する構造化された社会関係と知識体系を批判あるいは否定する行為だからである。この観点から「Education 2030プロジェクト」によるエージェンシーの定義、「変化を起こすための目標を設定し、振り返りながら責任ある行動をとる能力」（OECD, 2019=2020）を読むと、なぜ「評価」ではなく「責任」が強調されたのかが推測できる。つまり既存の社会構造の批判や否定にとどまらず、新しい社会の開拓者として変化を積極的に進める行為や実践には、それが自

己満足で終わらないための社会的責任が伴うことを示した定義になっているのだと解釈できる。

　次に問題となるのが、社会科学的知識の権力構造である。アングロ・サクソンの英語文化に由来するエージェンシー概念は、社会構造と対をなす社会科学の重要な理論的枠組みであり、それはアングロ・サクソン文化における社会的現実の解釈に基づくものである（例えば，Giddens 1979; Archer 1995）。さらに、構造の否定や変革として位置づけられるエージェンシーは、エージェンシーを発揮する人物や動物の自由意思によるものであり、エージェンシーの力と責任はその担い手（エージェント）に依拠する（例えば，Archer 1995; Tomasello 2022）。このようにエージェンシーの概念には、個人の自由意思を阻害する社会的・経済的構造という文化的・歴史的な文脈がその前提条件として存在する。これに対して、例えばNGEの報告書を例にとっても言えることだが、日本語が織りなす文化的・歴史的世界観では、個人は社会と対立する存在として位置づけられることは少なく、代わりに関係性の構築を価値づけるため、エージェンシーを明確な主体と客体の相互作用としてとらえにくいところがある。そのため欧米では生徒の主張や意見として解釈されるようなエージェンシーも、日本では教師に対する「反抗」や「自分勝手」な行為だとしてネガティブにとらえられてしまうことがある。さらに、そのような解釈が生んでしまう社会的現実を研究対象とする社会科学では、欧米社会の「個人主義」に対して日本社会は「集団主義」だというステレオタイプが言説化され、日本では個々人の主張が尊重されない（つまりエージェンシーが発揮されない）「馴れ合い」や「甘え」から抑圧的あるいは非健全的な人間関係が構築されているという分析がなされてしまう（例えば，土居，1971）。

　欧米社会の普遍性に対する日本社会の特異性はこのようなロジックに支えられてきたのだが、これも「エージェンシー」概念が孕む社会科学的知識体系の権力構造であり、明治以降から科学的研究の概念や技術が欧米から輸入されてきた歴史に由来する知的なねじれである。しかし、ポスト構造主義やポストモダン主義の流れから個人の脱中心化が提唱され、それに伴って個人主義的方法論への批判も強まり、エージェンシーを過程的にとらえる動きも出てきた。それがGiddens（1984）の構造化理論やArcher（1995）の形態生成論に代表される考え方だが、構造化理論も形態生成論も、個人を社会の単位とするアングロ・サクソンの社会的現実とその文化的解釈はそのまま残っているため、その考え方を日本の教育現場や社会全体に応用することは難しい。そこで、まずエージェンシー概念を日本の文化的・歴史的文脈

に置き直して考えてみることにする。

2.「場面」が問題となった場面

　NGE は、構造化理論や形態生成論ともまったく異なる別の観点から、生徒エージェンシーをコンピテンシーの育成過程として理解し、可視化する道具として「21CoDOMoS（以下、コドモス）」という授業映像配信システムを構築した。コドモスからアクセスできる授業映像は、教師の視点、生徒の視点、それから教室全体の視点をとらえた3本のビデオ画像から構成される。視聴者は、3本のビデオ画像を並べて見ることも、そのうちの1本を主画面として見ることもできる。教師の視点と生徒の視点をとらえたビデオは、それぞれの視点をもつ話者の発言がテロップで表示され、教室全体の映像にはテロップの代わりに教師と生徒の動きやインタラクションが映し出される。さらに、授業で使われた授業計画と黒板の内容もダウンロードできる。コドモスは主に教師を対象に提供されており、授業映像をコンピテンシーの種類から検索し、当該コンピテンシーを育成するための授業手立てとして活用できる。

　筆者は当時コドモスにアップロードされた授業映像のテロップの英訳と、これら授業映像の分析結果を記載した報告書の英訳を担当したのだが、報告書に記述された「場面」という日本語をどう英訳するか悩んだ。一般的な英語では、人物の行動を抽出する場合、それが個人の「アクション」なのか、他者との「インタラクション」なのか、と主語をもとに単語を選ぶ。また、社会学的に分析する場合も、理論によって概念が異なる。例えば、行為する人物が自分の状況に対して経験的な意味づけを行う「フレーミング」（Goffman, 1974）理論もあれば、定量分析と人物の経験的過程の双方から抽出する「イベント」（Abbott, 2001）という概念もある。このような考えを巡らせながら翻訳の作業を進めていた当時の筆者は、「理論にもとづかない場面という単位を使って育成の過程と成果を説明できたのだろうか」と報告書を懐疑的に読んでいた。

　NGE は報告書（2019）で、日本の学校教育（小学校・中学校教育）で育成可能と考えられている7つの汎用的なスキルおよび8つの態度・価値に焦点をあて、実際にこれら15のコンピテンシーが東京学芸大学附属の幼稚園、小学校、中学校で育成されている「場面」を13の教科それぞれから抽出し、分析した。報告書で用いられている「場面」が特徴的で興味深いのは、コドモスが3つの視点を取り入れたの

と同様に、子どもが身につけたコンピテンシーの表出、教師によるコンピテンシーの育成、そして当該コンピテンシーが発揮されている文脈の3つの素材が組み合わさった場面を画像にとらえているところにある。こうしてエージェンシーをコンピテンシーの育成過程として位置づけ、どのようなコンピテンシーが育成されたかの分析と評価を行った。「場面」という単語に引っかかるものを感じなければ、報告書に明記される成果は問題なく読める。3つの視点が融合された「場面」の問題点は、画像に映るエージェンシーが誰のもので、さらに「場面」を通して誰がどのような基準で評価しているのかが明確でない。つまり、エージェンシーがもつ力の所在と責任となる実体が明らかでないことに加え、その行為が何に対してどのような変容をもたらしているのかが、報告書を読む限りどこにも記載されていない。

3. 言語過程説における場面

時枝は、インド・ヨーロッパ言語をもとに構築されたソシュールの構造言語論が日本語に対して非再帰的に適用されてきた明治以降の学問的状況を批判し、ソシュールの構造言語論とは異なる独自の言語論として「言語過程説」を打ち出した（2007; 2008）。時枝は、言語はそれを話す主体を除いては考えられないとし、言語そのものを独立した規則（langue）と状況に応じた発話（parole）に分けることはできないと論じる。少なくとも国語にはまず「主体」「場面」、そして「素材」という存在条件があり、言語はその関連性のなかで生成され、変化を遂げていく生きた活動であると説明する。つまり「主体」は言語を使う者、「素材」は使われる文章や発話を構成する単語などの要素、そして「場面」は、主体の対象となる事物情景と、それに対して主体がもつ態度、気分、感情が含まれる（時枝, 2007, p.61）。さらに時枝は、「場面は純客体的世界でもなく、また純主体的な志向作用でもなく、いわば主客の融合した世界である」（2007, pp.60-61）と主客の融合性を強調している。

これまで欧米で構築されてきたエージェンシー概念は社会構造との対でとらえられてきたのはすでに説明したとおりである。そのためエージェンシー研究は、エージェンシーの起因を探る心理的な内面や意思を対象とした研究と、エージェンシーによる社会の構造的変化を分析する社会学的な研究に大きく二分されている。エージェンシーを主客融合した世界に位置づけないのは、その可変性や曖昧さが科学に適さないと理解されると同時に、そのような世界は現象学、哲学、倫理や美学、宗教、芸術などを含む、「科学」ではない人文学の領域に指定されているからである。

しかしポスト構造主義やポストモダン主義の影響を受けた今日の社会科学では、このような知識体系のヘゲモニーを批判し、多元的な社会的現実や知識体系を認める動きが広がっている。その背後には、ヘゲモニーをもった知識体系が社会的に認められ、正当化されてしまったことで、他宗教や他民族社会の植民地化や、人種差別的な社会制度を容認してきてしまった歴史とその反省がある。時枝が論じるような世界観も例外ではなく、その知識体系において主客融合的な見方・考え方は「未開」の土地に住む「知識を持たない」「野蛮人」がもつ「科学的に立証できない」「間違った世界の見方・考え方」として長く蔑まされてきた。そのため歴史学者の酒井直樹（2010）は、人間科学的理論の構築は自らの知識を再帰的に批判し、その批判的知識をさらに理論化していける「人間性（humanitas）」をもつのは欧州文明のみだと認識されていることについて言及している。同時にアジアから理論が構築できるのか、新たな理論構築の余地についても同論文で問うている。

時枝の「場面」が興味深いのは、エージェンシーが個人の内省的な自覚意識としての再帰性に焦点をあてるのに対して、言語と行動が互いに及ぼす影響を文脈的にとらえているところである。つまり、「場面の概念が、言語の考察に必要であるということは、場面が常に我々の行為と緊密な帰納的関係或いは函数的関係にあるが為である。場面が言語的表現を制約すると同時に、言語的表現もまた場面を制約して、その間に切り離すことの出来ない関係があるからである」（2007, p. 62）。この文章から、時枝の考える「場面」が Archer の考える構造に近いことが読み取れる。

Archer（1995）は、エージェンシーが社会構造を否定する行為だとしても、否定するための文脈やリソースもそこに内包されていなければならないとしている。つまり、構造はエージェンシーより時間的に先に存在する、と主張している。そのため、Archer の形態生成論では人が構造のなかに生まれ、構造によって条件づけられることで初めて、構造との相互作用を通じてエージェンシーを発揮できる、と説明している。しかし時枝は相互作用にはリズムがあることを指摘し、場面を言語のリズムだとした。エージェンシーは抽象的で論理的な「構造」に対立する行為ではなく、エージェントである「作者の何等かの志向によって結ばれている」（2007, p. 183）具体的で物理的な場所において主体が客体界を「包み込む」行為だと説明している（2007, pp. 265-271）。また時枝は、言語が伝統芸能や武道の規範的な動きを示す「型」のように「場面は表現に先立って存在し、そして常に表現そのものを制約するものである」（2007, p. 183）とも述べており、その点において Archer は Giddens の構造化理論に対して批判したように、時枝の言語過程説はエージェン

シーと構造を合成（conflate）していると言うかもしれない。これに対して時枝は、「合成」ではなくて「伝達の事実」（2008, p. 190）だと反論するだろう。

4. 生徒エージェンシーと公共圏

　時枝が場面を伝達の事実として価値づけたことは、エージェンシーを個人に属する能力と考えるGiddensやArcherなどの社会学者から見ると一見矛盾しているように見えるかもしれない。それは上に述べたように、エージェンシーが社会構造を不安定にさせるリスクを伴うからである。他者が理解し、コミュニケーションとして成立する行為を果たしてエージェンシーと呼べるのだろうか。このような疑問に対して2点補足を加えたい。

　まず1点目に、GiddensやArcherのエージェンシー概念は安定的かつ秩序立った社会構造を想定している。前述のとおり、日本では明治以降、欧米諸国の知識や技術を輸入してきた歴史があるだけでなく、震災や戦争などの災害を通してそれまでの常識が覆される経験を幾度としてきた。そのような文化的・歴史的文脈におけるエージェンシーは、近代文明の象徴として覇権を握ってきた欧米社会におけるエージェンシーと姿形が異なることは想定できるだろう。2点目に、GiddensやArcherはエージェンシーをコミュニケーションとして位置づけていないため、そのパフォーマティブな側面について言及していない。しかし社会学者の池上英子（2005）が論じるように、日本では少なくとも江戸時代から社会批判や風刺、そして身分を超えた交際の場をパフォーマティブに扱う多くの芸能が文化的に根づいているだけでなく、それらの芸能を通して体得する礼節が公共圏の形成に大きな役割を果たしている。このようにコミュニケーションの側面をもつエージェンシーは、権力構造の批判や否定がオルタナティブな世界の生成や編成と共に行われることで、批判や否定が個人による政治的発言や社会運動としてではなく、公的な意見や文化的な活動として普及され、市民権の獲得や公共圏の形成にまで及ぶものと考えられる。

　この理解をもとに再びNGEの報告書を読むと、コンピテンシーの育成場面からは子どもたちが知識を獲得し、その知識をもとに自律的な考えや行動、世界との有機的なつながりを編成していく過程が見えてくる。教科ごとに抽出されたトランスクリプト（2019, pp. 42-104）の筆者による要約（表10-1参照）を左から右へ、そして上から下へと読んでいくと、国語では客観的知識の取得があり、それと同時にこれまでその「知識がなかった」ことに気づく場面もある。文化や歴史によって見

表10-1 教科ごとのコンピテンシー育成場面として挙げられたトランスクリプトの要約

	トランスクリプトA	トランスクリプトB	トランスクリプトC	トランスクリプトD
国語	新しい知識の獲得	知識がなかったことの認識	異なる知識体系の発見	過去と現在の知識を比較
社会	問題を認識	問題を解釈	複数の解釈を受け入れる	違いの中に共通点を見出す
数学	問題の数値化	解決方法の探究	複数の解決方法の優先づけ	
理科	実験を計画	実験の実施と結果の解釈	実験の振り返り	
音楽	楽器演奏のスキルやテクニックを学習	新しい表現方法を発見	知識と方法論を再帰的に吟味	異なるスタイルを受け入れ、試す
芸術	新しい色を制作	新しい色を名づける	色の作り方の学び合いと合意形成	イメージと言説のずれを修正
家庭科	消費者向け言説の批判的分析	商品原料の科学的な理解	実験結果に影響を与える要因を指定	日常生活の中で知識を応用
技術	加工プロセスを感触で確認	加工プロセスを目標に対して評価	道具の利用と安全に関する情報を共有	ピア・ラーニングを実施
体育	セルフ・コントロールとゲームのルールを学習	メタ認知を使った行動分析	固定的な役割から選択的な交流に行動を変容	協働を目指す行動のコード化
保健	生活習慣でウイルス感染を予防	医療品でウイルス感染を予防	メンタルヘルスでウイルス感染を予防	問題を多角的に扱い協働スキルと尊敬の念を育む
道徳	対立やジレンマの葛藤を理解	選択や判断に対する真実と理由を見出す	予期せぬ状況を新しい機会としてとらえる	自分ごととして考える
特別活動	共同で過去を振り返る	共同の目的を見つける	ポジティブな姿勢や観点をもつ	協働してコンセプトやスローガンを作る
生活科	学びや探究の結果を伝える	自己を客観視する「マイ・キャラクター」を作る	過去のパフォーマンスを「マイ・キャラクター」を通して評価	「マイ・キャラクター」を通して学びや探究を価値づける

方・考え方が異なることを学んだ子どもたちは、社会で異なる見方・考え方の違いが火種になる争いについて、算数では解決方法の見出し方、理科では実験の計画づくりと実践が行われている。体育で行為的主体となる訓練をし、保健や道徳では生活習慣を振り返り、また特別活動や生活の授業では探究を通してクラスメイトと共に目標を立て、知的発見を他者に説明するような流れになっている。

このように、生徒エージェンシーの育成によって主体と切り離されていた客体界

トランスクリプトE	トランスクリプトF	トランスクリプトG	トランスクリプトH
解釈の説明と新しい問いを提起			
異なるスタイルを認識・尊重	他者の長所を認識・尊重	独自の知識と方法論を開発	知識と興味感心の対象を広げる
知識をパッケージやプロダクトデザインに活かすための振り返り			
人によって異なる判断や選択を行うことを理解	自分の選択や判断に対して責任をもつ		
友情や仲間意識を育む			
学びと発見の価値を説明	言葉や言語を選ぶ	分かりやすい説明を聞いて参考にする	

出典：筆者作成

を子どもたちが次第に「包み込んでいく」過程が表10-1から確認できる。つまり、自分の興味感心や肌感覚を通して世界を知ることで、生徒たちはテキストで学ぶ知識を自分自身の経験や思考の拡張として取り込むようになるのである。このプロジェクトが指導・学習モデルの構築をねらいとしたことからも分かるように、トランスクリプトの流れは時枝が言及したような「型」として理解すべきと思われる。そして指導・学習モデルである型は伝達の事実を中心に構成されており、伝達が事

実であることを確認できる視聴覚映像が用意されていることが前提にある。その事実を中心に据えると、次のような循環的リズムが見てとれる。(1) 教師により、解釈の異なる問題点が生徒に伝達されたことが、生徒たちの「真実・事実を問い求める」態度やスキルへと方向づけられる。(2) 実験、探究、調査方法などを含む複数の理論や方法論が教師によって紹介され、生徒は問題をさまざまな角度や視点から検証する機会が与えられる。(3) 科学と芸術、理論と実践など、二元論的に扱われがちな概念や対立的な考えの比較や共通項についての考察がある。(4) 生徒自身による自律的な考え、学び、発見がある。(5) 生徒同士による協働的・戦略的なコミュニケーションが図られる。(6) 獲得された知識を日々の生活に応用し、生活のなかの問いから知的探究を行う往還がある。(7) 知識を価値づけて説明し、説明の仕方や内容を客観的に検証して修正する往還がある。このうち、(1) から (5) は授業中に行われる内容であるが、これらは (6) と (7) の自律自走と習慣づけを目指した演習だと考えられる。

5. 型の守破離

ここで少し話はずれるが、学校の教育課程を通して育成される生徒エージェンシーの「型」を子どもたちには「破る」権利がある、ということを教えることも大学、地域、行政などが連携して提供する課外活動では行われている。本書の「はじめに」(p. iii) でも紹介され、本書を生み出す契機となった「きょうそうさんかくたんけんねっと (KSTN)」[5] に含まれる地域エコシステムの1つであるリ・デザイン東京 2030 は、主に東京大学教育学部附属中学校の生徒、東京学芸大学の学生、研究者、行政、企業や NPO 法人という多様なメンバーによって運営されている。メンバーは全員任意で参加しており、2021 年から年に数回、東京の魅力や課題、生徒学生の気になっている話題をテーマに対話形式によるワークショップを開催している。リ・デザイン東京 2030 は 2024 年 1 月 8 日にも東京大学本郷キャンパスで「冬のワークショップ」を開催し、複数のテーマに関する対話が設けられた。そのうちの1つに「子どもの権利」があり、東京大学教育学部博士課程の猪股大輝先生

---

[5] 福島・新潟・福井・東京・熊本における教育エコシステムが「共創や協奏・参画や三角・探究や研究」を趣旨として連携するネットワーク。理念や歴史の詳細は HP を参照 (https://www.edu-kstn.org/)。

がゲストスピーカーとして登壇した。猪股は生徒会が、移民が増えてきたアメリカでアメリカ市民を形成するために民主的方法・道徳を学ばせる教育方法として確立され、またアメリカが戦後日本社会に民主主義教育を普及させるために導入した歴史などを紹介しつつ、生徒会研究をテーマに子どもの権利について発表した。特に猪股は、子どもが意見表明権をもつにも関わらず、それを行使するための組織であるはずの生徒会が教育課程という「型」にはめられることで、その活動内容が「型」を守り、そのなかで行われる「行政」的な真似事に終始してしまい、結果として「型」にとらわれず、それを破る形でも発揮される生徒の民主的市民としての側面が見失われてしまうことに警告を鳴らした。同時に哲学者 Rancière の「ポリス」と「ポリティクス」という概念を用いて、子どもが生徒会活動などを通じ実際に意見表明をするということは、その権利を維持するポリスの秩序が破られ、「未熟」で「教育される」存在としての子どもが大人と平等になる、つまり突如として不平等な共同体の秩序を維持するポリスが機能しなくなる出来事だとも論じた。猪股の発表は生徒エージェンシーが「伝達の事実」をもとに育成されうるだけではなく、それが突如として秩序を破る「出来事」[6]となりうることにも目を向けさせてくれる重要な視点である。

おわりに

　NGE が報告書でまとめたエージェンシーの育成場面からは、学校の教育課程を通して学習・実験・分析・説明・生活実践という循環的リズムがあり、その目的が知識の集積だけでなく、学びの場でもある公共圏の維持管理を含むことが見てとれる。つまり、国語、数学、社会の授業では世界の文化的・社会的な多様性とそれに関連する諸問題について意見交換をし、芸術や音楽、技術では創造する過程を通じてまだない世界を想像・創造し、体育や保健を通して日常の行動とその振り返りを習慣づけて、道徳、特別活動、生活で他者と協働することや、それに伴う他者への尊敬・尊重と相手に分かりやすいコミュニケーションを身につけている。このように、NGE が構想・育成する生徒エージェンシーとは、学校での学びを1つの文化的活動にまで押し上げると同時に、公共教育の受け手としての生徒が公共圏の担い

---

[6] 世界の変容をもたらす「出来事（singularity）」と「事実（fact）」の違いについては Badiou（2006, pp. 371-376）を参照。

手となるための学習過程だと解釈できる。このとき、生徒は指導・学習モデルという1つの型を通してエージェンシーにつながるコンピテンシー、あるいはエージェンシーというコンピテンシーを身につけるため、猪股が説明するようなポリティクスは起こらないかもしれない。そしてBadiou（2006）が指摘するように、ポリティクスも「存在しないもの（the inexistent）」が現れるときにのみ出来事として起こるのかもしれない。いずれにせよ、生徒が意思表明できるようになったとしたら、それは「突如として」生まれるポリティクス以外にも、学校の教育課程で「型」を身につけたからこそ発揮できる「型破り」の実践として解釈できるのではないか。

「場面」は、学習・実験・分析・説明・生活実践のような循環的リズムとその型の守破離をとらえることを可能にする単位である。それは例えば石井（2021）がまとめたアメリカの学力形成論を築いた教育学者の1人、Marzanoのスタンダード設定論とその形成的評価の単位である「測定トピック」（2021, p.212）とは異なる観点を提示する単位となりうる。石井が述べるように、Marzanoのスタンダード設定論はいくつかの課題を抱えており、測定トピックは「内容スタンダードをどう精選し構造化するか」という課題を解決する方法として提案されている。しかし、スタンダード設定論はその他にも「教科横断的で一般的な知識・社会的能力のスタンダード化という方法を採用すべきかどうか」や、「地域・学校共同体の文化やめざす人間像（ミッションやヴィジョン）との関係を問わずに、スタンダード設定について論じることができるのか」という課題も抱えている（石井, 2021, p.212）。測定トピックは、構造化された内容スタンダードを形成的に評価するための単位とするには有効かもしれないが、地域・学校共同体が有機的に生成・編成する環世界と、そこで価値づけられた文化を実践的に継承・発展させる人間性を形成的に評価するのには適さないだろう。何故なら測定トピックの対象となるのはあくまでも教科ごとに構造化・抽象化された世界の知識や能力であり、それが子どもたちによって「協働的な問題解決を遂行」しながら「見方・考え方として内面化され」る態度や価値観と、その実践的文脈から体得しながら表現する「よりよき生とのつながりを実感するような」（石井, 2021, p.407）環世界ではないからである。石井が提案するように、教育に「主体化機能と社会化機能」を備えるためには、個人の能力としてのエージェンシーのみならず、多様な他者との協働的な学びと実践が生成・編成している環世界の多面的・多層的な広がりも「場面」を単位として評価すべきではないだろうか。特に学びの場が教室に限定されない今日、子どもたちはオンラインとのブレンド型学習、社会に開かれたプロジェクト型学習を通した学校内外の往還や、さら

にはデジタルプラットフォームやメタバースなど形態や機能の異なる空間での多様な学び方を経験している。このように伏線的・複合的で社会的な学びの「場面」を子どもたちはどのように記憶しながら関連づけ、自分の環世界として表現していくのかを検証することも必要である。以上のような理由から、筆者は「場面」の社会科学的な概念化・理論化が必要であると訴える。

[引用・参考文献]

- 池上英子（2005）『美と礼節な絆—日本における交際文化の政治的起源』NTT出版
- 石井英真（2021）『現代アメリカにおける学力形成論の展開：スタンダードに基づくカリキュラムの設計（再増補版）』東信堂
- 猪股大輝（2024, Jan 8）「子どもの権利に向けて—意見表明権と生徒会の課題と可能性」リ・デザイン東京2030冬のワークショップ、東京大学
- 木村 優・一柳智紀（2022）「解放と変革の力としてのエージェンシーを再考する」『教師教育研究』15, pp. 411-418
- 小玉重夫（2023）「第8章 コメント：アナーキズム的転回へ向けて〜飼い慣らされない主体のために」文部科学研究費補助金研究成果報告書「高大接続改革と主権者教育の思想研究」（代表：小玉重夫、課題番号 20K02452）pp. 35-43
- 白井 俊（2020）『OECD Education 2030 プロジェクトが描く教育の未来—エージェンシー、資質・能力とカリキュラム』ミネルヴァ書房
- 土居健郎（1971）『甘えの構造』弘文堂
- 東京学芸大学次世代教育研究推進機構（2019）「OECDとの共同による次世代対応型指導モデルの研究開発」プロジェクト—平成27〜29年度研究活動最終報告書—、文部科学省機能強化経費「日本における次世代対応型教育モデルの研究開発」プロジェクト報告書 Volume 6
- 時枝誠記（2007）『国語学言論（上）』岩波文庫
- 時枝誠記（2008）『国語学言論（続篇）』岩波文庫
- Abbott, Andrew（2001）. *Time Matters: On Theory and Method.* The University of Chicago Press.
- Archer, Margaret S.（1995）. *Realist Social Theory: the morphogenetic approach.* Cambridge University Press.
- Badiou, Alain（2006）. *Logic of Worlds: Being and Event, 2*, A. Toscano trans. Continuum.
- Bateson, Gregory（1972）. *Steps to the Ecology of Mind.* Chandler Publishing Company.
- Giddens, Anthony（1979）. *Central Problems in Social Theory: Action, Structure, and Contradiction in Social Analysis.* University of California Press.
- Giddens, Anthony（1984）. *The Constitution of Society.* University of California Press.

- Goffman, Erving (1974). *Frame Analysis: An Essay on the Organization of Experience.* Harvard University Press.
- Roy, Ananya and Aiwa Ong (2011). *Worlding Cities: Asian Experiments and the Art of Being Global.* Blackwell Publishing.
- OECD. (2019). OECD Future of Education and Skills 2030 Concept Note: Student Agency for 2030, (=秋田喜代美ほか（訳）（2020）「2030年に向けた生徒エージェンシー（仮訳）」 https://www.oecd.org/content/dam/oecd/en/about/projects/edu/education-2040/concept-notes/OECD_STUDENT_AGENCY_FOR_2030_Concept_note_Japanese.pdf)
- OECD. (2020). Curriculum (re) design. – A series of thematic reports from the OECD Education 2030 project, (=秋田喜代美ほか（訳）（2021）「OECD Education 2030 プロジェクトにおけるカリキュラム報告書の小冊子」)
- Sakai, Naoki (2010). Theory and Asian Humanity: on the question of *humanitas* and *anthropos*. Postcolonial Studies *14*(4), 441-464. https://doi.org/10.1080/13688790.2010.526539
- Spivak, Gayatri Chakravorty (1985). The Rani of Sirmur: An Essay in Reading the Archives. *History and Theory 24*(3), 247-272.
- Tomasello, Michael. 2022. *The Evolution of Agency: Behavioral Organization from Lizards to Humans.* The MIT Press.

第IV部
エージェンシーと教育行政・大学・社会

第11章

エージェンシーの育成を目指す熊本市の取り組み
―― 「町の幸福論クロスミート」実践を事例として ――

塩津　昭弘・滝本　葉子

はじめに

　自ら目標を定め、計画を立て、葛藤し試行錯誤しながらも主体的に行動し、困難に直面しても強い忍耐力をもち、挑戦する力は、自分と取り巻く社会によりよい未来を実現するためにはきわめて重要な力である。この力は「エージェンシー」と呼ぶ概念に相当する[1]と考える。

　エージェンシーには、「行動する能力や可能性」(Priestley et.al., 2015, pp. 21-22)「社会構造の決定的な制約から…(中略)…[独立した]自律的な行動能力」(Biesta & Tedder, 2006, p. 5)、個人に備わる「能力」ととらえる説もあれば、「私たちを取り巻く世界に対する能動的で生涯を通した探究、関与、参加のプロセスを反映したもの」(Schoon, 2018, p. 2) といった「現象」ととらえる論もある。また、OECDは、共有された目標に向かって邁進できるように生徒を支援する、保護者、教師、コミュニティ、そして生徒同士との、双方向的な互いに支え合う関係を共同エージェンシー (co-agency) と呼び、同概念が効果的な学習環境に必要であると述べる (OECD, 2019, p. 4=2020, p. 7)。一方で、生徒エージェンシー (student agency) には、子どもが自分の考えや意図を追求する意志をもっているかどうか、計画を立て感情や行動を制御し粘り強く取り組むため動機づけをもっているか、複雑な社会共同体のなかで自身の信念や願望について他者と交渉する場が与えられているか、といった複数の次元でとらえるべきという説 (Vaughn, 2021) もある。このように、文脈依存的であるエージェンシーに関する定義、そしてそれを育む教育実践について、国際的な意見の一

---

[1] 例えばOECDは、エージェンシーを「変革を起こすために目標を設定し、振り返りながら責任ある行動をとる能力」として定義づけている (OECD, 2019=2020, p. 3)。

第 11 章　エージェンシーの育成を目指す熊本市の取り組み

致は定まっていない。

　エージェンシーを「能力」ととらえる場合、教師や学校がどのような実践をどのような過程で行えば、エージェンシーは育まれるのだろうか。例えば、コミュニティ（以下、地域）と行政が学校と連携する実践では、子どもはどのような能力を身につけるのだろうか。エージェンシーを育む実践を支えるために、学校運営、地域、行政はどのように関与できるだろうか。子どもを取り巻く関係者間で共同エージェンシーは発現されているのだろうか。

　この章では、そうした問いを探究するため、熊本市で実際に行われた教育実践とその実践についての筆者らの研究結果を紹介し、エージェンシーの育成に貢献する一実践例のプロセス、そしてその実践により発現するエージェンシーの要素を検討する。以下では、市行政がどのようにエージェンシーの育成を目的とした実践を働きかけ（第1節）、教師・学校・地域・行政はどのようにその実践を行った（支えた）か（第2節）、結果として、子どもたちのエージェンシーにどのような変化が生まれたかを概観し（第3節）、最後に日本の学校や教育行政に示唆される策を提案する（おわりに）。

1. 熊本市の理念と取り組み

（1）熊本市教育振興基本計画と Kumamoto Education Week

　熊本市は、2017 年の学習指導要領の改訂を受け「熊本市教育振興基本計画」（2020〜2023 年度）を策定し、その基本理念に、「豊かな人生とよりよい社会を創造するために、自ら考え主体的に行動できる人を育む」を掲げている。前段「豊かな人生とよりよい社会を創造する」では、誰もが幸福を実感する社会を実現することを意図し、後段「自ら考え主体的に行動できる人を育む」では、人生や社会を切り拓く資質・能力を備え、地域や地球規模の課題解決に主体的に取り組むエージェンシーをもった子どもを育むことを目指している。このように、国の教育改革を契機に、独自に生徒エージェンシーの獲得を教育理念として掲げた点が熊本市の特徴、施策戦略である。

　本理念を実現するための取り組みの一環として、同市は、2019 年以降、ここで紹介する「町の幸福論クロスミート」などを行う Kumamoto Education Week（以下、KEW）を毎年開催している。KEW を機に教育振興基本計画の理念を広く社会と共有し、各界の専門家や研究者、民間人ら産官学から成るマルチ・ステークホルダー

と共にさまざまなコンテンツを企画・実施し、積極的に情報発信を行うことで、共にこの地域の教育について考えることを目指している。

(2)「町の幸福論クロスミート」[2] の概要

「町の幸福論クロスミート」（以下、町の幸福論）は、北区長（当時）の「子どものアイディアをまちづくりに生かしたい」という思いをきっかけに、6年生国語科で当時使用していた教科書（東京書籍）にある教材名「町の幸福論」の単元を利用して行われた取り組みである。目的は、「子どもたちが国語『町の幸福論』の学習をもとに考えたまちづくりを学校外に示し、まちづくりに主体的に参画する経験を通して、エージェンシーを持った市民の育成につなげること」にある。全体をつなぐ会合は教育委員会が企画・調整したが、授業実践は各教師の裁量で行われた。熊本市内の北区校長会に呼びかけたところ、計13校の23学級が参加の意思を示し、国語（約10〜13時）と総合的な学習の時間（約8〜11時）を中心に取り組まれた。本取り組み次年度にも、「町の幸福論」には他区や市行政からの積極的な参画希望もあり、子どもたちが自分たちの地域を見つめ直し地域の人々の幸福を考えるために学校と行政と地域が協働する実践として根づき始めている。

基本的な流れは以下のとおりである。準備段階では、教育委員会が教師とまちづくりに関する市行政担当をオンラインでつなぎ、緩やかに意見交換する場（「トークルーム」）を主催した（2022年8月〜2023年1月、計5回）。市行政はその場で熊本市の少子高齢化問題に触れ、まちづくりの構想について学校や子どもたちに期待することを述べ、教師たちは本単元の取り組みで苦労したこと、行政に期待することなどを伝えた。その後、教師の一部は市の行政官や地域に協力を仰ぎ、校区に関わる歴史や特徴、問題、将来推計などの資料・データの提供や、係る講義を依頼する。子どもたちはそれらの情報を受け、テーマ別グループ学習のなかで地域課題をさらに調査し、まちが幸福になるアイディアを考案する。各グループは2022年11〜12月に遠隔会議システム「クロスミート」（KEWで公開されるプログラムの1つ）を利用してアイディアを交換する。最後は自分たちのアイディアを地域や市行政にプレゼンする（あるいは動画を送る）。行政側から参加したのは、主に各区まちづくりセンター[3]と市街地整備課などの担当課である。地域からの参加はコミュニティセン

---

2) 熊本市HP　KEW「町の幸福論」アイデアクロスミート、
https://kumamoto-ew.jp/event/2023/idea_cross_meet_1/

第 11 章　エージェンシーの育成を目指す熊本市の取り組み

ターおよび自治会長、地域産業を担う人々や保護者などである。
　トークルームでは、本実践が目指すこととして、次のような発言が得られた（塩津ら，2023）。

> ○私たちには異動があり、その地域に精通するには限界がある。柔軟な発想を持っている子どもたちからの視点や課題を聴きたい（熊本市行政 U 氏）。
> ○地域を盛り上げ、最終的には郷土愛、この地域のために何かしてくれる子どもになってもらいたい（教師 N 氏）。
> ○何か新しいものを作るというのではなく、今あるもの、現在の姿から将来のウェルビーイングを考えるというのが「町の幸福論の（筆者の）」考え（熊本市国語科の指導主事 I 氏）。
> ○大人が本気で聴いてくれるだけで次につながると思う。何が一番大切で誰に伝えるのが一番効果的なのかも含めて学習の中に取り入れていただけると生きた学習になる（熊本市総合的な学習の指導主事 J 氏）。
>
> 　　　　　　　　　　　　　　　　　　　　（カッコ内は筆者らが補足）

また、クロスミート終了後には、子どもたちからは以下のような感想が得られた。

> ○自分たちが見せた動画を見て（…他校児童より）「子どもにできないことはどうするのか」と質問がきて、これは、まさしく人とつながるために地域の人と協力するという考えが質問のおかげで分かりました。今から町の幸福論をするからこそ聞ける質問で、いいなと思いました。（熊本市内 T 校児童）
>
> 　　　　　　　　（カッコ内は筆者らが補足。…は中略を表す。以下同様）

　子どもたちが提案した 89 件のアイディアには、地域の特産品であるスイカを活用した世代間交流イベントや、豊かな自然を保護するためのゴミ拾い、そして温泉のイベントを通じてつながる活動など、地域の特色を活かしつつもコロナ禍で味わった孤独感を克服するような提案が多く見られた。これらのアイディアが出され

3）熊本市に 17 地区設置されている行政施設。各地域の担当職員は、地域住民が支え合って暮らせるまちづくりを支援するため、地域の情報を収集したり、行政情報を発信したりして、コミュニティ活動を支援する。（熊本市 HP「まちづくりセンターについて」）

第Ⅳ部　エージェンシーと教育行政・大学・社会

た時期は 12 月あるいは卒業直前であり、また新型コロナウイルス感染症の感染拡大防止のための行動制限時でもあり、多くの学校では具現化することができなかった。しかし、学校によっては、タウン誌やリーフレットを発行し校区内に配付したり、コミュニティセンターの祭りを共同開催し高齢者とつながったりするような独自の実践が行われた。以下の節では、大人側はどのように本実践に取り組んだか、調査した結果を抜粋し紹介する。なお、本章では、熊本市の教育理念をふまえ、エージェンシーを「自ら考え主体的に行動できる能力」と置く。

2.「町の幸福論」の実践を支えた大人たちのエージェンシー

　よりよい社会の実現（ウェルビーイング）を目指し生徒エージェンシーを育むには、その実践を行う（あるいは支える）大人側も、変化のために「自ら考え主体的に行動する能力」（エージェンシー）を発揮しているかどうかが鍵となる（OECD, 2019=2020, p.7）。筆者らは、2023 年 8 月から 12 月の間に、本実践に参画した複数の小学校を訪問し、当時 6 年生に「町の幸福論」を教えた教師、校長先生、地域代表、市行政などの関係者にインタビューを行った。ここでは、子どもたちが行政や地域住民と積極的に関わり独自の取り組みを行った田名部（仮名）校区のある小学校（以下、A 校）の実践と、その取り組みの支援者の語りから大人側のエージェンシーを読み解く。（人物名はいずれも仮名。下線部は本文で記す考察に関連する箇所（筆者らによる）、引用末尾の数値は各発話データ内の発話番号である）

（1）A 校の実践と教師エージェンシー
　「町の幸福論」を実践したのは、当時 6 年生の担任であった水谷先生（教師歴 35 年の熟練教師）である。水谷先生は、新型コロナウイルス感染症により他者との接触が制限されていた期間、疎遠となっていた保護者、地域の人々と関わり合う機会を得たかったとその参画理由を語る。

　コロナの何年間は自分が今までやってきたのができない、してはいけないんだっていうのではないかというのがあって（…）（コロナ禍では）保護者の方と（…）つながれないんですよ。（…）家庭訪問も行きましたが、（話す場所は）玄関です。本当は保護者の方とまず（…）話してですね、その中で（…）お父さ

んはこんなこと、お母さんはこんなこと思ってらっしゃるのかと、まず保護者の方とつながって、それから地域の方につながる、それもなかなかできませんでした。やはり教員は、親や地域とつながることで、子どもに返せるものがあるっていうのを、改めて感じたのが、このこと（町の幸福論）でしたね。(136)

　また、A校は学年単学級の小規模校であり、従来より地域と学校は相互に支え合うことが推進されていると水谷先生は認識しており「地域の方と一緒に何かできることをやっていこうかというのは大きな筋、流れとしてある」[4]と述べる。また、そのような協働を行うときには、まちづくりセンターの担当職員が、教材に見合った人材を紹介してくれるという環境が備わっている。

　一方で、A校では、総合的な学習の時間、あるいは生活科において、問題解決型学習を年単位で構想することが校内研修で目指されている。水谷先生も、6年生の前任教師が地域とともに実施した総合的な学習の時間の単元構想に、新たに国語の「町の幸福論」の教材を編み込み、教科横断的な年間計画を立て、実践した。実践の概略は以下のとおり語られている。

「国語は、教科書から入りますけど、実は、総合（的な学習の時間）の方が一本大きく、江口先生（前任の6年担任）に作っていただいたの（単元）を参考にしながら、大きく田名部の過去、現在、未来について学習しようというのがありましたので、その中に、この国語の教材も位置付けるということになります。年間で1学期は（…）沖縄との関係で田名部の過去、2学期に町の幸福論が入りますが、地域の皆さんの思いを知って、未来の田名部のことを考える。最後、「提案をしよう」がここに一つ入りまして、動画では、ここで、保護者に一回発表したんですけど、地域に対しては（…）彼らはリーフレットを作りたいと言いましたので、（…）最終的にはリーフレットを作ろう、そして、渡そうということになりました。その中のちょうど二学期のところで流れ的に町の幸福論が入っているということです。」(4)

　水谷先生から聞いた実践概要をまとめると、表11-1のようになる。

---

[4] 水谷先生へのインタビュー（2023年8月）記録発話番号36。

表11-1　A校水谷学級の国語と総合的な学習の時間での「町の幸福論」実践の概略（2022年度）

時期	主題	子どもたちの学習活動
1学期	この地域で起きた戦争・沖縄との関わりを知る【過去】	子どもたちの祖父母に戦争の話を聴く
2学期	（9月）最終ゴールを話し合う	将来この地域をどのようにしていくかを検討する（「未来プロジェクト」と命名）
	（10月）この地域の課題・問題点を知る【現在】	校区のまちづくりセンターの方の話を聴く
	国語科の「町の幸福論」とつなげる	「町の幸福論」を検討すると、この地域の未来を語ることの共通点が「人とのつながり」であることに気づく→自分たちだけではなくこの地域の人々が考える未来像を知る必要があると気づく
	調べる内容を考え（地域の温泉、文化、神社、自然、人口、土地等）各テーマで分かれて調査する	ヒアリング・アンケート調査を実施（温泉、神社、顔見知り、お年寄りなど60名の回答を得る）→アンケートを集計し、地域の方の思いを受けとめる
	この地域の未来プロジェクトを提案し資料を作成する【未来】	アイディアを考案し、国内他地域の事例を研究するアイディアを最終化し、授業参観で発表する・温泉でお仕事体験・温泉無料くじ引き・地域のイベントを拡げよう（どんどや、もぐらうちなど）
3学期	【未来】この地域の未来像についてまとめる	リーフレットを作成し、アンケート協力者に御礼とともに配付

　このように、水谷先生は、前任者が行った地域学習を発展的に継承し、コロナの収斂状況を見極めながら、子どもたちと、行政からの話を聴き、地域住民へのヒアリング・アンケートを実施し、リーフレットの作成、配付、という学習活動の支援を行った。これらは、自身が構想した年間カリキュラムに沿って実施されているものの、当初の計画どおりというわけではない。子どもから出てきた要求、主体的な意思決定に寄り添い、地域と行政の協力を仰ぎつつ、ダイナミックかつ柔軟にツール（スピーカーやアンケートなど）や場（保護者への発表会や温泉・神社訪問など）を仕掛け（鹿毛，2007，pp.1-9）、独自の価値観や経験、アイディアを練り込んできた実践である。地域との連携を重視する学校において、子どもは地域住民の声を聴き、この地域の未来、まちづくりのアイディアを丁寧に主体的に考え、それを地域に返

す。この一連の実践は、水谷先生の教師エージェンシー、すなわち「自ら考え主体的に行動できる能力」が発現したからこそ可能となった実践と言えるであろう。

（2）A校校区の行政の関わり

　水谷先生によると、10月に子どもたちに地域の課題を伝えたまちづくりセンターの職員（吉田氏）は、「熱い思い」で子どもたちに語ったという。吉田氏は、当時の気持ちを以下のように話す。

> この校区は、まちづくりセンターにくる要望の7割8割が「子どもの通学路だから」「子どもたちが危ないから」というふうなのが、個人の要望よりもすごく多いんですよ。でも、30代40代の親って、知らないんですよね。自治会が何をしてるかということを（…）。共働きって、すごく忙しくて、地域に目を向けるっていうことができないっていう状況がわかったんです。そのときに（…）「町の幸福論」の教科書とか読ませてもらって、「うわぁっ、すごく合うな」って思って。子どもたちも住民だから、まちづくりに参画していいんですよね。子どもたちに参画してもらうような橋渡しをできれば、自治会の人たちも嬉しいじゃないですか。（…）<u>子どもたちには「ご家庭で（自治会の人たちが何をしているか）お話をしてください」と、卒業式と入学式で来賓できて挨拶する人を（…）見ているんじゃなくて、「実は、あの人たちがいるからこうやって地域が良くなって、僕たちの安全があるんだよ」って</u>（…）（言いました）。知ってもらったら、「挨拶できるよね。（…）『おはようございます。いつもありがとうございます。』っていうところまで言えるよね」って（…）。そうするとますます地域が良くなるんじゃないかなって（…）。（…）<u>まちづくりの中心は小学校であって、そのまちづくりの一員に小学生がなってもいい、自治会と小学校をつなげればなぁっていう思いで</u>、お話をさせてもらいました。(2)

　吉田氏を動かす原点には、この校区で子どもたちのために頑張って活動している住民の人々が幸せな気持ちになれる感謝の気持ちの連鎖、「『ありがとう』を伝えてほしい」、すなわちまちのウェルビーイングがある。そして吉田氏は、「将来も感謝の気持ちでふるさととつながっていてほしい」と願い本実践にあたった。したがって、本実践においては変化を生むための自身の希望やアイデンティティ、すなわちエージェンシーが発現していると考えられる。吉田氏のそのような思いに感銘を受

け、子どもたちも地域の人々の活動に興味をもってとらえていく。そして、国語の教材と出会ったときに「あっ」となる。「地域の未来を語ること」と「町の幸福論」の共通点が「人とのつながり」ということに気づき（表 11-1 波線部参照）、「人とつながる、誰かと何かをする」ことで、地域の未来を良くしていこうと考える。それが「町の幸福論」のアイディアの基軸となっていった。

吉田氏はその後地域の人々に起きた変化について以下のように語る。

> お祭りとか（…）夏祭りとかに子どもたちがどんどん入ってたんで、親世代も来てくれて、子どもたちがどれだけ家庭で話しているかわからないんですけど、（…）この田名部校区のフェスタとかですね、そういうふうな時に、やっぱり自治会とかの話も出て、単語がちょっとずつ出てきてるんで、まあいいことじゃないかなと。（…）6年生の授業に PTA の方と自治会と一緒に来てもらったりとかしてたんで、すごい（地域と子どもたちの）距離が密になったというか、距離が縮んだということですね。（…）6年生が動くことによって、すごい、（地域の）顔が見える関係ができて、（住民同士の）距離が縮まっているなあっていう風なことを実感します。(67)

このように、A 校の実践では、吉田氏のエージェンシーを伴ったメッセージが子どもたちを動かし、そして結果として地域－子ども間の距離を縮めることとなった。校区の行政官のエージェンシーの発現は、子どものエージェンシーの育ち、共同エージェンシーの構築に大きく寄与することが示された。

(3) A 校校区の地域（コミュニティ）の関わり

まちづくりセンターの行政官と同様、この地域で市民主体のまちづくりを担うコミュニティセンター[5]の運営委員会会長の横田氏も、学校や子どもたちに独自の願いをもち、自分の役割を認識し、エージェンシーをもって関与していることが分かった。横田氏は、「地域と子どもをつなぐ」ことを自らの役割と認識する。

---

5) まちづくりや地域保健福祉、ボランティア活動など、市民主体の地域づくり活動を支援するための拠点施設として熊本市に54ヵ所設置されている。(熊本市 HP 地域コミュニティセンター) まちづくりセンターが行政機関であるのに対し、コミュニティセンターは地域を代表する拠点である。

第 11 章　エージェンシーの育成を目指す熊本市の取り組み

> もともとコミセン（以下、コミュニティセンターの略）は、（…）地域づくりの拠点施設という意味がありますし、特に、地域住民の交流を促進するっていう意味じゃ、私は、一番大事な施設かなと思ってるので、ここを預っている以上ですね、何て言いますか、<u>単なる管理人だという立場</u>だけでなく、そういったことに積極的に関わるように私個人としてはそういう思いでおるんですよ。他のコミセンは分かりませんけど、<u>ただ貸館的な事務仕事をすればいいということじゃなくて</u>、（…）<u>ここにいる以上、地域の方と子どもたちとあとは外の方をつなぐ、交流を拡大するっていうかですね、地域を活性化する、そういったことが私たちの役目かなと思ってるところなんですね</u>。(70)

　このように自身の役割を認識している横田氏は、自らも積極的にさまざまな取り組みを実践している。フットパスのイベントを企画し、そこで「町の幸福論」で顔見知りになった子どもたちと地域のお年寄りに交流してもらう。4 年生の「二分の一成人式」には木育のボランティアの方とともに、子どもたちに紙芝居をしたり、子どもたちに箸づくりを体験してもらったりして森づくりに関心をもってもらう。そうすることによって子どもたちに「ワクワクした思い出」「地域への郷愁」をもってもらいたいと願う。そしてやってもらったことを忘れずに、行事がある際には手伝いをしてもらえればありがたい、と述べる。

> 自分たちが子どもの時に経験した、あるいは、やってもらったことを忘れないで、将来地域のいろんな行事があったときは、何かお手伝いできる範囲で、やっていってもらうなら、ありがたいなと思いますね。<u>外からでも、内からでも、応援してもらうというかですね、そういった一つの力になっていただければいいですね</u>。(76)

　行政の吉田氏の願いが地域の人への感謝の気持ちの醸成であるのに対し、横田氏の願いは「地域（まちづくり）の担い手になってほしい」という気持ちからくるものであった。コミュニティセンターの横田氏は、自身の地域のウェルビーイングへの願いと自身の目的意識とアイデンティティをもって実践を支援していると考えられる。

第Ⅳ部　エージェンシーと教育行政・大学・社会

(4) A校の校長のエージェンシー

　田名部地区の学校－地域－地域で構築されていた相互扶助の関係性には、意図的に地域と教師たちをつなごうとする町田校長の方略があったことが分かった。

> （水谷先生）ただ教員は毎年変わり（…）今年来た先生も当然いらっしゃいますので、その先生がじゃあ誰と接したらいいのかって、なかなか分からない。いるメンバーがこう教えることができますけど、拡大評議員会とかいう場に教員みんな参加して、一年生はこんな考え、二年生はこういうことしたいと、ちょっと聞いてもらった上に分かれて、みんなで担任の教員と地域の方が話す。これを校長先生が設定してくださいました。(114前半の続き)
> （横田氏）以前は、特定の人たちの評議員会ということで、あんまりですね、意見としてなかったような気がします。私もずっと参加してますけど。でも、町田校長になられて、そういうことやられて、地域の方以外のほかの団体長さんも来られて、先生の方もたくさん担任の先生が来られて、一緒に何かできることはないかということを言われます。地域の先輩として知ってるから、「どこどこには何が良い」とか（…）「昔はこういうことしたりしたよ」とか、そういうのを提案できてですね、それを元に学校でも行事はされたところもあるかなと思います。(16)

　このように、町田校長が着任してから、拡大評議員会には、学校評議員のみではなく、関係性を拡大した関係者（例えば、温泉組合、食堂、消防団といった地域の人々や指導主事）も参加している。この会を開催した意図を町田校長は以下のように語る。

> （町田校長）やっぱり、ちょっとコロナ禍で、学校と地域があんまりつながらなかったもんだからですね、（…）夏休みに校内研の一環として、学校の先生方とコミセンとか地域の防犯協会とか青少協とかですね、そういった重鎮になられるような方を一回学校に呼んで、学校は教育課程でこんなふうに学んでいますということをお知らせして、学校が必要とする人材とか、分からないことを聞いたりする時間もとったんですよ。顔見知りにもなるし。学校がわからんことがある時は、地域にも聞いてもいいとかいうような入り口も作ろうと思ってですね。そして、地域の方も学校に何か協力できるんだという突破口になるよ

第 11 章　エージェンシーの育成を目指す熊本市の取り組み

> うなところを作ろうと思って。そういった拡大評議員会というものをしました。(…) 校長教頭だけじゃなくて、先生方みんなで一緒に集って、教育課程を開いて、「こういうことが必要です」って、いうようなことを考える時間を取ったところです。今年も同じようにそういった時間を取りました。(49)

　町田校長は、「地域・保護者と一緒に学校づくりをやっていくこと」が自身の学校経営の「テーマ」であると語る。そのテーマの実現には、1 年間を見通してプロジェクト学習の実施計画を立て、最後に発表することを見通す必要があるため、総合的な学習の時間の年間カリキュラムを構想することが重要となると考える。したがって、まちづくりセンターやコミュニティセンターの人々に掛け合い、転勤してきたばかりの教師でも円滑かつ有効に地域の素材や人を教材として生かし、協力を得られるよう、校長自身の裁量により判断し、相互理解のための時間と場を設定しているのである。

　しかしながら、このように多様な人々が多様な教育の文化を共有する公共空間としてのネットワークには、特定の団体の文化や教育への要求の利益を拡大したり、あるいは特定の人々の文化や教育への要求を排除したりするリスクもある（佐伯ら, 1996）。町田校長のエージェンシーは、そのリスクの対応にも発現されている。

> (…) 地域の方としても、Win な部分も出てきたかなというふうに思います。ただ、気をつけなければならないのは、学校はできる範囲とできない範囲がありますと言うところは、私は常にもってて、できないのは「できませんよ」っていうふうに言いますけれども、地域の方も「学校がこういう勉強してるなら、これと一緒にできませんか」って、いうようなところも発想としては、出てきたかなと (…)。(55)

　このように、町田校長は地域からのすべての要求を受け入れるわけではない。それを地域も認識した上で、学校の学習活動の範囲内で、子どもの学びと適合する提案をし始めてきている。佐伯ら (1996) は、地域の人々や行政関係者との協同性が学校に公共的領域を構築する方向で機能するかどうかは、「専門性と自律性を獲得した教師集団の主導性にかかっている」(p. 171) と述べる。町田校長の主導性により A 校の教師集団は、専門性と自律性を伴ったエージェンシーを大いに発揮していると考えられる。

第Ⅳ部　エージェンシーと教育行政・大学・社会

＊＊＊

　以上、A校の「町の幸福論」の実践とそれを取り巻く環境を概観した。A学校の校長が考える「地域と共存する学校像」が土壌としてあり、前任教師のモデル的実践があり、地域行政ならではの郷土住民に感謝することへの願いと、コミュニティのまちづくりにおける子どもへの期待が糧となり、水谷先生のエージェンシーが開花したことが把握された。言い換えると、教師エージェンシーの発現には、教師個人が持ち備えている能力も必要だが、その実践を後押しし、価値づけ、地域とつなぐ長期的なカリキュラム・マネジメントを促す校長のエージェンシー、行政や地域がまちのウェルビーイング実現に願いをもって関わろうとするエージェンシーもまた重要な貢献要素となっているのである。つまり、田名部の大人たちは田名部のウェルビーイングと子どものエージェンシーを育むため、共同エージェンシーを発現させているのである（図11-1参照）。

　では、これらの過程を含む「町の幸福論」で生徒エージェンシーは育まれたのだろうか。次節では子どもへの変化を見ていく。

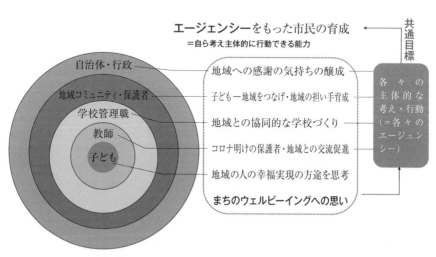

図11-1　A校区で構築された共同エージェンシー

出典：筆者ら作成

3. 「町の幸福論」で発現した生徒エージェンシー

エージェンシーを育成する実践は、2000年代後半より日本でも取り組まれており、子どもたちにどのような資質や態度の変容が起きたのかについての知見が蓄積され始めている（林ら, 2021; 扇原ら, 2020a, 2020b; 三河内ら, 2020）。しかし、小学校ー地域ー行政が連携した実践による生徒エージェンシーを検討する実証研究はいまだ少ない。筆者らは、「町の幸福論」の実践を行った13校の小学6年生の生徒エージェンシーの発現を探るため、教育委員会により2023年2月に実施されたアンケート調査結果を分析した（塩津ら, 2023）。質問項目には、令和4年度全国学力・学習状況調査（2022年4月：以下、全国調査）およびエージェンシーに係る先行研究を参考に[6]、児童のアイデンティティ、目的意識、自己効力感、他者への博愛、他者との関係性への価値づけ、協同作業への価値づけなどの変化を探るものが含まれた。回答者数は567～569名であり、結果は、全国調査（2022年4月）時の対象校児童の回答および同調査の全国調査結果と比較された（全国調査の回答者数は97万9102～97万8865名、うち熊本市の対象校の回答者数は計834～838名）。以下に塩津ら（2023）の結果を概観する。

(1) 結果1：社会参画する態度や地域社会の課題解決を探究する

「町の幸福論」に参加した子どものうち、「今住んでいる地域の行事に参加していますか」に関して、「当てはまる」あるいは「どちらかと言えば当てはまる」と肯定的に回答した子どもの割合（56.8%）は、全国の子どもによる肯定的回答（52.6%）および4月時（41.8%）よりも有意に多かった（図11-2A）。「地域や社会をよくするために何をすべきかを考えることがありますか」の質問に対しても、肯定的に回答した子どもの割合（67.3%）は、全国（51.4%）および4月（47.2%）よりも有意に多くなっている（図11-2B）。これらのことから、「町の幸福論」に参加した子どもたちは、全国の他地域および4月時よりも自分の地域の行事に多く参加しており、かつ地域の人々の幸福を考えて多様なことを検討した経験を有していることが明ら

---

6) 例えばOECDは、「成長マインドセット、希望、アイデンティティ、目的意識、動機づけ、自己効力感、所属感」という7つの構成要素からエージェンシーは成ると述べる（OECD, 2019=2020）。

かになった。

　地域や社会に関わる活動が増えることで社会への意識が高まることは、中学生への調査では確認されている（扇原ら，2020a）が、本研究を経て、小学校段階においても有効であることが明らかになった。また、「地域や社会をよくするために何をすべきか考える」の質問項目は、わが国の第4期教育基本振興計画において「主体的に社会の形成に参画する態度の育成・規範意識の醸成」の一指標に挙げられており、それが有意に変化したということは、本実践は、子どもたちに主体的に地域の社会形成に参画する態度と、地域をより良くするための意識を育んだと言えよう。

(2) 結果2：自分と異なる考えについて考えることに価値を見出す

　2点目として明らかになったのは、本実践を経験した子どもたちが、クラスメートのみならず他校の子どもや教師、市行政や地域の人々など、自分と異なる立場の人々との考えを交錯させることに喜びを感じた点である。「自分と違う意見について考えるのは楽しいと思いますか」に関し、「当てはまる」あるいは「どちらかと言えば当てはまる」と肯定的に回答した「町の幸福論」に参加した子どもの割合（82.1%）は、全国の子どもによる肯定的回答（73.7%）および4月時（75.2%）よりも有意に多い（図11-3A）。同じように、「友達と協力するのは楽しいと思いますか」という協同作業への価値づけに対して肯定的に回答した「町の幸福論」に参加した子どもの割合（94.6%）は非常に多い。しかしこれは全国の子どもによる肯定的回答（94.1%）並びに4月時（93.2%）と比較すると有意ではない（図11-3B）。これらのことから、熊本市の子どもたちは、従来より友達と協力することは楽しいと感じているが、「町の幸福論」に参加することで自分と異なる意見について考えることにより多くの子どもが意義を感じたことが理解される。

　Vaughn（2021）は、子どもがグループや組織に所属し、自身の信念や願望について交渉したり、他者の願望との間で調整したりする「相互作用」は、エージェンシーが発揮されやすい学習環境を司る要素の1つであると述べる。有効的な相互作用の場が与えられれば、子どもは「相互作用」を通して自分のアイデンティティを確立していくことにつながるという。本実践は、子どもたちが自分たちとは異なる立場の行政官や地域の大人たちと相互作用を行ったことで、その人々の意見や立場を知り、自分の考えとの相違に気づく（＝楽しむ）ことにつながり、エージェンシーを構成するアイデンティティの確立に寄与したと考えられる。

第 11 章　エージェンシーの育成を目指す熊本市の取り組み

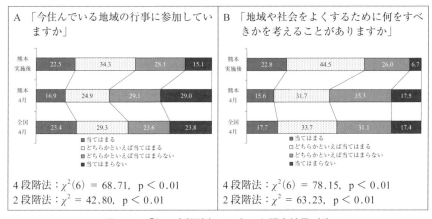

図 11-2　「町の幸福論」アンケート調査結果（1）

出典：筆者ら作成

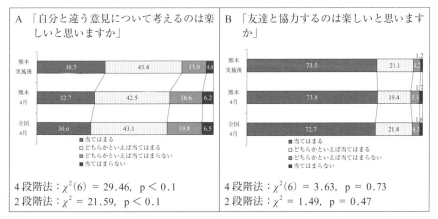

図 11-3　「町の幸福論」アンケート調査結果（2）

出典：筆者ら作成

（3）結果 3：目的意識・レジリエンスや自己効力感の獲得には到らず

　一方で、塩津ら（2023）の結果では、他者への博愛・目的意識の指標、将来の夢や目標を抱く指標の回答が 4 月時や全国と比較して有意な差にはならなかった上、困難に立ち向かいながらも目標に向かって邁進するレジリエンスや自己効力感を現す指標の「当てはまる」が有意に減少している。このことから、筆者らは、「町の

181

第Ⅳ部　エージェンシーと教育行政・大学・社会

幸福論」に参加した子どもたちは、アイディアを提出し交流はしたものの、結果として実際にやってみることなくこの実践を終えていることから、個人の効力感に強固な信念を作り上げることのできる成功体験（Bandura, 1977, pp. 191-215）や、自分の未熟さをメタ的に認識し葛藤する「ジレンマに対処する力」（三河ら，2020）の獲得につながらなかったと考えた。子どもたちが「地域や社会をよくするためにすべきことを考えた」ことは、「自分も地域社会の役に立てるのだ」という自己肯定感に変容することなく、つまり、困難（現実）に立ち向かうだけのレジリエンスの覚醒や育みには到らずに終えたものと考察される。

　このように、国語の教材から端を発して総合的な学習の時間に展開し、地域との関わりを最大限生かした本事例は、子どもたちが地域課題（人口減少や過疎化など）を真正面から受け止め自分事として問題解決を考案するエージェンシーの発現に有効的に機能したものの、失敗・成功体験の不在によりレジリエンスが獲得されなかったと推量された。したがって、今後本実践を行う場合、アイディアの発表のみでなく、誰に発表すれば効果的か、どのようにすれば具現化する実践になるかの方略を、子どもを含む関係者間で検討し、試行錯誤や葛藤からレジリエンスや自己効力感を得る実践を行う必要があることが示唆された。

おわりに
――エージェンシー育成を目指す教育行政への示唆――

　筆者らは、本実践の研究を通して以下のような考察と示唆を得た。
　第一に、質問紙調査の結果から、本実践は、（1）子どもたちが社会参画する態度を養い地域社会の課題解決に向け探究すること、（2）他者と対話し、異なる意見に接し考えることに価値を見出す点において変化を生み出したことが確認された。小学生であっても、人口減少や少子高齢化などの問題を各々が考え、積極的に地域の課題とその解決策について具体的に思考し取り組み、自分事として探究することは、エージェンシーの育成に有効であることが分かった。その過程において、クラスメート、他校の子どもや教師、行政官や地域の代表など、自分と立場の異なる人々の多様な考え方を交流させ、触発されることが他者との関係性を価値づけアイデンティティの育成に貢献することが示された。
　第二に、本実践では、子どもたち一人ひとりが自分の住む地域の幸福を追究しア

イディアを提出したものの、時間的（コロナ禍による制限含む）、予算的な制約により多くがアイディアの具現化までには到らなかった。結果として、教育委員会が目指していたレジリエンスや自己効力感の獲得までにはつなげることができなかった。学校－行政－地域をつなぐのみでなく、アイディアの発表に終わることなく、まちづくりの成功・失敗を伴う実体験などにつなぎ、レジリエンスや自己効力感の獲得まで目指すべきであるということが示唆された。そのため、誰に伝え、どのようにすれば具現化できるかなどの方略を、計画段階より関係者間で検討することが不可欠である。子どもを支える地域や行政も、子どものアイディアや考え方から学ぶ学習者となり、学び合うコミュニティを構築することが「変革」には求められる。学校・教育行政は、小中高連携も視野に入れ、長期的かつ意識的に生徒エージェンシーを育むカリキュラム構想の重要性が示唆される。

　第三に、本実践より、担任教師が地域理解および行動化に向け積極的にファシリテートし、直接、行政官や地域の代表と対話する場と機会を確保したことが、アイディアのフィードバックにつながり、子ども－地域間の関係および探究を深め、保護者の地域活動への参画に大きく影響したことが明らかになった。すなわち、地域を題材とする教育活動において適切な「しかけ」やツールを構想し準備し実行する教師エージェンシーが、子どものエージェンシーの育成には求められると言えるだろう。

　第四に、学校管理職がリーダーシップをもって学校－地域間、教師間の協働やカリキュラムの指向をマネジメント（各担任教師の教師エージェンシーの育成も含む）することが、結果として共同エージェンシーを構築し、生徒エージェンシーの発現を促すことが把握された。探究的かつ発展的な学習活動にするには、子どもが地域住民から見聞きする経験、一緒に何かを作り上げる経験、教師間での協働など、大人側が他者を積極的に相互補完する共同エージェンシーが欠かせない。本取り組みの成果や課題を学校管理職が正しく理解し、適切な場面設定や人的配置・時間の確保を行い、各学校において持続発展することを期待する。

　第五として、教育行政の役割について述べる。チーム学校で取り組む校内研修、カリキュラム・マネジメント（地域・家庭に開かれた教育課程の実現を含む）などが重要であることに鑑み、授業づくり支援やトークルームで学校間の「つながり」をつくる教育委員会の役割が一層求められる。また、学校－地域－行政の適切な連携バランス、そして時間的、財政的、人的に協力し合う共同エージェンシーが、生徒エージェンシーを育む教育実践には必要である。特に、学校、地域、行政では、意思決

定と予算化のタイミングと、実施に向け準備・醸成を行う期間が異なるため、それらのギャップを調整するマネジメント、三者間を翻訳し調整する人材、組織および予算確保が重要となってくる。教育行政が三者間をつなぎ、地域住民や団体などが参画するエコシステムを構築し、コーディネート機能を発揮することが、学校の多様な活動を支援し、生徒エージェンシーの土壌を耕すことに欠かせない。

謝　辞

「町の幸福論」の実践後のアンケート調査およびインタビュー調査にご協力頂いた熊本市の教師、校長先生、行政の方々に感謝申し上げます。

[引用・参考文献]
- 扇原貴志・柄本健太郎・布施　梓・翁川千里・松尾直博（2020a）「日々の学習を通して得られる中学生のウェルビーイングと生徒エージェンシー」『東京学芸大学教育実践研究 16』pp. 159-169
- 扇原貴志・柄本健太郎・押尾恵吾（2020b）「中学生における生徒エージェンシーの関連要因および中学生が重視するウェルビーイングの分野」『東京学芸大学紀要総合教育科学系 71』pp. 669-681
- 佐伯　胖・藤田栄典・佐藤　学（1996）「学び合う共同体—シリーズ『学びと文化』6」東京大学出版会
- 塩津昭弘・滝本葉子・江良友一・松尾直博（2023）「学校間連携・学校―行政連携カリキュラムによる生徒エージェンシーに関する実証的研究—地域のウェルビーイングを最大化する、探究的な「町の幸福論」の授業実践を通して」『熊本大学教育学部紀要』第 72 号、pp. 185-196
- 林　尚示・安井一郎・鈴木　樹・眞壁玲子（2021）「小学校の学級活動でエージェンシーを育成するための指導方法の検討—学習指導案、児童のワークシート、教師へのインタビューの活用を中心として」『教育実践学研究 24』pp. 71-82
- 三河内彰子・一柳智紀・木村　優・長谷川友香・秋田喜代美（2020）「探究的な学びを通した生徒 Agency の変容過程の検討—中高生の「語り」にもとづく発話分析とエピソード分析」『東京大学大学院教育学研究科紀要 60』pp. 663-681
- 熊本市 HP（コミュニティセンターについて）
https://www.city.kumamoto.jp/kita/hpkiji/pub/list.aspx?c_id=5&class_set_id=5&class_id=876（2024 年 1 月 26 日）
- 熊本市 HP（まちづくりセンターについて）
https://www.city.kumamoto.jp/hpKiji/pub/detail.aspx?c_id=5&id=15344（2024 年 1 月 26 日）

- Bandura, A.（1977）. Self-efficacy: Toward a Unifying Theory of Behavioral Change. *Psychological Review*, 84（2）, 191-215.
- Biesta, G. & Tedder, M.（2006）. How is agency possible? Towards an ecological understanding of agency-as-achievement, Working paper 5, *The Learning Lives.* p. 5.
- OECD.（2019）. OECD Future of Education and Skills 2030 Concept Note: Student Agency for 2030, p. 4.（＝秋田喜代美ほか（訳）（2020）「2030年に向けた生徒エージェンシー（仮訳）」 https://www.oecd.org/content/dam/oecd/en/about/projects/edu/education-2040/concept-notes/OECD_STUDENT_AGENCY_FOR_2030_Concept_note_Japanese.pdf）
- OECD.（2020）. Curriculum（re）design. -A series of thematic reports from the OECD Education 2030 project,（＝秋田喜代美ほか（訳）（2021）「OECD Education 2030プロジェクトにおけるカリキュラム報告書の小冊子」）
- Priestley, M., Biesta, G., & Robinson, S.（2015）. *Teacher agency: an ecological approach.* Bloomsbury, London, pp.21-22.
- Schoon, I.（2018）. *Conceptualising Learner Agency: A Socio-Ecological Developmental Approach*, the Centre for Learning and Life Chances in Knowledge Economies and Societies. p.2.
- Vaughn, M.（2021）. *Student agency in the classroom: Honoring student voice in the curriculum*, Teachers College Press, New York.

第12章
自治体のデジタル教育改革を支える教職大学院の役割
―― Kumamoto EduAction の取り組みを通して ――

金井　義明

1. 熊本市の教育理念の実現に向けた「Kumamoto EduAction」

　生徒エージェンシーの育成において、GIGAスクール構想[1]の実現は重要である。デジタル教育改革により、学校は従来の授業スタイルを見直し、子どもたちは学習する興味に合わせた個別最適な学びを実現し、自己成長を促していく。一方で、学校間格差や教育間格差など、教育の質の格差が生じる可能性がある。本章では、デジタル教育改革を支える教職大学院の役割について述べる。

　Kumamoto EduAction は、熊本市の教育理念「豊かな人生とよりよい社会を創造するために、自ら考え主体的に行動できる人を育む」の具現化につながる行動を指す。この理念は、「ウェルビーイングの実現」と「エージェンシーの育成」を目指しており「OECD Education 2030」や「令和の日本型学校教育」が目指す方向性と一致する（図12-1）。

　この理念の実現に向けて、熊本市教育委員会では Kumamoto Education Week[2] を

---

1) GIGA スクール構想とは、「Global and Innovation Gateway for All（すべての児童・生徒のための世界につながる革新的な扉）」の略語である。2019 年より、文部科学省が、1人1台端末と、高速大容量の通信ネットワークを一体的に整備することで、特別な支援を必要とする子どもを含め、多様な子どもたちを誰一人取り残すことなく、公正に個別最適化され、資質・能力が一層確実に育成できる教育環境を実現すること、これまでのわが国の教育実践と最先端の ICT のベストミックスを図ることにより、教師・児童生徒の力を最大限に引き出すことを目的として推進している（文部科学省, 2020）。

2) 次の HP を参照。https://kumamoto-ew.jp/

第 12 章　自治体のデジタル教育改革を支える教職大学院の役割

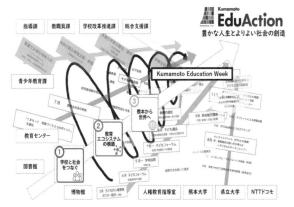

図 12-1　Kumamoto EduAction のイメージ
出典：熊本市教育委員会

2020 年より毎年開催している。9 日間にわたる期間中に、子どもに関わる学校、地域、社会のすべての人が教育のあり方を共に考え、具体的な行動につなげる。さまざまな教育プログラムが発信され、熊本大学教職大学院もその一翼を担っている。教職大学院として保護者や子どもに対して新しい教育に関するプログラムを発信することにより、学校や教育委員会では難しい役割を果たしていく。保護者や子どもの新しい教育に対する意識を高め、教職員の意識および行動の変革を後押しし、求められている新たな学びや学校の実現を目指している。

2. 熊本市の教育理念の実現に向けた教職大学院の連携

　筆者は、熊本県内の小中学校に教諭、教頭として勤務し、2021 年より実務家教員として熊本大学教職大学院に籍を置いている。熊本大学教職大学院と熊本市教育委員会との連携をより強固にすることが使命であると考えている。
　毎年 1 月に開催される Kumamoto Education Week に向けては、月に 1 回の運営会議が開かれ、準備が進められている。筆者は、熊本市教育委員会各課の担当者とともに、熊本大学教職大学院代表として会議に参加している。会議では、Kumamoto EduAction への取り組みの方向性を見出し、共通理解を図るとともに、各課の立場や役割を超えて、教育委員会だけでなく企業や団体などの外部の視点も取り入れられる。教職大学院は、教職大学院が主催するプログラムの実施や、教師、大学生、

大学院生がプログラムのパネリスト、司会、講演などを行うことがある。熊本大学教職大学院の強みは、教育委員会の内部からでなく、外部から情報発信できることであると考える。主に保護者や子どもを対象にして、熊本大学の教職員の専門性や大学院生の参画を重視して、プログラムの企画・運営を担当することで、教育改革を推進する力を発揮すると考えている。以下に、具体的な取り組みを紹介する。

3. Kumamoto EduAction における、熊本大学教職大学院が企画したプログラム

(1) 1人1台タブレット環境における保護者の役割について考える

GIGA スクール構想により1人1台のタブレット環境が整備され、新しい教育が展開される一方で、SNS（Social Networking Service）トラブルやネット依存などが社会問題化している。このような問題から子どもを守るために、家庭においてどのように対応すればよいのか、保護者は大きな戸惑いを感じている現状がある。

そこで、子どものタブレット活用に不安が増す夏休み前に、保護者を主要な対象としたセミナーを 2021 年から継続開催している。学校と連携しながら家庭でも取り組もうと前向きな気持ちになることを目指して、プログラムの構成や講師の選定を行っている。2021 年は他県のデジタル教育の専門家に講師を依頼した。

3 回目の開催となる 2023 年は、「デジタル・シティズンシップ」をテーマに取り上げた。子どもが「善き社会を創る市民」となるために、どのようにタブレット活用を促し、大人がどのように関わればよいかを考えることを目的にした。大学の研究者からは、家庭における子どもたちとの関わりや、GIGA スクール構想が目指す教育や学校・保護者の役割について情報提供があった。さらにパネルディスカッションでは、保護者代表や学校関係者も登壇し、日頃の悩みや対応について語り合い、互いが責任を押し付けずに学校と保護者が同じ方向を向いて、「善き社会を創る市民」として必要不可欠な資質や能力を育成する手だてについて考えていった。参加者からの質問もチャットで受け付け、一方的な情報発信にならないようにし、疑問や不安を解消できるようにした。保護者の思いに寄り添いながら、参加者全員で考えられるように配慮した。

参加者に対するアンケート結果は図 12-2、12-3 のとおりである。記述からは、セミナーの効果は、子どもにタブレットをどのように使わせるべきかという点だけでなく、タブレットを活用してどのような力を育むべきか、そしてそのための授業

第12章　自治体のデジタル教育改革を支える教職大学院の役割

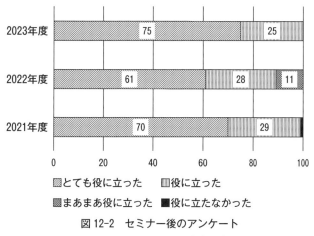

図 12-2　セミナー後のアンケート

出典：熊本大学教職大学院

○子どもたちが主体として参画する場を意識的につくり、大人も子どもも活動や学びを楽しみながらつながる大切さを、自身が構想していることと重ねながら拝聴しました。
○子どもたちのタブレット活用に目が行きがちですが、子どもたちと一緒に、大人もどうタブレットを活用するかについて考えることが大切だと感じました。
○学校と家庭、そして社会もつながった学びのなかでテクノロジーを有効に使っていくことが大事であり、使っていくなかで新たな発見をしながらウェルビーイングに向かっていくような教育のあり方を考えていきたいと思いました。

図 12-3　セミナー後のアンケート（自由記述）

出典：熊本大学教職大学院

のあり方についても保護者自身が考えていこうとしている様子が感じられる。自身が受けた授業との違いを知ることで、学校が進める授業改善を促進する力になると感じられた。

　これらの問題については、学校側からの一方的な要請となりがちである。しかし、第三者である教職大学院が主催することにより、学校と家庭が互いの思いを受け止めながら、今後の連携のあり方について話し合うことが可能となり、授業の円滑な進展が期待できる。保護者向けセミナーは今後も必要なものであり、開催を継続しながら学校の取り組みを支え、ICT活用を促進していきたいと考える。

(2)「家庭学習」を通して「これからの学び」について保護者と一緒に考える

　社会において、自らの力を発揮できるコンピテンシーを高める授業が求められている。熊本市教育委員会も、「教師から教わる授業」から「学習者が学びとる授業」への転換を示している（図12-4）。しかし、保護者には今求められる授業をイメージすることは難しい。そこで、2021年度より保護者目線で「今求められる学び」や「これからの授業」を考えるプログラムを開催している。2021年度はタブレットを活用した先進的な授業を紹介し、2022年度は創造的な学びについてデジタル作品制作のねらいや具体的な制作手順を紹介した。保護者や子どもが、具体的に学びをイメージできるようにしている。

　2023年度は、保護者や子どもにとって身近な「家庭学習」をテーマにした。より自分事としてとらえられる家庭学習のあり方を考えることを通して、「新しい学び」や「新しい授業」について考え、保護者や子どもが「主体的・対話的で深い学び」の実現に寄与することをねらった。

　授業改善が進むなか、一律に課題を課す家庭学習は以前と変わらないままである。教師も保護者も子どもも、自身の経験に基づく家庭学習の考え方のままで、個々の子どもの力を伸ばすことや適切な学び方を身につけることが不十分な状況である。家庭学習においても、学習者自身が理解度や興味に応じて課題を選ぶだけでなく、学習の方法や媒体を選ぶなど、個別最適化された学びの視点を取り入れたいと考えた。各家庭や各学校において、家庭学習の目的を再確認し、学びのあり方を考えていくために、以下のようにプログラムを構成した。

図12-4　教わる授業・学びとる授業のイメージ

出典：熊本市教育委員会

1部「小学5年生がやってみたよ　家庭学習は『自分の時間！』」では、小学5年生が試行錯誤しながら家庭学習に取り組んでいる様子を、子どもや保護者の声と一緒に担任教師が紹介した（図12-5）。2部「先生たちもチームで挑戦　みんなでアイディア共有」では、校内研修において家庭学習のあり方を考え、検討し、今後の方向性を見出していった取り組みを研究主任が紹介した（図12-6）。3部「先生が語る子どもの成長　自分で『学びデザイン』」では、パネルディスカッションの形式で家庭学習の改善に取り組んだ教員や管理職による意見を交流し、今求められる「家庭学習」を具現化した（図12-7）。4部「鈴木先生の解説ポイント！『学びのイメージ』」では、未来教育デザイナーの鈴木敏恵氏がプログラムを総括した（図12-8）。それぞれを10分程度にまとめ、多くの人が気軽に視聴でき、実践につながる内容を目指した。

図12-5　1部「小学5年生がやってみたよ　家庭学習は『自分の時間！』」の様子

出典：配信動画より

図12-6　2部「先生たちもチームで挑戦　みんなでアイディア共有」の様子

出典：配信動画より

図12-7　3部「先生が語る子どもの成長　自分で『学びデザイン』」の様子

出典：配信動画より

図12-8　4部「鈴木先生の解説ポイント！『学びのイメージ』」の様子

出典：配信動画より

「家庭学習」は、保護者や子どもにとって切実な課題であるものの、教師から出された一律の課題を子どもがやらされている感覚で取り組み、力がついた実感を感じないまま、やり遂げることが目的となっている状況がある。そこで、新しい家庭学習の取り組みを紹介し、実際に取り組んだ教師、保護者、子どもたちの声を聞くことで、自分事として考え、これからの取り組みにつながるものとなったと考える。さらに、総括のなかで「学びのとらえ方が変わっていない。日々の変化や成長もすべて子どもの成長である」という指摘があり、今求められる学びのあり方を問い直すことの重要性が示された。視聴した保護者からは、「自分がやっていた家庭学習と同じイメージしかもっていなかった。時代に合った家庭学習が必要だと感じた」という感想が聞かれた。しかし、家庭学習の新しいモデルは示されたものの、それがすぐに改善されるわけではない。今後も家庭学習改善の取り組みを進めながら、保護者とともに家庭学習のあり方を模索していきたいと考える。

(3) くまもとデジタル作品コンテストを通した子どもの創造的な学び促進：くまもとデジタル作品コンテストの概要

　全国で「主体的・対話的で深い学び」を実現するために、タブレットを活用した授業改善が進んでいる。1人1台のタブレット環境により、新たな学びの形が可能となり、「創造的な学び」が促進されている。また、タブレットを活用して制作された子どもの作品は、大人の力では到底及ばない創造性にあふれるものとなっている。

　そこで、熊本大学教職大学院では、くまもとデジタル作品コンテスト[3]を開催している。このコンテストの目的は、子どもたちの優れた作品を評価し、社会に向けて広く情報発信することであり、以下の目標の達成を目指している。

　教職員：タブレットを有効に活用した教育活動をイメージし、一層の授業改善を図る

　子ども：タブレットを活用した作品制作の意欲を高め、情報活用能力を伸ばす

　保護者：タブレットを活用した教育活動のイメージをもち、子どもの活動を支援する

　コンテストの対象は子どもであるが、学校関係者や保護者にもタブレット活用の可能性を知らせ、活用を促進することも重視している。子どもたちが制作した作品

---

[3] 2021、22年度はKEWデジタル作品コンテスト、2023年度より名称変更。

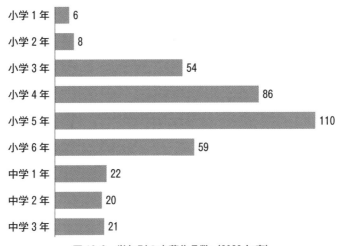

図12-9　学年別の応募作品数（2023年度）
出典：熊本大学教職大学院

を見ることにより、授業でどのようにタブレットが活用され、どのような学習活動が展開されているかを知ってほしいと考える。子どもにも、いろいろな作品を見ることにより、自らの作品制作の参考にしてほしいと考える。

このコンテストは熊本県教育委員会、熊本市教育委員会の後援を受けており、応募資格を熊本県内の小中学生としている。静止画、動画、プログラミング、音楽の4つの部門を設けている。審査方法については、応募作品の増加に伴い、体制の整備を行っている。

応募総数は、2021年度は96作品、2022年度は223作品、2023年度は386作品と増加している。2023年度の学年別の応募数は図12-9、部門別の応募数は図12-10のとおりである。前年度の優秀作品を参考にすることで、作品の完成度の向上が見られる。

2023年度から審査基準も示している（図12-11）。「想像力やアイディアがつまっていること」を「貢献・挑戦・創造」の3点で審査することとし、それらについてもより具体的に示した。この審査基準は、タブレット活用のあるべき姿の具現化である。子どもたちには作品制作の際の心がけを示すとともに、学校関係者には授業づくりにおいて重視するべきことを表している。作品制作が目的でなく、作品を制作することで生活や社会をよりよくしたり、問題解決をするという学習活動につな

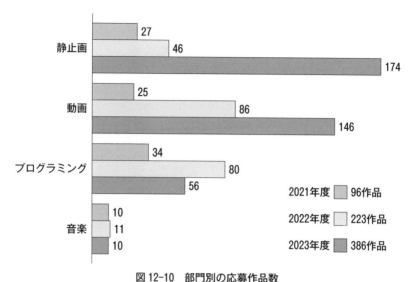

図 12-10　部門別の応募作品数

出典：熊本大学教職大学院

図 12-11　「くまもとデジタル作品コンテスト」の審査基準

出典：熊本大学教職大学院

げることを目指している。
　応募作品は、自分が好きな物を描いた静止画、自分の興味があることを調べてまとめて伝える動画、ゲームのプログラミングの作品などさまざまであった。そのなかで、授業で学んだことを生かして制作されるものがあった。例えば、小学4年生が国語の学習で学んだ「漁夫の利」のことわざを、生活場面でどのように使うのかを動画で表現していた。また、小学5年生の国語で学んだ宮沢賢治の『注文の多い

料理店』の感想を動画にまとめたものもあった。インプットすることが目的だった学びを、タブレットを使ってアウトプットしている。自分の思いを分かりやすく伝えるために、「大切なことは何？」「どうしてそうなった？」「つまりどういうこと？」と考えていくなかで、インプットされた知識に新たな知識が追加、関連づけ、言い換えなどがされることにより、より確かな知識につながっている。つまり、「精緻化」された学び（ワインスタインら，2022）が子どもの作品として表現された。このような学び方のよさが今後さらに広がっていくことを期待する。

　審査は、作品数の増加、完成度の高さにより、年々困難さが増している。審査員からは次のような意見が出された。「誰に、何のために伝えたいかが明確な作品は、メッセージ性が高く、魅力ある作品となっている」「教師が示した例に沿って、同じような作品ができあがっている傾向が強い。その子らしさや独自性がどれだけ発揮されているかが大切である」「AI（人工知能）が活用されるようになる時代だからこそ、授業で学んだとおりに制作して満足するのでなく、もっとこだわりを感じる作品づくりを目指してほしい」これらは、子どもに対するメッセージに終わらず、授業をする教師や保護者にも向けられたものである。どんなことに気をつけながら作品制作に取り組むようにするのか、そもそも作品制作のねらいは何かを、子どもの作品をもとに考えさせられる発言であった。これらは、審査結果発表の配信動画のなかで、作品の紹介とともに、審査員から直接伝えられた。

くまもとデジタル作品コンテストに向けた授業連携
　作品コンテストへの応募を目指すクラスの授業設計、および授業支援について紹介する。この取り組みは、4年生の総合的な学習の時間に行われた「熊本城のすごい！を伝えよう」の活動の一環である。担任の願いは、子どもがもっと本気で取り組み、自分たちの可能性を引き出すような授業を行いたいということだった。そこで、活動を誰のために、何のために行うのか、相手意識や目的意識を明確にした活動を構想した（図12-12）。この小学校では、福島県に同じ名前の小学校があることを知った子どもがクラスのみんなに呼びかけ、福島の子どもたちに熊本城に関する動画を見てもらい、熊本に行ってみたいという気持ちになってもらうことを活動のゴールとした。まず、お願いビデオレターを作り、交流活動を依頼した。相手校から了承を得た後、動画視聴までに3回の交流を行うなかで、「福島の子どもたちに熊本城のことを知ってほしい」「熊本に行きたいという気持ちになってほしい」という相手意識や目的意識の高まりが活動のやる気につながった。

第Ⅳ部　エージェンシーと教育行政・大学・社会

図12-12　総合的な学習の時間構想

出典：筆者ら作成

　熊本城について何をどのように動画に表現するのかをより明確にするために、筆者と地元テレビ局のスタッフがゲストティーチャーとなり、担任、ICT支援員とグループごとに話し合う場を設定し、現状の報告に対してアドバイスを行った（図12-13）。これは担任だけで対応することが難しい取り組みであるため、この後の動画制作にとっても重要な支援となっている。専門的知識をもつ者が関わることにより、イメージが明確になったり、新たなアイディアも生まれたりして、子どもたちの学習意欲が促進された。この活動は、動画制作の終盤、もう一度行った。順調に進むグループもあれば、グループで伝えたいことからずれてしまい、動画編集を楽しむことに重きがおかれたグループもあった。自分たちのグループが伝えたいことを確認し、目的を達成できそうであるか、できそうでない場合何が問題であるか、その問題を解決するためにすべきことを一緒に考えた。このことが、よりよい成果を生み出し、子どもたちのコンピテンシーを高めていった。

　完成した動画では、青い布を背景にして石垣を上る姿を撮影した動画を石垣に合成するブルーバックの技法を使い、熊本城の石垣を上る難しさを表現した。高度な技能を用いて、熊本城の石垣の斜面の急な設計技法である「武者返し」の素晴らしさを表現した（図12-14）。また、加藤清正が行った川の整備によって、熊本市は生活用水を100％地下水で賄っているという社会科で学習したことを伝えるものも

第 12 章　自治体のデジタル教育改革を支える教職大学院の役割

図 12-13　筆者らによる授業支援の様子

図 12-14　熊本城を紹介する動画の 1 シーン

図 12-15　加藤清正の偉業を紹介する動画の 1 シーン

図 12-16　オンラインでの福島の小学校との交流の様子

あった（図 12-15）。それらの動画は、福島の子どもたちに Zoom で披露された。福島の子どもたちからは、「熊本城の秘密を知ることができてうれしかった」「熊本城に行って、実際に見てみたい」という感想が聞かれ、児童は活動の目的を達成できたことを実感できた。福島の子どもたちの思いに触れ、「自分たちがやったことが、誰かの気持ちを変えることができ、そんなことが自分たちにできる自信がもてた」と、達成感を味わうことができた（図 12-16）。

　6 グループの作品は、「熊本城」を素材にしながら違いのある作品となった。それは、各グループが表現したかったことが明確であり、伝えるために話し合いを重ねたからこそである。そこに、担任だけでなく、専門的な支援体制が構築できたことが大きい。さらに外部指導者の存在は、担任の授業づくりにも大きな影響を与えた。活動を通して、どのような力をつけるのか、そのためにどのように関わるのか、担任はこれまでの経験にとらわれず、学習者が学び取る授業づくりのための教師の役割を考えながら実現することができた。教師自身も、自己の能力や専門知識を活かし、子どもの学びを促進することに自信と喜びを感じ、教師エージェンシーを獲

得することにつながっている。

くまもとデジタル作品コンテストの今後に向けて

　子どもは作品コンテストへの応募に向けて、授業時間だけでなく、授業外や家庭でも積極的に制作に取り組んでいる。タブレットの活用を子どもに委ねることにより、子どもは自分のペースで、自分の興味関心にあわせて学びを進めていく。このことは、スキルの向上や学びの深まりにつながっている。コンテストの応募作品が、クラブ活動やプログラミング教室、家庭での取り組みなどによるものが多く見られることも、大きな特徴である（図12-17）。タブレットの活用場面が、授業外や家庭に広がることが、授業での活用をよりよくすることにつながっている。

　図12-18は、ICT活用を促進する手立てを、学校や教師の側からまとめたものである。熊本市教育センターでは教員を対象に、ICT活用の好事例を共有し、実践可能なものを教師が授業で取り入れ、子どもたちが学び、力をつけていき、さらによりよい授業実践を共有するという循環を回すことでICTの活用を促進している。

　一方教職大学院では、保護者や子どもを対象に働きかけていく。今後デジタル作品コンテストの優秀作品をデータベース化することにより、いつでも閲覧可能にし、子どもたちの「こんな作品を作りたい」「どうすれば作れるのだろう」という思いを高め、授業において子どもが挑戦したい活動に取り組み、力をつけていくことにつなげたいと考えている。そうして完成した作品を毎年データベースに追加していく。保護者は、デジタル作品コンテストを通じて子どもたちが作り出すことのできる作品を知ることにより、子どもを応援したり、一緒に取り組んだりする（図12-19）。この2つの循環を重ねることで、循環の速度をより速くする。教育委員会との連携によって、新たな学びや新たな学校づくりの実現につながっていくと考える。

　作品コンテスト優秀作品のデータベース化は、自分のタブレットからいつでも参考になる作品を閲覧できる環境を構築することにより、タブレット活用の促進につなげることを構想している。データベース化が実現すれば、多くの子どもがタブレットを活用して創造的な学びを実現することができる。多くの教師にとっても、授業づくりに役に立ち、持続可能な取り組みに貢献すると考える。

　また作品のなかには、熊本の食、歴史、観光地など熊本の魅力を表現したものがあった。国語や社会の学習で学んだことを生かして、熊本に関連あるものを題材にして制作されている。作品制作が活動の目的になることなく、「熊本のよさを広めようと努力している人に自分たちは何ができるか」「観光客を呼ぶにはどうしたら

第 12 章　自治体のデジタル教育改革を支える教職大学院の役割

図 12-17　作品コンテストの効果

出典：筆者作成

図 12-18　ICT 活用・教師の好循環

出典：熊本市教育センター

図 12-19　ICT 活用・児童生徒の好循環

出典：熊本市教育センター

いいか」「特産品を広く知ってもらうにはどうしたらいいか」など、相手意識や目的意識を大切にした活動を構想することが重要である。作品を見るだけでなく、参考になる学習活動を紹介し、学校のみならず行政や地域、施設などとの連携を促す働きかけを行っていきたい。

4.　さらなる Kumamoto Education の深まりに向けて

Kumamoto Education Week には、熊本大学教職大学院の教員や大学院生が多数参画している。教職大学院が主催するプログラムやパネルディスカッションに参加し、パネリストや進行役、まとめ役を務めることで、専門性を生かすなど、多くの関わりができている。特に、保護者や子どもに対しての発信は、外部と位置づけら

第Ⅳ部　エージェンシーと教育行政・大学・社会

れる教職大学院だからできるものである。これからの教育には、学校だけでなく、地域、企業、行政など、さまざまな立場の人々が有機的につながり、連携していくことが欠かせない。教職大学院も積極的に参画し、子どもにエージェンシーを育成していきたい。子どもの『今』を幸せにする、そして将来幸せになる力を付けることに目を向け、「学校のあり方」や「学びのあり方」を問い直し続けたい。それが熊本大学教職大学院の役割であると考える。

[引用・参考文献]
・市川 力・井庭 崇（2022）『ジェネレーター――学びと活動の生成』学事出版
・熊本市教育振興基本計画（2020～2023年度）（2020年7月策定）熊本市教育委員会
・鈴木敏恵（2023）『DXとポートフォリオで未来教育―対話でかなえるキャリアのデザイン』日本看護協会出版会
・前田康裕（2023）『まんがで知るデジタルの学び2―創造的な学びが生まれるとき』さくら社
・ワインスタイン、ヤナ、スメラック、メーガン、カヴィグリオリ、オリバー（2022）『認知心理学者が教える最適の学習法　ビジュアルガイドブック』東京書籍
・文部科学省（2020）「GIGAスクール構想の実現へ」
https://www.mext.go.jp/content/20200625-mxt_syoto01-000003278_1.pdf

第 13 章

エージェンシーの育ちを支える社会の役割
―― 企業や地域における取り組み事例 ――

荻上健太郎

はじめに

　OECD が 2015 年から進めている Education 2030 プロジェクト。その第 1 フェーズのまとめとして「ラーニング・コンパス」（OECD, 2019=2020）が提唱されたが、そのなかでも重要な概念が「エージェンシー」である。このエージェンシーは、「変革を起こすために目標を設定し、振り返りながら責任ある行動をとる能力」と定義されている（同 p.3）。そして、エージェンシーのキーポイントとして、「自分の人生および周りの世界に対して良い方向に影響を与える能力や意志を持つこと」（同 p.3）が示されるとともに、「生徒が社会に参画し、人々、事象、および状況をより良い方向へ進めようとする上で持つ責任を担うという感覚を示しています」（同 p.4）とあり、エージェンシーは、主体性だけでなく周囲との関係性や互恵性、社会への影響と責任も含むものであるとされている。

　学校教育においては、子どもたちが「生徒エージェンシー」を発揮するためには、「生徒が、共有された目標に向かって邁進できるように支援する、保護者との、教師との、コミュニティとの、そして生徒同士との、双方向的な互いに支え合う関係」（同 p.3）として定義された「共同エージェンシー」という概念が重視されている。この「共同エージェンシー」が発揮されるためには、学校内外のさまざまな人々と関わる学びの多様性と、教師から生徒への一方向ではなく、さまざまな関係性のなかで相互に学び合う多様な方向性が必要となる。そして、このような多様性や方向性のある学びを実現するためには、失敗を恐れずに安心して挑戦することや失敗しても許容され再びチャレンジできる環境が必要となるが、その環境づくりには教師の存在が欠かせず、教師が生徒のエージェンシーにどのように向き合うのか、そして、これまでのやり方や常識にとらわれず、教師もまた環境づくりに挑戦する主体

第Ⅳ部　エージェンシーと教育行政・大学・社会

であるという教師自身のエージェンシーが問われる（同上）。

　Education 2030 プロジェクトの第 2 フェーズ（2019 年から開始）においても、教師のエージェンシーである「教師エージェンシー」に焦点をあて、「ティーチング・コンパス」の開発が進められている。このティーチング・コンパスの開発においては、教師一人ひとりの教師エージェンシーだけでなく、校長などの管理職、保護者、地域コミュニティなどに関わる大人のエージェンシーやその関係性における共同エージェンシーも含めてとらえていくことが重要である。さらに、学校全体がどうあるべきか、ビジョンや経営方針を推進するための「学校のコンパス」づくりを、校長主導によるトップダウン型ではなく、生徒と教師発によるボトムアップ型で進める共創型のアプローチや、そのアプローチを許容し推進するリーダーシップのあり方にも注目が集まっている。

　このような学校教育におけるエージェンシー、アプローチ、リーダーシップに関する議論や実践は、学校教育だけに特有なものではなく、企業や行政、NPO などにおいても類似性や関連性がある。少子高齢化による生産年齢人口の減少、働き方のニーズ（育児や介護との両立など）の多様化などを背景に、「働く方々が、個々の事情に応じた多様で柔軟な働き方を、自分で「選択」できるようにするための改革」（厚生労働省, 2019）として「働き方改革」が進められている。また、平均寿命が伸び、100 歳まで生きるのが当たり前となる一方で、VUCA と言われる変化が激しく先行きが見通しにくい時代においては、一人ひとりが自分のライフスタイルやキャリア観をもち、学び続ける主体としてリスキリングなどに取り組むとともに、副業や越境[1]なども含め状況に応じて柔軟な働き方に取り組むことが求められており、実際に広がってきている。

　企業経営やリーダーシップについても、近年広がりを見せている「パーパス経営」のように、自社の存在意義を明確にし、いつか将来ではなく、現在の社会に対してどのような貢献をするのかを重視する考え方は、在学している子どもたちにどう向き合い、今この学校はどうありたいかを示す学校ビジョンと通じるものである。また、従来は、「ヒト・モノ・カネ」と言われるように、人材は資源（コスト）の 1 つと位置づけられてきたが、これに対して、人材を「利益や価値を生み出す存在」として資本（キャピタル）に位置づける「人的資本経営」が台頭し、資本である人材

---

[1] 越境とは、所属を超えてさまざまな組織・コミュニティに参画したり、活動を行うことを指す。

が価値を発揮するための環境づくりやリーダーシップのあり方に関する議論や実践も活発に行われている (OBC360°, 2023)。これらの取り組みにおいては、社員一人ひとりの自立性・自律性が重視されるとともに、多様さを前提とした個の尊重とチームとしての協働を両立する環境を実現するための対話型の組織づくり、そのような組織づくりを支えるサーバント型[2]あるいはフォロワー型[3]と呼ばれるリーダーシップ、さらには明確な階層構造をもたず、個々がフラットに意思決定ができるティール組織と呼ばれる組織モデルの導入などが行われている。

学校教育関係者の間では「学校の常識、世間の非常識」というような表現で学校教育の特殊性が話されることがあるが、これらの企業などにおける取り組みは、学校教育におけるエージェンシー、コンパス、アプローチ、リーダーシップの課題や議論、実践とも通じるものであり、本章では、社会における具体的な取り組み事例の紹介を行うことを通じて、学校教育におけるエージェンシーについて考える視座や視点を提供したい。

1. 事例1：企業とエージェンシー
（and Beyond Company～立場や組織の垣根を超えてつながり、イノベーションを起こすバーチャルカンパニー～）

> キーワード：
> ・社員としての自分、個人としての自分を往還し、意志ある挑戦に取り組む
> ・意志ある挑戦を応援する文化づくり
> ・立場や組織の垣根を超えてつながるバーチャルカンパニーというアプローチ

1つ目の事例として、「and Beyond Company（アンドビヨンドカンパニー）」を紹介したい。この and Beyond Company は、「意志ある挑戦が溢れる社会を創る」をミッションに、立場や組織の垣根を超えてつながり、立場や枠組みにとらわれることなく自由に発想し、挑戦できる環境を提供することで、一人ひとりの妄想を形にして

[2) サーバント型とは、リーダーが部下に奉仕することで、一人ひとりを支え、力を引き出し、組織を導く支援型のリーダーシップのこと。
[3) フォロワー型とは、チームの目的達成や成果を最大化させるために、自律的かつ主体的メンバーに働きかけ支援することを重視したリーダーシップのこと。

いくことを目指す、プロジェクトでもあり、プロジェクトを実施するための組織体（バーチャルカンパニー）でもある。

その特徴の1つは、バーチャルカンパニーという言葉に表されるように、個人の集合体でも企業が設置した組織・部門でもなく、その両面性をもつことにある。少子高齢化の加速による生産労働人口の減少などの社会構造の急激な変化や、SDGsやESG経営などの社会課題解決への企業の貢献要請の高まりなど、企業を取り巻く環境が変化し続けるなかで、組織のあり方や人材育・成長が重要な経営課題となり、組織内における取り組みだけでなく、組織を超えた発想や取り組みの重要性がますます高まっている。実際に、and Beyond Companyには大手上場企業など12社がパートナーとして参画しており、社員個人による参加と活動だけでなく、その環境づくりや機会の提供、時には具体的なプロジェクトに企業としても取り組んでいる。

and Beyond Companyの取り組みの1つが「Beyondミーティング」。このBeyondミーティングは、社会課題や新しい価値創造に挑戦する人・したい人、やりたいという思いやもやもやを抱えている人のプレゼンテーションを聞き、参加者みんなでブレインストーミングをしてアイディアを出し合うことで、その挑戦を応援するイベント。「応援コーディネーター」と呼ばれる人が、多様な参加者と登壇者の橋渡しをし、場のファシリテーションをサポートすることで、組織や立場の垣根を超えた化学反応を楽しみながら、予期せぬ出会いや偶発性を重視し、短い時間のなかで

図13-1　and Beyond Companyで実施してきたさまざまなプロジェクト
出典：and Beyond CompanyのHPをもとに筆者が作成

第 13 章　エージェンシーの育ちを支える社会の役割

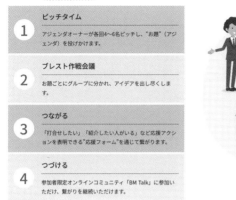
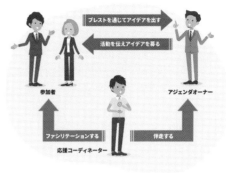

- ☑ 批判やアドバイスとはちょっと違う。「いいね！」「おもしろいね！」が飛び交う応援の場です。
- ☑ 組織・肩書・世代・ジャンルは関係ありません。上下なく誰もが平等に参加します。
- ☑ 応援コーディネーターがアジェンダオーナーに事前伴走し、ブレストのファシリテーションを行います。

図 13-2　Beyond ミーティングの実施方法（当日の流れ）

出典：Beyond ミーティング公式 HP より引用

テンポよく、そして肯定や共感を重ねながらブレストするところに Beyond ミーティングの特徴がある。

　本事例は、プレゼンテーションする人のエージェンシーが起点となり、応援コーディネーターのサポートのもとで参加者との共同エージェンシーを発揮する場をつくり、さらには、そのような場づくり自体を企業が寛容し経営方針として支える構図となっており、学校教育における、生徒エージェンシー、生徒と教師の共同エージェンシー、学校経営ビジョンという構図との関連性が高い。また、開催方法としても、参加者の多様性を前提としたシンプルな内容となっており、時間としても 1～2 時間程度での実施が可能なため、学校教育への導入や応用も可能である。

　実際に、東京にある聖学院中学校（東京都北区）では、夏休みの自由研究をテーマにした Beyond ミーティングを 2022 年、2023 年と実施している。自校での Beyond ミーティングの開催を企画した教師からは、「その場を心から楽しむスタッフの方たちの姿に子供たちも自然と巻き込まれ、どんなアイデアも尊重する姿勢や協働する価値を学んだ時間となりました」（Beyond ミーティング HP, 2022）という声もあり、主体的・対話的な学びや協働的な学びを実現する手法としての有効性を

教師自身も感じている。Beyond ミーティングの HP には授業づくりの詳細情報も掲載されているので参照いただきたい[4]。

2. 事例2：副業とエージェンシー
　　（シェアワーク研究所〜副業もライスワークからライフワーク、そしてチームワークへ〜）

> キーワード：
> ・副業の目的も稼ぐためからやりがいへとシフト
> ・企業側も人手不足解消から人材投資と経営課題解決へとシフト
> ・副業の方法も、個人だけでなくチームで行うなどの広がりが見られる

　副業自体は以前からあるものの、副収入を得ることが主目的であり、内容よりも短時間で効率よく稼げる仕事が選ばれることが多かった。しかし、定年まで安定した雇用が約束された年功序列型ではなく、成果主義型やジョブ型の雇用形態が広がるとともに、人生100年時代と呼ばれるように、定年後も長い人生が待つなかでのライフ・キャリア設計が必要となるなど、雇用を取り巻く社会環境も大きく変化するなかで、副業の目的も、自身のスキルアップ、人脈や実績づくり、さらには働きがいやりがいを実現する機会ととらえる考え方が広がりを見せている。特に、副業解禁元年と呼ばれる2018年以降、社員の副業を認める企業が少しずつ増え、社員の側にも副業を始める動きが広がってきた。さらに、新型コロナウイルス感染症の拡大による在宅ワークやテレワークの普及などの働き方の変化が、この副業の広がりを加速させる一因となっている。

　副業をしている人400名を対象に実施された「副業がもたらす仕事への意識変化に関する実態調査」（パーソルキャリア, 2023）によると、

4）参考 URL：
　・and Beyond Company のビジョンや活動内容。https://andbeyondcompany.com/about/
　・Beyond ミーティングの概要やこれまでの開催状況。
　　https://bm.andbeyondcompany.com/
　・聖学院中学校で実施した Beyond ミーティング for School の開催レポート。
　　https://bm.andbeyondcompany.com/news/bmseigakuin220730-report/

第 13 章　エージェンシーの育ちを支える社会の役割

- 「副業をすることで仕事のやりがいやモチベーションが上がった」人は 57.0%
- 「副業をすることが本業に良い影響を与えている」と回答した人は 55.1%
- 副業を続けた場合に「本業に対するやりがいやモチベーションは上がる」と感じている人は 55.5%

以上のような結果が出ており、副業が個人のやりがいやモチベーションにもプラスの効果を及ぼしていることが見てとれる。

また、副業の方法も、スキルをベースに個人で受けるジョブ型の方法だけでなく、副業者同士がチームをつくり、チームとして受ける方法も広がり始めており、その動きをサポートするサービスや動きも生まれている（シェアワーク研究所, 2024）。副業が、副収入を得るための「ライスワーク」から、やりがいや人生を豊かにするための「ライフワーク」になり、他の副業者と協業する「チームワーク」へと展開している。この展開においては、もはや業（仕事）が主目的ですらなく、コミュニティ形成、ゆるやかなつながりや学び合いが主となり、そのコミュニティやつながりのなかで学び合いながら、業（仕事）に関わったりシェア（シェアワーク）したりする副業の形態も生まれ始めている[5]。

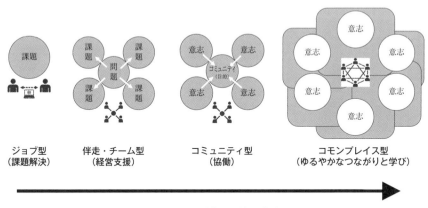

図 13-3　副業の形態の変化

出典：筆者作成

5）参考 URL：
- シェアワーク研究所の概要や取り組み。https://sharework-lab.com/
- 「副業がもたらす仕事への意識変化に関する実態調査」（パーソルキャリア）の調査結果プレスリリース。https://prtimes.jp/main/html/rd/p/000000645.000022215.html

エージェンシーの観点でこの動きをとらえると、副業することの意味が、副収入を得たいという直接的・個人的動機だけでなく、自分の人生を豊かにし、社会に貢献し、他者との関係も育みたいという間接的・社会的動機によるものであり、まさしくエージェンシーそのものが育まれる機会となっているということができる。そして、企業側もまた、自社への忠誠心や本業への専念という観点から副業を否定的にとらえるのではなく、働き方改革や人的資本経営の推進において社員のモチベーションを高め、エージェンシーを育む機会としてとらえる動きを徐々に見せている。

学校教育との関連で考えたとき、本事例の紹介はともすると、「教師は副業をしてよいのか」であるとか「教師に副業を推奨するのか」というとらえられ方をすることが考えられる。しかし、教師の副業の是非や可否という観点ではなく、教師もまた一人の個人であり、「教師としての自分」と「個人としての自分」をどのように両立し、より豊かな人生、ウェルビーイングを実現するのかという観点からとらえてもらいたい。そして、学校側にとっても、学校全体の活性化のために「学校の人的資本経営」という観点を取り入れ、教師のモチベーションを高めエージェンシーを育む方策を検討する上で、副業を取り巻く社会環境の変化や広がりを見せている動きには、そのヒントがあるのではないだろうか。

3. 事例3：NPOとエージェンシー
（ETIC.〜エージェンシーを育むリーダーシップと組織変革の挑戦〜）

キーワード：
・NPOと行政の協働
・協働におけるNPOに求められる姿勢とエージェンシー
・リーダーシップと組織運営、その変革の挑戦

中央教育審議会の令和3年答申「『令和の日本型学校教育』の構築を目指して〜全ての子供たちの可能性を引き出す、個別最適な学びと、協働的な学びの実現〜（答申）」（文部科学省，2021a）にて、2020年代を通じて実現すべき「令和の日本型学校教育」の姿として、「協働的な学び」が提示された。この「協働的な学び」においては、「探究的な学習や体験活動等を通じ、子供同士で、あるいは多様な他者と

第 13 章　エージェンシーの育ちを支える社会の役割

協働」することや、そのための環境整備として「学校・家庭・地域がそれぞれの役割と責任を果たし、相互に連携・協働して、地域全体で子供たちの成長を支えていく環境を整備」することの重要性が述べられている。

　この学校・家庭・地域の協働に関し、先行する社会的な動きとして、NPO と行政の協働について取り上げたい。1998 年に特定非営利活動促進法が施行され、特定非営利活動法人という法人格を有する団体（NPO）が全国各地で数多く誕生し、その後も数を増やし続けた[6]。この法人格を有する団体の誕生により、行政施設の指定管理者など、行政の委託事業を NPO が受託するケースも増えたが、それとともに NPO と行政の関係性について問題点も指摘されるようになった。行政側が NPO を単価の安い委託先、便利な下請けと見なしたり、NPO 側が行政からの委託に安易に依存したり、受託を継続するために下請けとしての位置づけを甘受してしまうなど、両者の関係性が本来の社会的使命である社会課題解決のための健全な状態とはいえないケースが各地で見受けられるようになった。

　このような状況をふまえ、「民間 NPO 支援センター・将来を展望する会」が取りまとめたのが、「行政と協働する NPO の 8 つの姿勢」（日本 NPO センター，2006）である。この取りまとめの特徴は、その表題が「姿勢」となっているように、NPO 自らの姿勢（立ち位置）に主眼を置いている点にある。具体的には、「精神的に独立し、組織的に自律していること」「相互のシステムの違いを理解」「ルールの違いを乗り越えるための能力を備えておく」「NPO は市民参画の主体であり、市民の自治能力を高め、民主的な社会を実現する核となりうる」などの記載があるが、これらの要素は、エージェンシーの定義「変革を起こすために目標を設定し、振り返りながら責任ある行動をとる能力」（OECD, 2019=2020, p. 3）との関連性が多く含まれていることが分かる。Education 2030 プロジェクトでエージェンシーの概念を打ち出す 10 年前に、関連する議論がなされていることは、先行する社会的な動きとして注目に値するのではないだろうか。

　NPO は、創業者の信念やビジョン、当事者性に基づいて設立され、創業者の強いリーダーシップのもと、少人数の組織として少人数に特化した組織形態や運営となるケースが多い。創業期においてはこのリーダーシップと組織運営が有効であるが、一方で、法人運営期間が長くなるとともに、トップへの依存体質、独裁的リー

---

[6]　法人数 50,350 団体（2022 年度）内閣府 HP より。
　　https://www.npo-homepage.go.jp/about/toukei-info/ninshou-seni

ダーシップ、トップダウンによる硬直した組織形態や運営などのマイナス面が出てくることもある。特定非営利活動促進法が施行されてから25年以上が経ち、法人設立もしくは法人化から20年以上が経過している団体も多く存在し、リーダーシップや組織形態・運営のあり方、創業者からの世代交代や事業承継の課題に直面しているケースも見受けられる。

　協働という観点からエージェンシーとの関連性のある先行事例と見ることができ、「令和の日本型学校教育」の構築において重要となる学校・家庭・地域の協働、外部人材の活用などにおいて重要な役割を果たすステークホルダーの1つとなるNPOについて、そのリーダーシップや組織形態・運営のあり方の変革への挑戦の事例は、学校教育におけるエージェンシーや学校経営のあり方を考える上でも参考になるものと考える。

　ETIC.（エティック）は、1993年に設立され、2000年にNPO法人化、現在は認定NPO法人として活動を続ける、アントレプレナー、社会起業家の育成・支援における草分け的存在のNPOである。ETIC.は設立から25年が経過した2018年頃から「自主経営組織」への組織変革の取り組みを開始した。この自主経営組織への変革においては、「テンション」と「助言プロセス」が効果的だったと述べられている（DRIVE, 2023）。「テンション」とは、「しんどい、つらい、弱さやネガティブさ」などを指し、アントレプレナーシップを大切にするがゆえに常に前向きかつ建設的でないといけないという空気が組織を覆っていることに気がつき、「テンション」を認め合うことのできる空気づくりを進めた（同上）。また、「助言プロセス」とは、組織の意思決定を一人ひとりが誰でもできるが、意思決定のプロセスにおいて、すべての関係者に助言を求めないといけないという意思決定方法のことである（ラルー, 2018）。この「助言プロセス」については、当初、意思決定者が決まっておらず合意をとらないプロセスであることへの不安の声もあったが、関係者に助言を求める（そのために情報や状況の共有が必要な）プロセスがあることにより、聞いていなかった、知らなかったということが起きにくくなり、意思決定のスピードも早くなったとのことである（DRIVE, 2023）。

　学校においても、教師の主体性やエージェンシーを発揮し、教師同士のコミュニケーションやチームワークを活性化するために、職員室のフリーアドレス化、校長のリーダーシップや組織経営の変革など、学校変革の取り組みがさまざまに行われている。子どもたちと向き合う存在である教師は、ともすると個として確立された強い存在でなければならないというプレッシャーにさらされることもあり、学校と

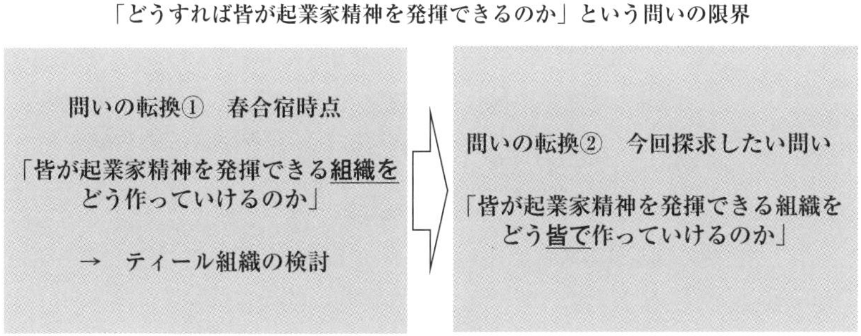

「どうすれば皆が起業家精神を発揮できるのか」という問いの限界

```
問いの転換①　春合宿時点            問いの転換②　今回探求したい問い
「皆が起業家精神を発揮できる組織を    「皆が起業家精神を発揮できる組織を
どう作っていけるのか」              どう皆で作っていけるのか」

→　ティール組織の検討
```

図 13-4　ETIC. の全体会議における問いの変化

出典：ETIC. の HP をもとに筆者が作成

いう組織形態・運営においては、個の尊重と組織としてのチームワークやガバナンスの両立の難しさに直面することも多い。ETIC. の組織変革における「テンション」や「助言プロセス」という事例が、学校改革においても、教師一人ひとりのエージェンシーを発揮するとともに、学校全体の活性化につながるリーダーシップや組織変革の参考になるものと考える[7]。

4. 事例4：自治体とエージェンシー
（地方自治体の取り組みから〜「すぎなみ大人塾はじめの一歩コース」の挑戦〜）

キーワード：
・地方自治体の社会教育の取り組みにおけるエージェンシーの育み
・「すぎなみ大人塾はじめの一歩コース」の挑戦（何も教えない宣言）
・参加者同士の教え合い、学び合いを育む仕掛け

---

7)　参考 URL：
・民間 NPO 支援センター・将来を展望する会が取りまとめた「行政と協働する NPO の 8 つの姿勢」。https://www.jnpoc.ne.jp/?page_id=457
・ETIC. による「自主経営組織」への組織変革の取り組みに関する記事。
https://drive.media/posts/37385

第Ⅳ部　エージェンシーと教育行政・大学・社会

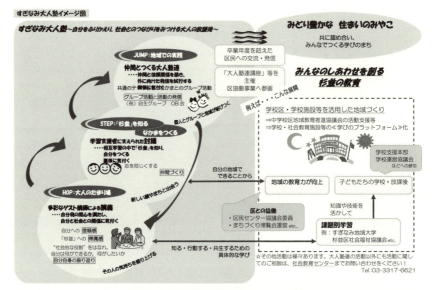

図 13-5　すぎなみ大人塾のイメージ図

出典：杉並区教育委員会 HP より引用

　「すぎなみ大人塾」は、「自分を振り返り、社会とのつながりを見つける大人の放課後」をキャッチフレーズに学びの場を提供する、杉並区教育委員会が主催する社会教育施策の１つである。2005 年度から始まり、内容は少しずつ変化しながら、現在は、地域コース、総合コース、そして 2023 年度に新設された「すぎなみ大人塾はじめの一歩コース」の全 3 コースで構成されている[8]。半年間で 5～10 回程度開催する連続講座の形式となり、各コースに、学習支援者と呼ばれる企画のコーディネーター兼講座のファシリテーターが付き、企画から講座の実施運営までを、社会教育センターの職員と一緒に行っている。例えば、2023 年度の総合コースは、当事者研究をきっかけに、当事者から見えている世界を通して自分との「違い」や「同じ」を探り、多様性社会とはどのような社会なのかを考える連続講座「チガイ・ラボ」。地域コースは、初めて地域とつながろうとする人を対象に、久我山、高井

8）参考 URL：
　・杉並区教育委員会が公開している「すぎなみ大人塾」の概要図。
　　https://www.city.suginami.tokyo.jp/kyouiku/shogai/otona/1008038.html

戸、浜田山周辺のエリアを舞台に、地域の営みに目を向け、地域の人とつながる機会を提供する。このようにそれぞれテーマや地域性のあるユニークな内容となっている。

2023年度に新設された「はじめの一歩コース」は、すぎなみ大人塾に初めて参加する人を対象に、「"自分のワクワクや好きからはじめよう！"を合言葉に、地域の中で、参加者同士のつながりも楽しみながら、自分なりの一歩を見つけていきます」と題し、全6回のコースとして企画、実施されている（本稿執筆時点）。筆者はこのコースの学習支援者を務めているが、企画の段階から、

・誰かに何かを教えてもらってはじめるのは本当にはじめの一歩なのだろうか
・何かきっかけやヒントがほしいという気持ちは分かるが、講師や主催者から与えられる以外の方法はないだろうか
・コースを通じてほどよくゆるやかなつながりが生まれるにはどうしたらよいか

を社会教育センターの担当者と一緒に検討した結果、コースの事前説明会のなかで、「このコースは講師が受講者に教えてくれる講座ではない。参加者が出会い、対話し、みんなで学び、学び合うコースである。学習支援者はその支援を行う立場であり、教える役割ではない」と説明し、「何も教えないコース宣言」を行った。その上で参加者募集を行った結果、定員数30名に対して75名の申込みがあり、この宣言が一定程度前向きに受け止められたものと推測される。

また、各回行っている参加者アンケートにおいても、「教えてもらえないことや何をするのか具体的なコトがないことに当初は不安も感じたが、対話すること自体が楽しみになってきた」「この歳になってご飯を食べたり遊びに行ったりする新しい知り合いが地域でできるとは思いもしなかった」「新しい出会いが、自分にとってははじめの一歩だと気がついた」などの声が多く寄せられ、参加者自身も教えてもらうことや何かをすることにとらわれることなく、それぞれにとって気がついたこと、感じたこと、さらには出会ったことそれ自体がはじめの一歩になり、それを大切にしようという姿勢が醸成されている。また、実際に、食事に行く、遊びに行くグループも生まれており、コースを起点としながらも、コースの枠を超えた一歩が踏み出される環境が培われ始めている。

エージェンシーの観点でとらえると、すぎなみ大人塾に関心をもつこと自体は本人の主体性に基づくものであるが、この主体性は当初、学びを与えてもらえるという受動的期待に基づく主体性であったということができる。この受動的な主体性が、「何も教えないコース宣言」によって揺さぶられたものの、その揺さぶりを超

えて参加するという選択をし、実際にコースに参加して回を重ねるに連れて、自ら学びを考え、見つけていく能動的な主体性へと変化している。さらに、自分自身の学びだけでなく、他の参加者との出会い、関わりを通じた学びへと広がることで、周囲との関係性や互恵性というエージェンシーの重要な要素も育まれているということができる。

「令和の日本型学校教育」を担う教師の学びとして、「教師の継続的な学びを支える主体的な姿勢」「個別最適な教師の学び、協働的な教師の学び」の重要性が指摘されている（文部科学省, 2021b, pp. 12-13)。一方で、学校において一般的に行われている授業研究などの校内研修については、主体的に参加する教師が少ない、多忙な状況での負担感がある、個人のスキル向上にとどまり教師同士の協働やチームビルディングにつながる研修が少ない、などの課題が指摘されている。さまざまな要因が考えられるが、1つには、研修の効果が求められ過ぎることがあるのではないだろうか。効果を求めること自体は必要ではあるが、求め過ぎると、期待される効果の明確化、その効果が出るためのメニューや内容の具体化、研修の目的に沿って進める計画性が過度になり、結果として計画どおりではあるが、与えられた計画に沿って受講する受動性が強い研修となってしまう。ある意味では、計画されたゴールにたどり着くことが目的となってしまい、問い自体を考えることや問いの意味を考えること、答えがない状況に主体性をもって向き合うことが求められない、できない研修となる。さらには、グループワークなどで教師同士が一緒に考えたり、作業をしたりする研修もあるが、計画に沿って進行されるなか、一人ひとりが受動的な状態で行われるため、計画された表面的な協働しか行われないという見方をすることもできる。「すぎなみ大人塾はじめの一歩コース」の事例をそのまま校内研修にも導入すれば良いという単純な話ではないが、教育委員会が主催する取り組みとして実現されていることをふまえれば、社会教育の分野だけでなく、学校教育の分野においても教育委員会による研修施策として展開していける可能性があるのではないだろうか。

おわりに

本章では、教師や大人のエージェンシーに着目するとともに、学校教育における大人のエージェンシーの育みや、その育みを実現するための学校環境、学校経営のあり方という観点から、企業や地域の取り組みについて4つの事例の紹介を行った。

1つ目の事例は、「企業とエージェンシー」と題し、立場や組織の垣根を超えてつながり、イノベーションを起こすバーチャルカンパニーである and Beyond Company における Beyond ミーティングの紹介を行った。この Beyond ミーティングは、「応援コーディネーター」が発表者のエージェンシーと参加者との共同エージェンシーを発揮しやすい場づくりをサポートするワークショップ型のイベントであり、学校教育においても導入できる方法であることを紹介した。

2つ目の事例は、「副業とエージェンシー」と題し、副業を取り巻く社会情勢の変化を紹介するとともに、一人の個人である教師のウェルビーイングの実現と学校全体の活性化という観点からも、副業を取り巻く社会環境の変化や広がりを見せている動きにはそのヒントとなる可能性があることを紹介した。

3つ目の事例は、「NPOとエージェンシー」と題し、「令和の日本型学校教育」の構築においても重要な協働相手となるNPOにおけるリーダーシップと組織のあり方の変革への挑戦の事例を紹介した。「テンション」と「助言プロセス」という方法は、これからの学校経営の変革を考える上でも参考になるものである。

4つ目の事例は、「自治体とエージェンシー」と題し、「すぎなみ大人塾はじめの一歩コース」における「何も教えないコース宣言」と大人のエージェンシーを育む挑戦について、「『令和の日本型学校教育』を担う教師の学び」の観点から、これからの校内研修のあり方、教育委員会としての施策の推進における参考事例として紹介した。

これらの企業や地域における取り組みの事例は、学校教育におけるエージェンシーの育みや学校経営の課題とも通じるものであり、社会における具体的な取り組み事例の紹介を行うことが、学校教育におけるエージェンシーやそのエージェンシーを育む仕組みや仕掛け、学校経営のあり方について考える新たな視座や視点を提供するとともに、新たな実践や挑戦を創出する一助となることを期待したい。

[引用・参考文献]

・厚生労働省（2019）「働き方改革～一億総活躍社会の実現に向けて～」https://www.mhlw.go.jp/content/000474499.pdf（2024年1月31日）
・OBC360°（2023）「人的資本経営とは？メリットや情報開示のルールなど"基本のキ"をわかりやすく解説」 https://www.obc.co.jp/360/list/post305
・DRIVE（2023）「変革のための『共通の問い』を持つ―自主経営で変わるETIC.のマネジメント【3】」 https://drive.media/posts/37385（2024年1月31日）

- パーソルキャリア株式会社（2023）「副業がもたらす仕事への意識変化に関する実態調査」 https://service.jinjibu.jp/news/detl/22947/?rclk=sd_newsrnk（2024 年 1 月 31 日）
- 日本 NPO センター（2006）「行政と協働する NPO の 8 つの姿勢」（民間 NPO 支援センター・将来を展望する会） https://www.jnpoc.ne.jp/?page_id=457（2024 年 1 月 31 日）
- 文部科学省（2021a）中央教育審議会「『令和の日本型学校教育』の構築を目指して〜全ての子供たちの可能性を引き出す、個別最適な学びと、協働的な学びの実現〜（答申）」(https://www.mext.go.jp/content/20210126-mxt_syoto02-000012321_2-4.pdf)
- 文部科学省（2021b）中央教育審議会「令和の日本型学校教育」を担う教師の在り方特別部会「『令和の日本型学校教育』を担う新たな教師の学びの姿の実現に向けて（審議まとめ）」(https://www.mext.go.jp/content/20211124-mxt_kyoikujinzai02-000019122_1.pdf)
- ラルー，フレデリック（2018）『ティール組織』英治出版
- OECD.（2019）. OECD Future of Education and Skills 2030 Concept Note: Student Agency for 2030,（＝秋田喜代美ほか（訳）（2020）「2030 年に向けた生徒エージェンシー（仮訳）」 https://www.oecd.org/content/dam/oecd/en/about/projects/edu/education-2040/concept-notes/OECD_STUDENT_AGENCY_FOR_2030_Concept_note_Japanese.pdf）

おわりに

2022年に開始し約2年間にわたって活動・研究してきたKSTN研究者コンソーシアムの集大成である本書が完成した。計18回の各勉強会で意見交換させて頂いた研究者の皆様、研究会で話題提供してくださった多くの方々、コンソーシアムを支えてくださった方々にこの場をお借りして感謝の気持ちをお伝えしたい。

東京学芸大学の事務局でともにコレクティブ・インパクトを研究した豊田英嗣（現立教大学）さん、ご参加頂き多くの知見を共有してくださった福島大学の前川直哉先生、実践女子大学の竹内光悦先生、自社のコレクティブ・インパクトを目指す取り組みをご紹介くださったマイクロソフト社の龍治玲奈さん、エージェンシーを構成する特性についてインタビューに応じてくれた生徒代表の七島海希さん（福島エコシステム代表）、南朴木里咲さん（KSTN研究推進フェロー）、小島萌々花さん（福井エコシステム代表）、生徒エージェンシーの尺度と学術的布置に関する知見を共有してくださった福井大学の木村優先生と東京大学の一柳先生（2章）、Institution for a Global Society社のGROWシリーズやコンピテンシーの測定手法をご紹介くださった中里忍さん（9章）、福島県の高校の教育現場における探究実践と課題を共有くださった福島県立ふたば未来学園の鈴木貴人先生（7章）、「飼い慣らされない主体性」の研究結果を共有くださった東京大学（当時。現白梅学園大学）の小玉重夫先生（1章）、教科横断的にエージェンシーを育む実践に取り組んだ経験を共有くださった福井大学の清川亭先生（8章）、大学機関による市教委及び学校支援の役割を共有くださった熊本大学の金井義明先生（12章）、エージェンシーの概念を「場面」という視座でとらえる知見を共有くださった東京学芸大学（当時。現独立行政法人国立青少年教育振興機構研究センター）の長谷川友香先生（10章）、理科教育における生徒エージェンシーの育成に関する研究結果を共有くださった新潟大学の土佐幸子先生（6章）、エージェンシーの育ちを支える教育界外の取り組みを共有してくださった東京学芸大学の荻上健太郎先生（13章）、熊本市エコシステムの「まちの幸福論」実践の成果研究を共有くださった熊本大学（熊本市教育委員会）の塩津昭弘先生（11章）、現実社会で子どもたちの価値観が関わる数学教育の未来像を共有くださった東京学芸大学の西村圭一先生（コラム）、「子どもの遊び」に関する主体性を研究された知見を共有くださった東京学芸大学（現神戸親和大学）の松田恵示先生（5章）。

そして、実践と子どもや教師のエージェンシーや非認知能力の関係性をどう考えるかの示唆を我々に示され、今回は事例から共同エージェンシー（co-agency）、集団エージェンシーとの関係性を考える必要性を説いてくださった学習院大学の秋田喜代美先生（4章）。皆様が本コンソーシアムの議論を豊かに実り深いものにしてくださった。心より謝意を表したい。

　ここまでに述べた勉強会の議題などのように、本コンソーシアムではコレクティブ・インパクト、エコシステム、ウェルビーイング、エージェンシーの4つの概念に関する議論を重ねてきた。新しいこれらの概念について話し合おうとなったときには、「どうやって？」と事務局はいつも頭を悩ませていた。文献調査をしていた際、これらの概念はそれぞれの学術的布置により構築されており、各概念は独立して発達してきたと思われていた。しかしエージェンシーの本書の執筆を開始する2023年春の時点では、我々メンバーは恐らく皆、これらの概念は単独で成立するものではなく、相互に密接に関わっている概念であることを理解していたと思う。

　社会的課題を解決するためにセクターを横断して協働する必要があるコレクティブ・インパクト。すべての人々のウェルビーイング（幸福）を追求するための地域単位のつながりである地域エコシステム。その地域エコシステムに主体的に提案し多様なステークホルダー間を調整し行動するエージェンシーをもった子どもや大人等々……。これらの概念の独立性や連関について、さまざまな専門性をもつメンバーが議論や対話を続け、本書が生まれたということが本コンソーシアムの最大の成果のひとつだと言えよう。理論と実践の往還のなかでとらえると、これらの概念はある程度独立しながらも、融合し、統合し、層を成し、結節点として、例えば「学び」や「遊び」の輝きとして、その前景・背景に立ち現れてくるものだと今であればとらえることができる。教育の営みのひとつの結節点である「エージェンシー」を考える際に、本書が皆様のお役に立てれば大変ありがたく思う。

　最後に、本コンソーシアムを支えてくださった東京学芸大学 財務・研究推進部研究・連携推進課連携第一係の皆様、本書の編集を丁寧に行ってくださった書肆クラルテの編集ご担当、河合篤子さんにも心から御礼を申し上げたい。

2025年3月

編者　滝本　葉子・松尾　直博

＊所属は執筆開始時の2023年4月のものである。

執筆者紹介 (所属および職位は2025年3月末現在)

第1章
小玉　重夫（Shigeo Kodama）
白梅学園大学・短期大学学長、東京大学名誉教授。
東京大学大学院教育学研究科博士課程修了。専門分野は教育学。慶應義塾大学助教授、お茶の水女子大学教授、東京大学教授を経て、2024年4月より現職。主な著書に『シティズンシップの教育思想』（白澤社、2003年）、『難民と市民の間で』（現代書館、2013年）、『教育政治学を拓く』（勁草書房、2016年）などがある。

第2章
木村　優（Yuu Kimura）
福井大学大学院連合教職開発研究科研究科長・教授。
東京大学大学院教育学研究科博士課程修了。博士（教育学）。専門分野は教育方法学、教育心理学。福井大学大学院教育学研究科機関研究員、同准教授、ボストン・カレッジ客員研究員を経て、現職。主な著書に『情動的実践としての教師の専門性』（風間書房、2015年）、『授業研究』（共著、新曜社、2019年）などがある。

一柳　智紀（Tomonori Ichiyanagi）
東京大学大学院教育学研究科准教授。
東京大学大学院教育学研究科総合教育科学専攻博士課程修了。専門分野は教室におけるコミュニケーション。新潟大学で教鞭をとったのち、2022年10月より現職。主な著書に『これからの質的研究法：15の事例にみる学校教育実践研究』（共著、東京図書、2019年）がある。

第3章
松尾　直博（Naohiro Matsuo）
東京学芸大学教育学部教育心理学講座教授。
筑波大学大学院博士課程心理学研究科修了。博士（心理学）。専門分野は臨床心理学、学校心理学など。東京学芸大学教育学部助手、講師、准教授を経て2017年より現職。公立小中学校、大学附属学校等でスクールカウンセラーとしての勤務経験がある。主な著書に『新時代のスクールカウンセラー入門』（時事通信出版局、2023年）がある。

第 4 章
秋田　喜代美（Kiyomi Akita）
学習院大学文学部教授。東京大学名誉教授。
東京大学大学院教育学研究科博士課程単位取得退学。博士（教育学）。専門分野は、教育心理学、学校教育学、保育学。東京大学助手、立教大学助教授、東京大学大学院教育学研究科教授を経て、2021 年より現職。主な著書に、『新しい時代の教職入門 第 3 版』（有斐閣、2024 年）、『これからの教師研究』（東京図書、2021 年）などがある。

第 5 章
松田　恵示（Keiji Matsuda）
神戸親和大学理事・学長。立教大学スポーツウエルネス学部特任教授、東京学芸大学理事。
大阪教育大学大学院教育学研究科修士課程修了。博士（学術）。専門分野は、文化社会学、スポーツ社会学。2024 年 4 月より現職。主な著書に『交叉する身体と遊び－あいまいさの文化社会学』（世界思想社、2001 年）、『おもちゃと遊びのリアル－「おもちゃ王国」の現象学』（世界思想社、2003 年）、『教育支援とチームアプローチ－社会と協働する学校と子ども支援』（共編、書肆クラルテ、2016 年）、『教育の新たな"物語り"の探究－現代教育学のフロンティア』（共編、書肆クラルテ、2024 年）などがある。

第 6 章
土佐　幸子（Sachiko Tosa）
新潟大学人文社会科学系フェロー。
米国ロチェスター大学大学院物理天文学部博士課程修了。博士（理学）。マサチューセッツ州立大学教育学大学院理数学専攻博士課程修了。博士（教育学）。専門分野は理科教育学。ライト州立大学、新潟大学で教鞭をとったのち、2023 年より現職。主な論文に「日本の中学校理科授業は米国の授業よりも探究的か？－中学校理科教員の意識調査の日米比較研究－」（理科教育学研究、2017 年）がある。

第 7 章
鈴木　貴人（Takahito Suzuki）
福島県立ふたば未来学園中学校・高等学校教諭。
福島大学教職大学教職実践研究科教育修士課程修了。専門教科は数学。2003 年福島県教員に採用後、2015 年より現任校で教鞭をとる。

第 8 章
清川　亨（Toru Kiyokawa）
福井大学連合教職開発研究科教授。
福井県の公立中学校や高校で理科（化学）教員として教鞭をとる。福井県教育庁でも勤務し、福井県立高志高等学校長、福井県教育庁学校教育監を経て、2021 年より現職。学校改革マネジメントを主に担当する。

コラム
西村　圭一（Keiichi Nishimura）
東京学芸大学大学院教育学研究科教授。
東京都立高等学校、東京学芸大学附属大泉中学校、同国際中等教育学校教諭、国立教育政策研究所教育課程研究センター基礎研究部総括研究官、東京学芸大学教育学部数学科教育学分野教授を経て、現職。博士（教育学）。専門は数学教育学。

第 9 章
中里　忍（Shinobu Nakasato）
Institution for a Global Society 株式会社代表取締役社長 COO。
慶應義塾大学大学院システムデザイン・マネジメント研究科修士課程修了。子どもの相互作用を研究中。主な論文に「学習テーマへの関心と個人特性を考慮した発言の偏りを減少し発言量を増加させるグループ編成アルゴリズム」がある。

第 10 章
長谷川　友香（Yuka Hasegawa）
独立行政法人国立青少年教育振興機構研究センター客員研究員、University of Maryland Global Campus 非常勤講師。
ハワイ大学社会科学研究科人類学専攻博士課程修了。専門分野は、文化人類学・日本研究。東京学芸大学で日本 OECD 共同研究プロジェクトの専任教員に就任し、エコシステムとウェルビーイングの関連性に着目する。2024 年から国立青少年教育振興機構の客員研究員や環境創生科学研究所の顧問研究員としての業務を通じて、ウェルビーイングに必要な身体活動による新陳代謝や人間と環境の物質代謝を中心に据えた「Metabolic Sociology（代謝的社会学）」を確立させるための実践研究を始める。主な著書に「*Tedate and an Emergentist Theory of Student Agency*」（Pedagogy, Culture and Society 30（2）, pp. 129-147）や「*Kokoro : Civic epistemology of self-knowledge in Japanese war-themed manga*」（Rosenbaum ed. 2021, pp. 245-264）などがある。

第 11 章
塩津　昭弘（Akihiro Shiotsu）
熊本大学大学院教育学研究科シニア教授、熊本市教育センター指導主事。
熊本大学大学院教育学研究科社会科教育専修修了。専門分野は生活科総合的学習、教職教育など。熊本市立画図小学校長、熊本市教育委員会教育次長などを経て、2023年より現職。主な論文に「学校間連携・学校－行政連携カリキュラムによる生徒エージェンシーに関する実証的研究」がある。

滝本　葉子（Yoko Takimoto）
東京学芸大学国際課専門研究員、学習院大学人文科学研究科客員研究員。
ハーバード教育大学院国際教育学専攻修士課程修了、学習院大学人文科学研究科教育学専攻博士課程修了。専門分野は比較教育、授業研究、教師教育など。2021年より東京学芸大学教育インキュベーション推進機構専門研究員。2025年4月より慶應義塾大学大学院政策・メディア研究科特任助教。

第 12 章
金井　義明（Yoshiaki Kanai）
熊本大学教育学研究科准教授。
岐阜大学教育学部大学院教育学研究科修了。小中学校教諭、教頭を経て現職。これまで、算数教育、総合的な学習の時間を中心に、子どもたちと楽しみながらプロジェクト学習やポートフォリオの活用、情報教育に取り組む。

第 13 章
荻上　健太郎（Kentaro Ogiue）
東京学芸大学教育インキュベーション推進機構准教授。
東京大学大学院農学生命科学研究科森林科学専攻修士課程修了。民間財団や民間企業等を経て現職。教育領域における産官学連携や教育支援協働、地方創生などにおける分野横断・多様な関係者による共創のコーディネートに取り組む。

索　引

[A]

AAR サイクル　121
AI　iii,16,195
and Beyond Company　203,204,206,215
Archer　21,26,152,153,156,157,163

[B]

Bandura　21,26,182,185
Barad　6,7,9,10,12,14
Biesta　4,11,14,148,166,185
Butler　5,14,71

[C]

Caillois　72

[E]

Education 2030 プロジェクト　iii,iv,3,20,27,
　30,46,48,50,52,74,121,124,151,152,
　163,164,185,201,202,209
ESG　204
ETIC.　208,210,211,215

[G]

Giddens　21,27,152,153,156,157,163
GIGA スクール　186,188,200
Giroux　23,27
Goffman　154,164

[I]

ICT　97,100,186,189,196,198,199
Inquiry Based Learning　90
ISIF　93-95,100

[N]

NPO　vii,97,101,160,202,208-211,215,216

[O]

OECD　iii,v,3-5,15,20,24,27,29-31,33,35,
　40,45-48,50,51,53,55,60,61,70,74,75,
　77,89,91-94,98,99,105,107,121,122,
　124,126,130,139,148,150-152,163,164,
　166,170,179,185,186,201,209,216
──東北スクール　vi,91,92,107

[P]

PISA　28,29,94
Project Based Learnig　90

[R]

Rancière　161

[S]

SDGs　26,93,204
SGH　90
Skovsmose　126,130
SNS　188
SSH　vi,90

[V]

Vaughn　31,35-38,47,166,180,185
VUCA　iii,18,25,44,49,113,202
Vygotsky　20,27,78,80,89

[ア行]

アイデンティティ　21,24,37,55,72,97,134,
　135,173,175,179,180,182
アイヒマン　3,4
麻生武　62,71
遊び　v,38,42,45,57,61-72,213,217,218
アナーキズム　13,14,163
生きる力　28,91,94
意識　18,21-23,25,42,49,61,63-67,69,77,
　80,81,85,87-89,102,103,105,113,115,

223

121-123,128,129,135,145,152,156,159,
　　180,183,187,189,195,199,206,207,216
位置づけ　5,8,20,36,62,82,88,101,129,151,
　　153,155,157,199,202,209
一柳智紀　13,26,59,147,163,184
インパクト評価　133,146,147
ウェルビーイング　iii,v,18,20,24,26,31,39,
　　40,45,50,53,132,151,169,170,173,175,
　　178,184,186,189,208,215,218
エージェンシー　iii-vii,2-14,16,18-26,28-33,
　　35-46,48-50,52-55,57-59,61,68,70,71,
　　74-76,95,100,101,105,108,121,122,126,
　　129,132-140,142,143,145-147,150-153,
　　155-157,161-163,166-168,170,173,174,
　　176-180,182,184,186,200-203,205,206,
　　208-211,213-215,217,218
　──尺度　134,135
　──の構成要素　24,36,37,135,179
エージェンシャル・リアリズム　2,6-10,12,13
エコシステム　iii,22,24,37,45,160,184,217,
　　218
エス　40-42
エフェクタンス動機づけ　42,45
エンゲージメント　144-146
教科横断　106,129,162,171,217

　　　　　　[カ行]

解放　v,3,13,23-26,39,40,58,59,147,163
カイヨワ　62,68
科学的探究　78,79
可逆性　v,65-71
学習指導要領　iv,3,28,29,33,48,49,59,74,
　　78,91,94,95,98,114,120,122,140,167
　──改訂　3,28,29,91,167
学力観　28,29
革新　iv,31,35,54,186
型　vi,3,24,30,156,159-162
価値（観）　iii,iv,14,16,20,25,29,31,36,37,
　　39,40,58,69,74,77,91,94,96,98,100,
　　102-104,106,126-129,140,146,150,152,
　　154,159,162,172,180,182,202-205,217
　──づけ　36,52,153,157,158,160,162,
　　178-180,182

家庭学習　108-110,190-192
環境　iv,vi,vii,20,24,32,33,35-38,41-43,
　　45,48,49,52-54,56-58,76,94,103,104,
　　122,132,134,137-140,145,150,166,171,
　　178,180,186,188,192,198,201,203,204,
　　206,208,209,213-215
　──分析　145
キーコンピテンシー　94,99
希望　16,22,24,25,36,86,134,135,168,173,
　　179
木村優　13,26,59,147,163,184,217
教育行政　vi,97,98,167,182-184
教育実践　iii,v,11,26,59,105,106,133,
　　138-140,142,145,146,166,167,183,184,
　　186
教員研修　76
教師（の）エージェンシー　vi,54,132,133,
　　139,140,142,147,170,173,178,183,197,
　　202
行政　iv,vii,112,123,160,161,167-175,
　　177-180,182-184,199,200,202,208,209,
　　211,216
きょうそうさんかくたんけんねっと　iii,160
協同　42,43,45,177-180
共同エージェンシー　vi,vii,48,50-59,76,
　　132,133,144-146,151,166,167,174,178,
　　183,201,202,205,215
熊本市　vi,vii,166-170,174,179,180,184,
　　186,187,190,193,196,198-200,217
経験　vi,21-23,25,32,41,45,52,56,58,65,
　　80,90,91,97-101,112,123,137,154,157,
　　159,163,168,172,175,179,180,183,190,
　　197,217
言語過程説　151,155,156
現実　v,23,40,41,55,64,71,75,77,80,81,
　　83-85,88,90,127,152,153,156,182,217
研修　214
権力　4,5,14,23,31,38,140,152,153,157
コールバーグ　v,43-46
行為　4,19-21,31,36,39,42,44,62-66,68,70,
　　139,152-158
　──主体性　20
交渉　36,37,166,180

構造転換　3
拘束　5, 42, 43, 45, 152
構成主義的　v, 77-81, 87
行動　vii, 3, 19-21, 23, 24, 28, 30-32, 34-36,
　　49, 53-55, 64, 66, 74, 77, 94, 95, 105, 108,
　　113, 121, 126, 132, 134-138, 140, 143,
　　150-152, 154, 156-158, 161, 166, 167, 169,
　　170, 173, 178, 183, 186, 187, 201, 209, 218
校内研修　111, 171, 183, 191, 214, 215
声　vii, 8, 23, 25, 26, 30, 38, 57, 58, 63, 65, 94,
　　98, 112, 120, 122, 123, 129, 143, 172, 191,
　　192, 205, 210, 213
小玉重夫　13, 14, 163, 217
ごっこ遊び　v, 61-66
コミュニティ　iii, 24, 36, 50, 52, 53, 97, 98,
　　122, 132, 133, 146, 147, 166-170, 174, 175,
　　177, 178, 183, 184, 201, 202, 207
コレクティブ・インパクト　vi, 133, 146, 147,
　　217, 218
コンセプト・ノート　3, 30
コンピテンシー　vi, 2, 3, 20, 24, 40, 45, 48, 61,
　　74, 76, 77, 91, 93-95, 100-107, 136, 138,
　　147, 151, 154, 155, 157, 158, 162, 190, 196,
　　217
コンテクスト分析　vi, 132, 145

[サ行]

差異化　6, 12, 13
再帰性　7, 156
参加　14, 36, 44, 50, 51, 66, 67, 93, 95-100, 109,
　　134, 136, 144, 160, 166, 168, 176, 179-182,
　　187, 188, 199, 204, 205, 211, 213-215
参画　18, 22, 24, 30, 51, 96, 97, 101, 160, 168,
　　170, 173, 180, 183, 184, 188, 189, 199-202,
　　204, 209
算数・数学教育　127
自覚（的）　13, 33, 79, 80, 156
自我理論　41
自己決定（性）　31, 32, 35, 36, 133, 134, 137,
　　138
　　――理論　32
自己効力（感）　22, 24, 36, 134-142, 179,
　　181-183

自己調整　37, 52, 142, 144
自己評価　99, 102, 136, 137, 145
思考力　34, 41, 102, 114
資質　2, 3, 28, 93, 102, 126, 129, 163, 167, 179,
　　186, 188
姿勢　95, 102, 110-112, 121, 123, 129, 142, 158,
　　205, 208, 209, 211, 213, 214, 216
自治体　vi, 97, 178, 186, 211, 215
実践（的）　iii-vii, 2, 6-9, 12, 13, 21-23, 25, 26,
　　37, 45, 48, 50, 54, 61, 63, 64, 70, 81, 85, 88,
　　90, 91, 94-96, 98-101, 104-106, 108, 111,
　　114, 115, 120, 121, 124, 127, 134, 139, 140,
　　142-144, 151, 152, 158, 160-162, 166-175,
　　178-180, 182-184, 191, 198, 202, 203, 215,
　　217, 218
指導観　95, 96, 98, 104
指標（化）　vi, 44, 98, 99, 105, 128, 133, 134,
　　139, 144-147, 180, 181
社会科学（的）　v, 21, 44, 150, 151, 153, 156,
　　163
社会参画　33, 48, 179, 182
　　――のはしご　50, 51
自由　v, 5, 18, 20, 31, 32, 35, 38-40, 45, 46, 63,
　　65-71, 82, 83, 85, 114, 153, 203, 205
集団エージェンシー　55, 59
授業研究　214
主従関係　38, 39
主体（的）　iv-vi, 3-5, 7-14, 19, 20, 22, 28, 29,
　　33, 34, 48, 49, 54, 57, 59, 61, 69-71, 85, 90,
　　91, 94, 95, 108-115, 120-124, 132, 134-136,
　　145, 153, 155, 156, 158, 163, 166-168, 170,
　　172-174, 178, 180, 186, 189, 192, 201-203,
　　205, 209, 214, 218
　　――化　2-4, 6, 14, 162
　　――性　iv, v, vii, 4, 5, 7, 11, 13, 20, 28, 29,
　　31-33, 39-41, 49, 55, 61, 62, 70, 71, 95, 103,
　　111, 112, 114, 115, 135, 201, 210, 213, 214,
　　217
　　――的・対話的で深い学び　33, 34, 49, 190,
　　192
　　――的（な）学び　29, 33, 49, 91, 95
　　――的行為　20
消極的　38-40

225

省察　7,13,21,23,36,37,145
状態　v,32,35,37,41,44,49,52,67-70,111,
　　209,214
所属感　24,55,135,179
自律（的）　30,31,41,43,61,95,138,157,160,
　　166,203,209
　──性　32,37,43,94,95,107,133,134,137,
　　138,142,144-146,177,203
　──的自我　41,42,45
ジルー　23-26
ジレンマ　18,21,23,77,81,84,88,89,158,182
人格　30,31,35,40,41,44,63,102,209
心理学　v,20,21,26,32,38,39,41,45,46,50,
　　52,62,132,135,200
すぎなみ大人塾　211-215
成長　vi,7,19-21,52-54,58,61,62,91,
　　98-100,104-107,120,123,132,142,146,
　　186,191,192,204,209
　──マインドセット　24,134,135,179
生徒（の）エージェンシー　v,vi,3,15,24,
　　25,30,31,33,37,45,47-50,52-55,58,60,
　　74-77,79,80-85,88-92,94,104-108,121,
　　122,124,126,130,132-135,137-139,
　　142-144,146,150-152,154,157,158,160,
　　161,164,166,167,170,178,179,183-186,
　　201,205,216,217
責任　3,18,19,24,30,31,33,35,48,49,52,55,
　　66,74,77,94,105,121,122,139,140,145,
　　150-153,155,159,166,188,201,209
積極（的）　20,33,34,38-40,58,76,79,84,88,
　　100,122,134,142-144,152,168,170,175,
　　182,183,198,200
総合的な学習の時間　28,91,101,168,171,
　　172,177,182,195,196
相互作用　iv,9,22,36,37,50,76,132,133,
　　139-141,144,145,153,156,180
相互評価　137,138,144
操作　41,42,45,62,126
組織運営　97,98,208,209
ソシュール　155
存在論　9,10,12
潜在能力　v,35,36,38
選択　3,5,24,30-32,38,51,52,55,66,104,
　　109,126,128,134,136,140,143,158,159,
　　202,214

［タ行］

対象　2,4,7,9,11,12,21,22,32,43,61,70,74,
　　78,79,92,96,150,153-155,159,162,179,
　　188,192,198,206,212,213
対等　25,44,45,51
態度　34,61-63,65,71,74,78,79,88,89,93,
　　94,102,120,122,134,135,137,142,154,
　　155,160,162,179,180,182
太陽モデル　50,51,58
対話　iii,21-23,25,26,33,44,59,80,95,98,
　　104-107,122,126-128,160,182,183,200,
　　203,205,213,218
代理　19,64,70
　──行為　19
他者　11,20,22,29,32,44,49,62,63,68,71,
　　78,79,89,93,99-103,126,128,129,136,
　　145,154,157-159,161,162,166,170,
　　179-183,208
多様性　94,98,100,111,114,122,126,129,
　　161,201,205,212
探究　v,vi,11,20,23,26,53,56-58,78,79,
　　90-92,94-98,101,103-106,124,158,160,
　　166,167,179,182-184,208,217
　──活動　79,90,102
　──的（理科）指導法　77-81
探索　41,42,45,66
地方自治体　211
地方創生イノベーションスクール　91,93,96
中央教育審議会　14,28,46,129,208,216
超自我理論　40
調整　iv,21,34,40,52,53,66,67,95,127,128,
　　133,137,139,180,184,218
デジタル技術　iii,140-142
同一性　7
動機づけ　21,24,36-38,42,44,45,52,53,134,
　　135,137,143,166,179
道徳　40,41,44,46,49,129,158,161
　──性　41-46,49
時枝誠記　151,163
特性　v,30-32,35,36,44,54,57,97,132,139,

217

[ナ行]

内省　7,95,102,135,156
中谷佳子　11,13,14
仲間　24,43,44,50,52-54,58,76,80,83,121,
　　122,132,134,136,138,142,159
西村清和　64,71
粘り強さ　34,36
能力　iv,vi,2,3,18-20,22,24,28-32,35,37,
　　41,44,48,53,74-76,90,91,94,100,102,
　　105,126,129,132,134,136,139-142,144,
　　145,147,150,152,157,162,163,166,167,
　　170,173,178,186,188,192,197,201,209

[ハ行]

パークス―アイヒマンパラドックス　3
はしごモデル　50
発達　v,22,27-30,32,35,37-39,41-46,49,50,
　　52,53,62,65,127,132,133,135,138,218
バトラー　v,2,4-7,11,70
場面　vi,11,19,33,37,40,44,45,49,61,65,
　　66,79,81,110,115,116,119-122,126,127,
　　129,150,151,154-158,161-163,183,194,
　　198,217
ハラウェイ　7
バラッド　v,2,6-12
ハルトマン　41
反射　7
判断　3,24,28,30,31,40,44,46,49,51,61,95,
　　120,126,129,140,158,159,177
　──力　14,34,41,114
ピアジェ　v,42,43,46
ビースタ　v,3,4,10,11
フィードバック　99,102,138,139,142-145,183
非日常　v,68,69
表現力　34,41,114
副業　202,206-208,215,216
福島県立ふたば未来学園中学校・高等学校
　　101,102,105
服従化　4,6,14
ふり（をする）　v,62-67
振り返り　vi,3,28,30,74,94,102,105,107,

121,139,143,145,150-152,158,159,161,
166,201,209,212
フレイレ　v,22-26
フロイト　v,40,41,46
フロム　v,39,46
ベイトソン　64,65
変革　iii,vi,3-5,7,13,18,20-26,30,31,35,
　　44,59,74,76,77,80,93,94,105,121,150,
　　153,163,166,183,187,201,208-211,215
ポジション・ペーパー　20,33
ポストヒューマニズム　2,6,8,14
ポストヒューマン　8,9
ポスト構造主義　2,153,156
ポストモダン主義　153,156
ポリス　161
ポリティクス　161,162
ホワイト　v,41,42,46

[マ行]

町の幸福論　vi,166-175,178-181,184
見かけ　63-67
ムリス　8,9
メタ認知　37,95,102,158
目標設定　102,137,139,143,144
目的意識　21,24,53,76,77,79-82,84,87,88,
　　135,175,179,181,195,199
モチベーション　91,137-139,144,207,208

[ラ行]

ラーニング・コンパス　20,24,25,29,30,40,
　　45,49,75,77,121,122,201
　──（学びの羅針盤）　20,27,31,47,48,60,
　　89,124,148
理科教育　v,74,77,79,217
リソース　37,97,105,106,133,140,142,143,
　　156
リ・デザイン東京　160,163
ルーブリック　95,98-103,106,107
令和の日本型学校教育　129,186,208,210,
　　214-216
レジリエンス　100,181-183
レリバンス　2

227

教育におけるエージェンシーの概念と実践

2025年4月20日　第1刷発行
2025年9月10日　第2刷発行

監　　修	秋田喜代美・松田恵示
編　　集	滝本葉子・松尾直博
発 行 者	秋山洋一
発 行 所	株式会社書肆クラルテ
	〒603-8237　京都市北区紫野上若草町 31-1
	電話・FAX　075-495-4839
発 売 元	株式会社朱鷺書房
	〒635-0085　奈良県大和高田市片塩町 8-10
	電話　0745-49-0510・FAX　0745-49-0511
	振替　00980-1-3699
	ホームページ　http://www.tokishobo.co.jp
印刷・製本	尼崎印刷株式会社

本書を無断で複写・複製することを禁じます。
落丁・乱丁はお取り替えいたします。
定価はカバーに表示してあります。
©2025 Kiyomi Akita & Keiji Matsuda
Printed in Japan
ISBN 978-4-88602-661-3　C3037